北京中医药大学重点马院建设资助项目

北京中医药大学马克思主义学院学科建设专项课题（2022-TSYJ-03）、（2023-XKZX-01）资助

光明社科文库
GUANGMING DAILY PRESS:
A SOCIAL SCIENCE SERIES

·法律与社会书系·

新时代生态文明视角下
农村生态扶贫研究

王　萍丨著

光明日报出版社

图书在版编目（CIP）数据

新时代生态文明视角下农村生态扶贫研究 / 王萍著
. -- 北京：光明日报出版社，2024.3
ISBN 978 - 7 - 5194 - 7565 - 9

Ⅰ.①新… Ⅱ.①王… Ⅲ.①农村—生态型—扶贫—
研究—中国 Ⅳ.①F323.8

中国国家版本馆 CIP 数据核字（2023）第 203046 号

新时代生态文明视角下农村生态扶贫研究

XINSHIDAI SHENGTAI WENMING SHIJIAOXIA NONGCUN SHENGTAI FUPIN YANJIU

著　　者：王　萍

责任编辑：史　宁　　　　　　责任校对：许　怡　贾　丹
封面设计：中联华文　　　　　　责任印制：曹　净

出版发行：光明日报出版社

地　　址：北京市西城区永安路 106 号，100050

电　　话：010-63169890（咨询），010-63131930（邮购）

传　　真：010-63131930

网　　址：http：// book. gmw. cn

E － mail：gmrbcbs@ gmw. cn

法律顾问：北京市兰台律师事务所龚柳方律师

印　　刷：三河市华东印刷有限公司

装　　订：三河市华东印刷有限公司

本书如有破损、缺页、装订错误，请与本社联系调换，电话：010-63131930

开　　本：170mm×240mm

字　　数：215 千字　　　　　　印　　张：12

版　　次：2024 年 3 月第 1 版　　印　　次：2024 年 3 月第 1 次印刷

书　　号：ISBN 978 - 7 - 5194 - 7565 - 9

定　　价：85.00 元

目 录
CONTENTS

第一章

导　论

一、选题背景及缘由

（一）选题背景

贫困是世界性问题，有效治理贫困、彻底消除贫困是中国共产党治国理政的重要工作。习近平曾说过，"没有农村特别是贫困地区的小康，就没有全面建成小康社会。"[①] 中国特色社会主义进入新时代，全面建成小康社会，扶贫开发工作也进入"啃硬骨头、攻坚拔寨"的冲刺期。习近平提出了精准扶贫战略，确保贫困人口到 2020 年如期脱贫。中国的贫困面主要集中在农村，党的十八大以来，中国进行了大规模农村扶贫行动，我国在反贫困领域取得了巨大成就，农村贫困人口数量大幅减少，贫困人口收入水平稳步提高，贫困地区基础设施明显改善，农村从普遍贫困走向逐步消除绝对贫困，为全球减贫做出了巨大贡献。2020 年 3 月 6 日，习近平在决战决胜脱贫攻坚座谈会上强调，"党的十八大以来，我国脱贫攻坚取得决定性成就，贫困人口从 2012 年年底的 9899 万人减少到 2019 年年底的 551 万人，贫困发生率由 10.2% 降至 0.6%，区域性整体贫困基本得到解决"[②]。2021 年 7 月 1 日，习近平总书记在庆祝中国共产党成立 100 周年大会上庄严宣告："经过全党全国各族人民持续奋斗，我们实现了第一个百年奋斗目标，在中华大地上全面建成了小康社会，历史性地解决了绝对贫困问题，正在意气风发向着全面建成社会主义现代化强国的第二个百年奋斗目标迈进。"[③]

进入新时代，环境问题已然成为社会发展的突出短板，随着人民群众对生

---

① 习近平.习近平谈治国理政（第一卷）[M].北京：外文出版社，2014：189.

② 习近平.在决战决胜脱贫攻坚座谈会上的讲话 [N].人民日报，2020-03-07（2）.

③ 习近平.在庆祝中国共产党成立 100 周年大会上的讲话 [N].人民日报，2021-07-02（2）.

态环境的要求更高，对生态产品的需求也更加多样化、品质化。生态文明追求的是"既要绿水青山，也要金山银山"。正如习近平所说，我们不仅要推进经济发展，还要保护生态环境。生态环境是经济发展的重要依托，良好的生态环境能够有效地提高产品的竞争力，从而增强经济持续健康发展的能力。在传统的经济发展方式中，绿水青山的基础性作用被忽视了，经济社会也就不可能实现可持续发展。因此，只有将生态文明建设与经济发展统一起来，在保护绿水青山的同时培育好金山银山，才能实现加快发展和保护生态的双赢目标。面对农村生态文明建设和脱贫减贫的双重压力，中国共产党积极探索创新减贫方式，充分发展马克思主义反贫困理论和中国共产党扶贫开发思想，不断深化和创新扶贫方式，形成了扶贫开发与生态保护相协调的脱贫思路，提出了生态扶贫的新模式。

绿水青山就是金山银山深刻揭示了发展与保护的本质关系，更新了人们对自然资源的传统认识，充分体现了习近平生态文明思想的绿色发展理念。生态扶贫是生态文明建设中减贫方式的创新，也是贫困地区实现脱贫减贫与生态文明建设双重目标的重要途径，旨在坚持扶贫开发与生态保护并重，实现在生态建设与保护中减贫，在减贫中保护生态环境。"绿水青山就是金山银山"是习近平生态扶贫理念的直观表述，"保护生态环境就是保护生产力"是生态扶贫的核心内容，"经济发展不能以破坏生态环境为代价"是基本要求。在习近平生态扶贫理念的引领下，贵州、云南和广西等省区率先进行生态扶贫试点，在各省区的扶贫实践中积累了丰富的生态扶贫经验，促进了贫困地区生态保护与扶贫开发之间的良性互动，实现了生态环境保护和经济社会可持续发展的双赢。[①]

（二）选题缘由

贫困问题是影响全面建成小康社会的重要因素。当前，我国已经进入巩固拓展脱贫攻坚成果的关键时期，如何确保生态环境保护与巩固脱贫攻坚成果协调推进，是推进乡村振兴不容忽视的内容。由此，脱贫地区要实现经济发展与生态建设的双重目标，需要积极巩固拓展农村生态扶贫成果，防范返贫风险，推进农村走向绿色发展道路。

首先，贫困分布与生态环境高度耦合。从贫困地区分布来看，贫困与特定的异质性较高的生态系统在空间分布上高度重合。尤其是我国的深度贫困地区、集中连片贫困地区大都处在生态结构异质性极强的西北、西南地区，这些地区贫困人口的刚性地理分布与生态环境具有高度的相关性。学者在研究中发现，

① 王馗. 习近平生态扶贫思想研究 [J]. 财经问题研究，2016 (9)：11-12.

约 76% 的贫困县分布在生态脆弱地带，占全国贫困县总数的 73%。[①] 诚然，贫困的表层原因是经济贫困，而究其根本却是生态贫困，生态环境影响着贫困地区的经济社会发展。贫困人口急于摆脱现状，往往会不计后果开发利用资源，导致生态环境严重破坏。但是，贫困地区经济条件落后，生态环境治理资金和技术严重不足，生态环境一旦遭到毁坏，难以在短时间内修复。因此，生态环境的破坏反过来又加剧了对贫困人口生产生活行为的制约，导致贫困人口无法从根本上脱贫，反而进一步抑制了现有资源潜力的充分发挥，最终陷入"环境脆弱性—贫困—资源掠夺—环境退化—进一步贫困"的恶性循环。事实上，发展经济和保护环境并不存在矛盾，两者之间的矛盾往往是人们选择摆脱贫困的技术方式会破坏生态环境所造成的，选择一种可持续的长期扶贫方式代替破坏环境的短期扶贫方式至关重要。在精准扶贫战略实施过程中，如何将生态环境转化为生产力，做到经济发展与环境保护的良性互动，关键在于发展思路和人的思想观念能否随着时代发展的趋势及时转变。只要思想对路，正确处理好两者的关系，绿水青山就能够产生巨大的生态效益、经济效益、社会效益。

其次，生态文明建设与消除贫困是全面建成小康社会的"双目标"。生态文明建设和消除贫困是全面建成小康社会的重要内容，二者相辅相成、不可或缺。改革开放 40 年来，中国经济发展取得了举世瞩目的成就，但生态环境依然是全面建成小康社会最大的制约因素。当前，农村的生态环境问题非常突出，不但成为制约农村可持续发展的经济问题，而且成为严重影响人民群众身体健康的民生问题。贫困人口过分追求经济增长，从而忽视了生态环境的可持续性，造成贫困地区的环境退化和严重污染。农村的粗放发展导致部分地方土壤硬化板结、重金属含量超标等，生态环境恶化影响农业的可持续发展能力。生态文明建设追求的是"既要绿水青山，也要金山银山"。生态环境是经济发展的重要依托，良好的生态环境能够有效地提高产品的竞争力，从而增强经济持续健康发展的能力。在传统的经济发展方式中，绿水青山的基础性作用被忽视了，经济社会也就不可能实现可持续发展。因此，只有将生态文明建设与经济发展统一起来，在保护绿水青山的同时培育好金山银山，才能实现加快发展和保护生态的双赢目标。生态扶贫是中国共产党科学把握中国经济社会发展阶段性特征，

---

① 李周. 资源、环境与贫困关系的研究 [J]. 云南民族学院学报（哲学社会科学版），2000（5）：8-14.

"把生态文明与反贫困有机结合起来的减贫新战略"①。

最后，生态扶贫是顺应绿色发展的必然要求。伴随着全球性生态危机愈演愈烈，绿色发展成为解决突出环境问题的根本之策。绿色发展理念是在我国社会主要矛盾发生重大转变的历史条件下提出的，进入新时代，人民群众对优美环境的要求越来越强烈。然而，经济发展与环境保护之间的不平衡以及绿色发展的不充分，业已成为影响人民美好生活的制约因素。为此，党的十八届五中全会提出绿色发展理念，绿色发展成为中国共产党执政理念和全社会的共识。联合国环境规划署曾在《绿色经济报告书》中提出，绿色经济是实现可持续发展和绿色减贫战略的重要途径。生态扶贫以实现人口、资源、环境协调发展为目标，"依托生态文明建设推动贫困地区持续发展和贫困人口脱贫致富"②，符合绿色经济这一新的发展方向和趋势。

总而言之，生态扶贫是生态文明建设中减贫方式的创新，是一种符合生态文明发展、实现绿色增长和发展新方式的减贫新理念，是一种新型可持续的扶贫模式，侧重于生态环境与经济发展的协调统一，"实现在生态建设与保护中减贫，在减贫中保护生态环境"③，也是贫困地区实现脱贫减贫与生态文明建设双重目标的重要途径。

二、研究目的和意义

（一）研究目的

实现共同富裕是社会主义的本质要求，也是中国共产党始终不渝的奋斗目标。2020年后，我国区域性整体贫困得到解决，农村从普遍贫困走向全面小康，开启了全面振兴发展的新征程。当前，我国正处于脱贫攻坚成果巩固、乡村振兴与生态文明建设叠加推进的历史交汇期。协同推进生态环境保护与经济发展是生态脱贫的核心要义，本书以"生态文明建设""乡村振兴""脱贫攻坚与乡村振兴有机衔接"等理论问题与实践探索为契机，深入分析乡村振兴战略下，如何巩固生态脱贫成果，促进生态脱贫与乡村生态振兴有机衔接。从当前农村生态脱贫成果巩固所面临的返贫风险入手，着重分析现阶段影响农村生态扶贫

① 万君，张琦. 绿色减贫：贫困治理的路径与模式 [J]. 中国农业大学学报（社会科学版），2017（5）：79-86.
② 沈茂英，杨萍. 生态扶贫内涵及其运行模式研究 [J]. 农村经济，2016（7）：3-8.
③ 李仙娥，李倩，牛国欣. 构建集中连片特困区生态减贫的长效机制——以陕西省白河县为例 [J]. 生态经济，2014（4）：115-118.

成果巩固的制约因素，提出相应的应对策略，以期为推动农村生态环境治理、提高农村人口的生活质量，使农村走向生态振兴发展，提供一定的理论参考与对策建议。具体包含以下三方面的内容：

第一，基于新时代生态文明的视角，分析生态环境与扶贫开发的内在关联。对生态扶贫的目标，即实现生态建设和扶贫开发共赢，进行合理定位。现阶段，中国大多数贫困人口是生活在农村从事农业生产的农民，而绝大多数的贫困人口分布在生态环境恶化并且远离城市的农村边缘地区。农村贫困地区生态修复能力较为脆弱，使得农村贫困地区对生态环境变化的反应特别敏感，任何细微的生态环境变化都足以给农村贫困人口的生存和生活造成巨大的冲击。因此，从一定程度上来讲，现阶段农村贫困地区的生态环境状况已经成为衡量生态文明建设水平的重要指标。本研究首先从生态环境与扶贫开发的关系入手，明确生态扶贫的基本内涵和目标定位。

第二，通过收集资料和现场调查，总结农村生态扶贫成功经验，并分析当前农村生态扶贫成果巩固面临的主要问题。中国的贫困人口规模大、分布地域广，我国的贫困问题具有复杂化、多样化、差异化和严重化的发展趋势，因此产生了一系列的伴生问题，严重影响了农村贫困人口脱贫致富的积极性、主动性、创造性。生态扶贫脱贫成果是检验农村生态扶贫效果的重要指标。农村生态扶贫成果总是受到各种主客观因素的影响，导致脱贫成果巩固困难，本研究试图通过对农村生态扶贫开展实证研究，深刻分析当前农村生态扶贫成果巩固存在的现实问题。

第三，针对农村生态扶贫成果巩固的现实困境，从主观能力因素、客观现实因素、参与主体因素、中介因素视角分析造成农村生态扶贫成果巩固困境的原因，从而提出促进农村生态扶贫成果巩固的对策建议。乡村振兴战略下，促进生态脱贫成果巩固与乡村生态振兴有机衔接，是推动脱贫地区实现绿色发展的关键。脱贫人口抗风险能力薄弱、环境风险引发的突发环境事件和自然灾害频发、后续生态产业发展动力缺乏、农村环境污染问题突出等因素，导致农村生态扶贫脱贫成果巩固存在着很大的返贫风险。为有效破解这一难题，必须从多个层面剖析原因，最终提出农村生态扶贫成果巩固的可行性路径。

（二）研究意义

当今中国面临众多生态环境问题，已经严重威胁到了人类的生存与发展。在环境污染严重、生态系统退化的形势下，探究农村生态扶贫的发展，有利于实现脱贫攻坚与生态文明建设协调发展。生态扶贫研究为农村生态环境治理和脱贫减贫贡献了智慧，也为贫困人口走出困境指明了正确的道路。

1. 理论意义

第一，本研究有助于深化中国共产党扶贫开发思想。生态扶贫不仅可以从根本上改变农村贫困人口生产生活条件，通过发展经济彻底实现脱贫致富，而且可以依托生态建设工程，重构人与自然的和谐关系，缓解生态环境脆弱地区的压力，促进生态环境持续改善，是生态文明视角下农村扶贫开发的创新举措，也是中国共产党扶贫开发思想在新时代的新发展。本研究以新时代生态文明为理论基础，以中国农村扶贫实践为导向，进一步丰富农村扶贫开发战略的理论基础，从而丰富中国共产党扶贫开发思想。

第二，本研究有助于拓展生态文明建设思想。农村扶贫事关民生福祉和"两个一百年"奋斗目标的实现，本研究以生态文明建设的背景为切入点，直接着眼于全面建成小康社会农村扶贫成果巩固问题。农村是生态环境治理和脱贫减贫的重中之重，在全面建成小康社会后，农村生态扶贫研究有助于拓展生态文明建设思想的研究。

2. 实践意义

第一，生态扶贫是全面建成小康社会的内在要求。消除贫困、实现共同富裕既是社会主义的本质要求，也是中国共产党的重要使命。党的十八大确定全面建成小康社会目标，农村是脱贫攻坚工作的关键。生态扶贫是扶贫开发进入新阶段的内在要求，在全面建成小康社会后，农村生态扶贫研究能为乡村生态振兴奠定基础，巩固拓展扶贫成果，实现全体人民共同富裕和各民族同步小康。

第二，生态扶贫是实现环境保护与脱贫减贫双赢的必然选择。贫困人口脱贫是生态扶贫最直接、最紧迫的目标。贫困地区脆弱的生态环境大多是不合理的开发利用等人为因素造成的，扶贫不能以生态环境为代价，特别是在生态脆弱地区，扶贫开发不能使脆弱的生态环境进一步恶化。生态扶贫就是要在扶贫开发中坚持尊重自然、顺应自然、保护自然的原则，处理好扶贫开发与生态建设的关系，强调扶贫资源和环境之间的协调，协调推进扶贫开发与生态建设和生态优化。

第三，生态扶贫是实现绿色发展的迫切需要。绿色发展强调人口、资源、经济协调可持续发展。生态扶贫的本质是以生态发展为基本路径，以生态化开发为根本方法和手段。实现绿色发展是生态扶贫的题中之义，旨在通过生态化开发和生态优化，使经济发展、人口脱贫与资源环境相协调，从而促进贫困地区实现绿色发展。

三、国内外研究现状

贫困问题是一个全球性问题，消除贫困是全人类共同承担的社会责任。作为最大的发展中国家，贫困仍是制约我国经济社会发展的瓶颈。建设生态文明是关系人民福祉、关乎民族未来的长远大计。良好的生态环境和自然资源是一个地方最大的特色、最好的资源和资本及最有竞争力的优势，利用这一优势必须随着经济社会的发展变化进行新的探索。党的十八大以来，扶贫开发进入新的历史阶段。习近平曾明确指出："小康不小康，关键看老乡"①。党的十九大报告再次强调：确保到 2020 年，我国现行标准下农村贫困人口实现脱贫，贫困县全部摘帽。"既要绿水青山，又要金山银山""绿水青山就是金山银山"，强调脱贫必须保证生态与发展的协调统一。产业发展要坚持因地制宜、发挥资源优势、发展特色产业，走绿色发展之路，形成良性环保产业链，开辟一条生态、生产、生活"三生统一"的扶贫脱贫之路。维持贫困地区经济社会发展与生态保护之间的平衡是生态扶贫策略选择的重点所在，中国有 14 个集中连片特困区，这些地区大部分具有贫困发生面广、生态资源脆弱、生态治理片面等特征，因此这类地区生态扶贫要更多地借助政府的财政转移支付制度，构建长期生态扶贫内外部长效机制，维护贫困地区经济社会发展与生态保护之间的平衡。通过国内外学者对于贫困问题和生态文明建设的研究，有助于为农村生态扶贫提供一定的理论基础和参考借鉴。

（一）国外研究现状

20 世纪 80 年代以后贫困问题逐渐与全球发展问题相联系，突出了贫困与反贫困理论研究的综合性，产生了贫困恶性循环理论、循环积累因果关系理论、大推动理论等反贫困研究和对于贫困根源的理论研究。尽管国外对于农村生态扶贫的研究相对较少，但国外对于生态文明建设的研究取得了丰硕的成果，对于中国农村的生态建设和扶贫开发也具有启示性作用。

1. 国外关于生态文明的研究

消除贫困、促进发展、保护环境是各国人民的共同愿望和奋斗目标。西方学者对生态问题的研究由来已久，学者们关于生态文明建设的相关研究对于农村生态扶贫具有重要的借鉴意义。

（1）生态学马克思主义对生态文明的探索

1962 年《寂静的春天》问世，向人们展现了滥用化学农药的后果，促使西

---

① 美丽篇章藉春风——习近平总书记考察海南纪实［N］. 海南日报，2013-04-13.

方马克思主义开始将目光投向自然环境。20世纪60年代兴起了以生态运动或绿色革命为主导的新社会运动，促进了生态马克思主义的诞生。自20世纪70年代加拿大学者本·阿格尔在《当代西方马克思主义概论》一书中提出"生态学马克思主义"一词以来，涌现出了一大批生态学马克思主义理论家，如威廉·莱斯、詹姆斯·奥康纳、约翰·福斯特等。生态学马克思主义说明了资本主义制度以及在该制度下所实行的生产方式才是当代社会生态危机的根源，指出了生态问题解决的最终途径在于社会制度、生产方式和道德观念的变革，并为生态问题的最终解决指出了一条生态社会主义的道路。奥康纳把生态学马克思主义视为从生态角度来考察资本主义社会以及未来社会特征的新理论，把生态社会主义看作新的社会历史实践。① 戴维·佩珀认为，马克思的历史唯物论强调人类与自然之间以人的实践活动为中介，相互联系、相互作用，人类社会既要依赖于生产力的发展，同时又要依赖自然环境的制约。总体来看，生态学马克思主义者都承认人类生活的环境遭到人类自身破坏，资本主义的社会制度是环境问题产生的根源。

（2）社会生态学关于"环境与社会是一个统一体"的探索

20世纪60年代，西方兴起的社会生态学派主张在"人—社会—自然"层面上探讨当代环境问题，提出了建构未来生态化社会的理论与实践。社会生态学的创始人默里·布克金（Murray Bookchin）在《自由生态学：等级制的出现与消解》一书中指出，人类的社会生活与自然界命运与共，目前几乎所有的环境问题都是由于根深蒂固的社会问题。人类把自己凌驾于自然之上，把自然作为敌手，认为人类的进步需要自然的顺从和被统治，这种思想造就了威胁人类生存的社会等级制度、社会体制、市场经济和政府。生态问题根源于"社会支配"，人对自然的统治来自这种社会等级制和统治模式，人对自然的支配是更广泛地支配和控制方式的一部分。② 自然与社会是一个连续的统一体，生态问题首先是社会问题，如果不彻底处理社会内部问题，环境问题就无法得到解决。社会生态学派的另一个理论家马尔科维奇（Mihailo Maricovic）提出，任何社会制度都要与自然相适应。与布克金的观点一致，马尔科维奇也力求从社会内部寻找环境问题的社会制度根源。概言之，在生态社会学看来，环境与社会是一个统一的辩证发展过程。环境问题的本质是社会公平问题，资本主义制度是造成

---

① 詹姆斯·奥康纳. 自然的理由 [M]. 唐正东，臧佩洪，译. 南京：南京大学出版社，2003：5-8.

② 戴斯·贾丁斯. 环境伦理学 [M]. 林官明，杨爱民，译. 北京：北京大学出版社，2002：274-288.

全球生态危机的根本原因。从根本上遏制环境恶化，就要创建一个生态社会，实现真正"自由的自然"。美国学者大卫·佩罗（David N. Pellow）曾对生态社会学的理论探索给予了肯定，同时也指出了生态社会学的局限性。"生态社会学驱使着人们不仅仅思考零星的解决路径，更要沿着生态路线重建社会整体。但是，生态女性主义依然批评社会生态学对性别、种族等社会差别不够重视。"①由此可见，生态社会学虽然肯定了环境与社会的辩证关系，但并没有构建出生态社会的具体框架，也缺乏对环境问题的解决路径的整体性思考。

（3）生态伦理学对生态文明建设的探索

生态伦理学是直接针对现代化生产和科学技术的发展导致生态平衡严重破坏的后果而提出的，其中最具代表性的就是生命伦理学和大地伦理学。西方学者对于生态伦理思想的研究也为解决农村生态文明建设和推动农村生态扶贫奠定了深厚的理论基础。

一是史怀泽的敬畏生命伦理学。法国生命伦理学家史怀泽（Albert Schweitzer）提出将道德关怀扩展到整个生命领域。② 敬畏生命伦理学以生命神圣、众生平等为理论基础，以"善是保存和促进生命，恶是阻碍和毁灭生命"为基本原则。

二是利奥波德的大地伦理学。美国大地伦理生态学家利奥波德（A. Leopold）提出"大地伦理"的概念，并指出土壤等自然资源绝非如同德赛女奴那样，只是一种财富，自然资源本身就具有继续存在下去的权利。只有人们逐步培养起尊重自然、爱护自然、亲近自然的意识，才能实现生态系统的和谐稳定。③

2. 国外关于生态环境与扶贫的研究

贫困本身是一个动态发展的概念，它涉及经济学、政治学、社会学等诸多领域，因而具有不确定性特点。但同时它又是一个过程，并随着时间、空间以及人们思想观念的变化而变化，不同国家或同一国家不同地区，由于自然、社会条件的不同而有所差别。贫困是经济问题，也是社会问题，同时也是一个生态问题。资源的不合理利用和生态环境恶化是造成贫困的重要原因之一，所以表现为绝大多数贫困人口居住在自然条件恶劣、自然资源贫乏、生态环境脆弱且受到严重破坏的地区。不利的生态环境、不可持续的发展方式与贫困常常伴随在一起。

① 大卫·佩罗，霍莉·布雷姆，柴玲. 理论与范式：面向 21 世纪的环境社会学 [J]. 国外社会科学，2017（6）：128-136.
② 阿尔贝特·史怀泽. 敬畏生命 [M]. 陈泽怀，译. 上海：上海社会科学院出版社，1996：9.
③ 刘海霞，王萍. 20 世纪以来马克思恩格斯生态伦理思想研究：回顾与思考 [J]. 华北电力大学学报（社会科学版），2017（2）：96-100.

（1）自然环境与贫困的关系研究

在美国经济学家托达罗（Michael P. Todaro）看来，"第三世界国家大都位于热带或亚热带地区，而事实上，现代经济增长的成功案例都发生在温带国家。这种分歧不能简单地归因于巧合，它必然与不同的气候条件直接或间接造成的特殊困难有关。"① 与温带相比，热带雨量多，暴雨频率高，容易发生洪灾，摧毁道路、桥梁和其他建筑物，导致土壤流失，影响农作物正常生长。极高的温度和湿度，引起土壤腐殖质分解较快，有机质易流失，使得土壤肥力衰退，同时又使有碍农作物生长的虫害、病害迅速滋生繁殖，致使农作物减产。此外，极端的气候环境会损害劳动者的健康，从而导致劳动者身体素质下降，生产力水平和劳动效率普遍降低。按照这种观点，有学者提出，绝大多数贫穷国家集中在热带地区。因为热量可以加速细菌分解腐烂的植物，当热带温度上升，腐烂的植物来源减少，土壤没有腐殖质，造成土壤结构恶化，保持水分的能力下降，从而形成很多干旱地区和热带沙漠地区。由于自然环境严重恶化，自然灾害频发，人们面临着干旱、洪水和地震等灾害，因而贫困还发生在高寒荒漠区、山区、盐碱地和戈壁沙漠。

（2）生态环境与扶贫的研究

国外对生态扶贫的直接研究较少，对生态扶贫的研究包含在如何利用经济、社会、政治等方式消除贫困的相关研究中。国外学者从生态破坏与贫困发生的关系中指出，许多发展中国家的主要难题是如何治理贫困问题，由于可再生资源不断被开采，不可再生资源又濒临枯竭，这些生态破坏行为必将导致贫困更为严重。② 也有学者进一步探讨了城市化背景下实现生态可持续扶贫的重要路径③，为生态扶贫的研究奠定了基础。

第一，生态产业与扶贫的相关研究。在推动贫困地区发展的过程中，美国、法国、日本等国家主要依托其自然资源优势，发展特色农业产业和乡村旅游业。通过粮食补贴、农业保险、农民合作社、订单种植等方式，降低种植成本，激发农民积极性，增加农民收入。国外发达国家在发展养殖业时，注重绿色生态养殖。有学者指出，养殖业可以有效缓解欠发达地区的贫困状况，提高贫困人

① 托达罗. 第三世界的经济发展 [M]. 于同申，译. 北京：中国人民大学出版社，1988：170.

② AUTY R M. Natural Resources, Development Models and Sustainable Development [J]. Discussion Papers, 2003, 35 (903): 633-634.

③ ANTHARVEDI U. Urban Environment - Sustainable Development [J]. Social Science Electronic Publishing (2007).

口的收入水平。丹麦政府出台了一系列政策倡导"绿色增长",主张在能源生产中使用牲畜粪便。如果农民利用牲畜粪便生产沼气,他们可以获得高达30%的政府投资,生产得越多,补贴就越高。

国外学者相关研究表明,发展旅游业可以为贫困人口增加就业机会,提高贫困人口的收入。1999年,英国国际发展局(DFID)明确提出了"面向贫困人口的旅游"(PPT),将旅游业的发展与反贫困问题直接联系起来,旨在让贫困人口在旅游扶贫开发中受益。在英国国际发展局的倡导和支持下,通过发展旅游实现扶贫的目的不断得到实践和应用。国外学者从宏观方面研究了城市和农村地区的旅游扶贫项目对贫困人口所处区域的经济发展作用,探讨如何实现旅游业与农业之间的联系①。研究者认为,发展旅游对消除贫困的作用主要体现在保护当地的环境和文化方面。② 20世纪80年代以来,生态旅游、可持续旅游、社区旅游等逐渐兴起。可持续旅游和生态旅游的研究开始将环境作为关注的焦点。有研究者从微观方面分析了旅游地的酒店模式与贫困人口的关系,提出了社区参与式旅游模式,以增加贫困人口收入③。国外学者探究了生态农业在扶贫中的作用,认为在贫困地区发展生态产业,一方面能有效帮助居民脱贫,另一方面能减少由于扶贫而对环境产生的不良影响。④

第二,生态移民与贫困的相关研究。生态移民在国外最早被称作环境难民,是指由于显著的环境改变严重影响人们的生活质量,甚至生存受到威胁,而进行迁移的人。生态移民是多种因素共同作用的结果,如:海啸、洪水、龙卷风、地震等突发的自然灾害、化学物质意外泄漏造成的突发性灾难事件、军事行动政治动荡、经济发展长远规划等,这些驱动因素相互交织,引发了人们的迁移行为。联合国人口发展基金组织对世界范围内的人口、环境和贫困问题进行研究,他们在《人口、环境和贫困的关系》一书中提出,全球大约有2500万环境

---

① TORRES R, MOMSEN J H. Challenges and Potential for Linking Tourism and Agriculture to Achieve Pro-poor Tourism Objects [J]. Progress in Development Studies, 2004 (4): 294-318.

② CATTARINICH X. Pro-poor Tourism Initiatives in Developing Countries: Analysis of Secondary Case Studies [Z]. 2001.

③ PILLAY M, ROGERSON C M. Agriculture-tourism Linkage and Pro-poor Impacts: The Accommodation Sector of Urban Coastal KwaZulu-Natal, South Africa [J]. Applied Geography, 2013 (36): 49-58.

④ ANTONIO A R IORIS. The Paradox of Poverty in Rich Ecosystems: Impoverishment and Development in the Amazon of Brazil and Bolivia [J]. The Geographical Journal, 2016, 182 (2): 178-189.

难民，他们因为森林采伐、土地沙化、土壤流失等环境问题，不得不迁移到其他地方谋生。这些环境移民主要发生在非洲撒哈拉沙漠地区、印度次大陆地区、中国、墨西哥和美国中部地区，生态移民是解决人口、贫困和环境问题的有效途径之一。①

第三，生态补偿与贫困的相关研究。世界各国对生态补偿的理论研究逐渐深化，许多国家在生态补偿领域进行了实践探索。例如，美国的土地休耕计划、欧盟的农业景观保护计划，哥斯达黎加为了保护森林和减少温室气体排放，建立了可确认贸易补偿制度。实践证明，生态补偿在协调经济发展和生态环境保护方面发挥了重要作用。世界银行的专家认为，生态补偿对减轻贫困效果显著，通过生态补偿对贫困人口给予明确、具体的补偿，有利于提高贫困人口的参与度，从而在贫困地区实现扶贫目标。②

生态补偿与贫困的关系复杂，国外学者的研究表明，生态补偿在政府减贫中起着一定作用。有学者通过实证分析发现，生态补偿对参与主体的影响是多方面、多层次的，既有直接的收入影响，也有间接的非收入影响，如社会资本和文化关系的建立。生态补偿的减贫效果取决于有多少贫困群体最终能够成为补偿计划的实际参与者，以及生态补偿计划能否直接或间接影响着贫困群体。③但也有学者提出，生态补偿对地方发展和减贫的效应都是双重的。从这个意义上看，生态补偿既能促进地区的经济社会发展，也可能会对地方的经济社会发展带来负向效应④，因为贫困人口对环境的依赖性更强，生态补偿可能会拉大收入差距，对穷人产生负面作用⑤。

（二）国内研究现状

贫困是一个复杂的社会问题。贫困的实质是人们通过劳动和其他合法收入

---

① MYERS N. Environmental Refugees: A Growing Phenomenon of the 21st Century [J]. The Philosophocal Tyansactions of the Royal Society, 2002, 357 (1420): 609-613.

② MORRIS J, GOWING D J G, MILLS J. Reconciling Agricultural Economic and Environmental Objectives: The Case Of Recreating Wetlands In the Fenland Area of Eastern England [J]. Agriculture, Ecosystems and Environment, 2000 (79): 245-257.

③ PAGIOLA S, ARCENAS A, PLATAIS G. Can Payments for Environmental Services Help Reduce Poverty? An Exploration of the Issues and the Evidence to Date from Latin America [J]. World Development, 2005, 33 (2): 237-253.

④ PEREZ C, RONCOLI C, NEELY C, et al. Can Carbon Sequestration Markets Benefit Low-income Producers [J]. Agricultural Systems, 2007, 94 (1): 2-12.

⑤ LANDELL MILLS N, PORRAS I T. Silver Bullet or Fools' Gold? A Global Review of Markets for Forest Environmental Services and Their Impact on the Poor [R]. London: International Institute for Environment and Development, 2002.

所获得的物质不能满足维持正常生活和社会活动的基本需求。贫困首先是物质的短缺，不能满足人们维持正常生活的基本需求；其次是能力的缺乏，不能保障人们通过从事劳动活动获取生活所必需的劳动报酬；最后是公共资源的缺失，不能满足人们对交通、教育、医疗、养老、文化、社会活动的基本需求。众多学者都一致认为，贫困的内涵已经超越了收入范围，即贫困不仅仅指收入低下，而且包括能力缺乏、健康状况差、缺乏医疗保健、缺少机会和权利等。中国贫困人口的分布具有典型的区域特征。20 世纪 80 年代中期以国家确定的贫困县为主要扶贫对象，这些贫困人口大多集中在中西部的 18 个集中连片的贫困地区，2011 年又确立 14 个连片特困地区。① 2017 年，中共中央《关于支持深度贫困地区脱贫攻坚的实施意见》指出，"西藏、四省藏区、南疆四地州和四川凉山州、云南怒江州、甘肃临夏州（简称"三区三州"），以及贫困发生率超过 18% 的贫困县和贫困发生率超过 20% 的贫困村，这些贫困地区自然条件差、经济基础薄弱、贫困程度深，补齐这些贫困地区的短板，消除贫困是扶贫开发和打赢脱贫攻坚战的关键"②。

1. 十八大以来关于生态文明的研究现状

"生态文明"这一概念诞生于环境危机，建设生态文明，目的是消解环境危机，恢复环境生态平衡。生态文明建设关系人民福祉和民族未来。党的十八大报告秉持生态文明的基本理念，将生态文明纳入"五位一体"总布局，生态文明上升到治国理政的重要战略地位，生态文明顶层制度不断完善。进入新时代，学术界对生态文明的研究不断深化，显现出许多新认识和新思考，梳理新时代生态文明研究的现状，以期为本研究奠定坚实的理论基础。

（1）关于生态文明基本内涵的研究

一是从中国特色社会主义的角度剖析生态文明的内涵。姚介厚认为，生态文明与物质文明、制度文明、精神文明紧密相关、相互渗透，旨在促进整个社会良性协调发展，推动全球实现可持续发展。中国提出的生态文明内涵丰富，从科学发展观与人类文明的理论高度，将生态视为纳入社会整体文明全局，推动关系全民福祉、代际公平、民族永续发展的新进程。③ 任平提出，中国特色生态文明是对以往"自然"与"文明"对立模式的超越，强调人的充分发展与生态系统改善的和谐统一，构筑全新的人与自然共生共荣的生活方式、生产方式、

---

① 汪三贵，郭子豪. 论中国的精准扶贫 [J]. 贵州社会科学，2015（5）：147-150.

② 支持深度贫困地区脱贫攻坚 [N]. 人民日报，2017-11-22（1）.

③ 姚介厚. 生态文明理论探析 [J]. 中国社会科学院研究生院学报，2013（4）：5-12.

社会生存方式和价值形态。① 闫坤、陈秋红认为，中国特色社会主义生态文明建
设新思想既丰富了对生产、生活、生态内涵的认识，又在新的时代背景下，深
刻理解了"三生"的辩证统一关系，并为整个社会推进"三生"协调发展进而
实现生产发展、生活富裕、生态良好做出了系统的具体部署，提出了明确的实
践要求。② 唐代兴认为，生态文明是"五位一体"发展格局中的"一体"，即在
追求持续的经济高增长和"全面实现小康"的同时，兼顾生态保护和环境治理，
促进经济发展与生态建设协调共进。③

　　二是从环境政治的视角探究生态文明的内涵。郇庆治认为，生态文明在学
理上包含多层含义：一是哲学层面上人与自然的关系；二是政治意识形态层面
上区别于资本主义主导范式的替代性经济与社会选择；三是现代化或发展语境
下经济社会发展的绿色向度；四是实践层面的生态建设和环境保护行动。④ 生态
文明是环境社会政治话语体系的重要表征。作为一种生态文化理论，生态文明
既是一种"绿色左翼"的政党意识形态话语，也是一种综合性的环境政治社会
理论，明显带有中国传统有机性思维方式与哲学。⑤ 王雨辰认为，经济、政治、
社会和文化是社会主义生态文明的四个基本维度，文化维度是理论基础，经济
维度是基本前提，政治维度是价值诉求，社会维度是核心要义。四个维度之间
相互联系、彼此制约，共同构成了社会主义生态文明的主要内容。⑥ 通过分析党
的十七大以来的党代会报告，郇庆治进一步提出，"社会主义生态文明观"主要
包含四个相互关联的要素：基于生态思维的人与自然观念，系统治理和保护生
态环境的制度体系，综合考量生产、生活、生态要求的绿色发展道路，构建美
丽中国和维护全球生态安全的高度责任感。⑦

---

① 任平. 中国特色生态文明理论的构建：问题、观念与模式［J］. 江苏行政学院学报，
　　2014（4）：5-10.
② 闫坤，陈秋红. 新时代生态文明建设：学理探讨、理论创新与实现路径［J］. 财贸经
　　济，2018，39（11）：5-20.
③ 唐代兴. 生态文明的性质定位及理论基础［J］. 哈尔滨工业大学学报（社会科学版），
　　2019，21（1）：109-117.
④ 郇庆治. 生态文明概念的四重意蕴：一种术语学阐释［J］. 江汉论坛，2014（11）：5-
　　10.
⑤ 郇庆治. 生态文明理论及其绿色变革意蕴［J］. 马克思主义与现实，2015（5）：167-
　　175.
⑥ 王雨辰. 生态文明的四个维度与社会主义生态文明建设［J］. 社会科学辑刊，2017
　　（1）：11-18.
⑦ 郇庆治. 社会主义生态文明观阐发的三重视野［J］. 北京行政学院学报，2018（4）：
　　63-70.

（2）关于生态文明的意义和价值研究

从理论向度看，新时代生态文明是对马克思主义生态思想的继承和发展，更加丰富了中国特色社会主义理论体系。赵建军提出，中国共产党提出的生态文明是马克思主义中国化的最新理论成果之一，既是顺应时代发展的要求，也是对人与自然和谐发展理论的提升。① 还有学者提出，在"五位一体"总体布局中，生态文明建设具有基础地位，促使环境保护与经济发展相统一，对政治文明建设提出了新的诉求，丰富了社会主义文化新理念，有利于促进社会和谐以及人的自身发展。②

从实践向度来说，新时代背景下，生态文明建设面临新的形势，"推进生态文明建设是化解社会主要矛盾的迫切需要"③。王睿指出，新时代中国生态文明着眼于整个人类命运，将中国特色与全球环境治理联系起来，主张加强国际合作，积极推动构建人类命运共同体，完善生态环境治理体系，为应对全球生态环境问题提供中国方案。④ 潘家华提出，新时代背景下，生态文明建设是我国社会主要矛盾发展转化的时代必然，中国特色社会主义生态文明为全球可持续发展和文明转型提供了方向和路径。⑤ 黄秋生、朱中华认为，从个体层面来看，满足人民美好生活是新时代生态文明建设的内在要求。从国家层面来看，实现美丽中国的目标是新时代生态文明建设的必然诉求。从整个人类层面来看，构建人类命运共同体，引领全球生态治理是新时代生态文明建设的根本指向。⑥

（3）关于生态文明的实现路径研究

在十九大报告中，习近平立足生态文明建设实际，指出了新时代生态文明建设的战略架构，"从产业结构调整、生产生活方式的转变、制度完善和生态环境治理国际合作等多个角度全面阐述了生态文明的新时代发展方向和实现路

---

① 赵建军.论生态文明理论的时代价值 [J].中国特色社会主义研究，2012（4）：69-74.

② 李钰.新时代我国生态文明建设的作用、创新及特色发展 [J].重庆社会科学，2019（9）：70-81.

③ 杜强，杨永华.新时代推进我国生态文明建设的思考 [J].福建论坛（人文社会科学版），2018（10）：175-181.

④ 王睿."五个统一"：新时代中国生态文明建设的新意境 [J].探索，2018（4）：86-93.

⑤ 潘家华.新时代生态文明建设的战略认知、发展范式和战略举措 [J].东岳论丛，2018，39（3）：14-20.

⑥ 黄秋生，朱中华.新时代推进生态文明建设的应然向度：从人民美好生活到全球生态治理 [J].湖南社会科学，2018（3）：56-61.

径"①。由此，学者们主要围绕产业发展方式、制度建设、生态观念三个方面，探讨新时代生态文明的实现路径。方世南指出，从文化建设、制度建设、产业建设、社会建设、人的建设这"五位一体"入手，"以生态文化建设为引领，以生态文明制度建设为关键，以生态产业建设为重点，以生态公民社会建设为基础，以生态文明理性人建设为根本"②，形成生态文明建设的强大合力，开启社会主义生态文明新时代。潘家华、杜强、杨永华、王冠文、王丹提出，新时代生态文明建设要注重改善生态环境质量，推动绿色发展；加大生态保护与修复，以生态系统观推进生态文明建设；注重生态文明的制度设计，建立完整的生态文明制度体系，严格环境执法和督察，创新执纪执法监管体系；开展环境教育，加强生态道德教育，提高公民生态文明的素养③；积极参与全球环境治理，构建人类命运共同体。④郭兆晖提出，中国特色生态文明建设要健全自然资源资产产权制度、构建生态文明的评价体系、按照区域经济差异建设生态文明和建立符合生态文明要求的社会主义市场经济机制。⑤张友国认为，新时代中国特色社会主义生态文明建设要继续优化升级产业结构，进一步健全绿色发展的体制机制，加强农村生态保护和环境治理，引导公众积极参与生态建设。⑥王洪波认为，推动新时代生态文明建设，我们需要在理想、现实和全球三维向度协同作用下，以自觉的理念、严格的制度、严厉的法治和良性的国际合作，推动生态环境问题的解决。⑦李钰认为，新时代推进生态文明还要坚持理论创新和实践探索的有机互动，批判吸收西方生态文明成果，坚持和完善中国特色生态文明建设道路。⑧

---

① 杨峻岭. 新时代生态文明建设的新思想 [J]. 人民论坛，2017 (31)：26.

② 方世南. 以三个"五位一体"的合力走向生态文明新时代 [J]. 苏州大学学报（哲学社会科学版），2013, 34 (5)：47-51.

③ 王冠文，王丹. 新时代中国特色社会主义生态文明建设战略选择 [J]. 社会科学家，2018 (3)：48-53.

④ 杜强，杨永华. 新时代推进我国生态文明建设的思考 [J]. 福建论坛（人文社会科学版），2018 (10)：175-181.

⑤ 郭兆晖. 论中国特色的生态文明理论 [J]. 福建论坛（人文社会科学版），2015 (1)：169-173.

⑥ 张友国. 新时代生态文明建设的新作为 [J]. 红旗文稿，2019 (5)：22-25.

⑦ 王洪波. 政治逻辑视角下新时代生态文明建设深度推进的三维向度 [J]. 兰州学刊，2019 (11)：5-11.

⑧ 李钰. 新时代我国生态文明建设的作用、创新及特色发展 [J]. 重庆社会科学，2019 (9)：70-81.

2. 农村生态扶贫的相关研究

党的十八届五中全会提出了生态扶贫的思想，将生态扶贫作为精准扶贫的重要方式之一，对生态特别重要和脆弱的贫困地区实行生态保护扶贫。学术界对生态扶贫的探讨主要体现在以下几方面：

（1）生态扶贫的内涵研究①

生态扶贫是将生态保护与扶贫开发有机结合的扶贫方式，对于生态扶贫内涵的研究主要从两方面展开：

一是基于生态恶化贫困地区环境的改善。生态扶贫这一概念早期的探讨是基于自然环境恶劣的贫困地区，为了摆脱生态恶化—贫困加重的恶性循环，以贫困地区生态环境为切入点，加强贫困地区的基础设施建设和生态环境保护，从而改变贫困人口的生产生活环境，形成生态效益与经济效益的良性互动。从这个角度出发，杨文举在《西部农村脱贫新思路——生态扶贫》一文中正式提出，生态扶贫是指根据贫困地区现有的资源环境状况和经济发展水平，利用多种方式增强贫困人口的生态意识，通过退耕还林（退牧还草）等途径改善贫困地区生态环境，依托现代科技发展生态绿色产业，促使贫困地区经济、社会、生态协调发展。② 2015 年 10 月，党的十八届五中全会提出，生态扶贫是精准扶贫的重要方式之一，要坚持因地制宜、科学发展，在生态特别重要和脆弱的贫困地区实行生态保护扶贫。2015 年 11 月，《中共中央国务院关于打赢脱贫攻坚战的决定》中更加鲜明地指出，扶贫开发不能牺牲生态环境，要探索生态扶贫新途径，让生态建设和生态修复惠及更多贫困人口。"生态扶贫正是从绿色中掘金，帮助生态环境良好的贫困地区将生态优势转化为发展优势，将绿色资源转化为发展动力。"③

二是基于生态文明建设的视角。从生态文明的视角看，生态扶贫是在生态文明建设的背景下，坚持生态建设与扶贫开发同步进行、生态恢复与脱贫致富相互协调的原则，通过逐步提升贫困地区生态功能为扶贫开发提供服务，旨在促进贫困地区经济发展与生态环境的良性循环。杨庭硕在《生态扶贫导论》一书中指出，在生态文明背景下，生态扶贫的内涵包含三个要素：一是生态，二是文化，三是两者之间相互适应后，所固定下来的生计方式。④ 就精准扶贫战略

---

① 王萍，杨敏. 新时代农村生态扶贫的现实困境及其应对策略 [J]. 农村经济，2020 （4）：34-42.

② 杨文举. 西部农村脱贫新思路——生态扶贫 [J]. 重庆社会科学，2002（2）：36-38.

③ 张楠. 生态扶贫两相宜 [N]. 中国环境报，2017-03-15（1）.

④ 杨庭硕. 生态扶贫导论 [M]. 长沙：湖南人民出版社，2017：14.

而言，"生态扶贫是推进精准扶贫战略的最有效方式，是精准扶贫有序性和可持续性的效果实现"①。从本质上说，生态扶贫是要立足贫困地区生态环境，将贫困地区的生态建设作为扶贫载体，基于生态资源连续多级利用和生态补偿制度，积极培育和发展生态产业，形成生态服务及消费市场，从而实现人口、资源、环境的协调发展，促进贫困地区的可持续发展和贫困人口脱贫致富，同时解决消灭贫穷和环境保护两大难题。② 也有学者认为，生态扶贫既不同于早先单纯保护生态环境下的扶贫，也不同于单纯的资源开发式扶贫，而是将生态保护和资源利用有机结合，将自然资源资产—资本—财富有机统一，通过有效转换实现资源资产变资本，资本变财富，最终实现扶贫目的，这种扶贫方式更加强调资产性收益，强调增量收益与存量收益并重。③ 当下的扶贫需要从另一个视角出发，在尊重各民族之间跨文化互动、跨文化交流实情的基础上，注重各民族地区生态与文化的耦合关系，并促使各民族文化与其所处的生态系统稳定延续，最终恢复和形成其"文化生态的共同体"，从而巩固和完善扶贫成效。④

（2）生态扶贫的模式选择

在中国长期的扶贫开发过程中，各地积极探索创新，在实践中摸索出了生态扶贫的基本模式，原地生态扶贫和易地生态扶贫是两种不同类型的模式：

一是原地生态扶贫：刘慧⑤、雷明⑥等学者提出，原地生态扶贫是立足生态资源优势，以市场为导向、以产业为根本、以制度为保障，实现生态效益、经济效益与社会效益共赢的一种扶贫模式。特色生态产业扶贫模式、乡村生态旅游扶贫模式、生态建设扶贫模式是原地生态扶贫主要的三类模式。

二是易地生态扶贫：刘慧、雷明、郑瑞强等⑦提出，易地生态扶贫是以减贫为目的，在自然灾害频发、生态脆弱、环境恶劣、重点生态功能区等重点地域，

---

① 甘庭宇. 精准扶贫战略下的生态扶贫研究——以川西高原地区为例 [J]. 农村经济，2018（5）：40-45.

② 沈茂英，杨萍. 生态扶贫内涵及其运行模式研究 [J]. 农村经济，2016（7）：3-8.

③ 雷明. 路径选择——脱贫的关键 贵州省毕节地区可持续发展与可持续减贫调研报告 [J]. 科学决策，2006（7）：7-8.

④ 杨庭硕，皇甫睿. 生态扶贫概念内涵的再认识：超越历史与西方的维度 [J]. 云南社会科学，2017（1）：88-93.

⑤ 刘慧，叶尔肯·吾扎提. 中国西部地区生态扶贫策略研究 [J]. 中国人口·资源与环境，2013（10）：52-58.

⑥ 雷明. 绿色发展下生态扶贫 [J]. 中国农业大学学报（社会科学版），2017（5）：87-94.

⑦ 郑瑞强，王英，张春美. 扶贫移民适应期生计风险、扶持资源承接与政策优化 [J]. 华中农业大学学报（社会科学版），2015（4）：101-106.

积极探索实施劳务移民的扶贫模式。刘慧、雷明、王永平等指出，山上搬山下模式、退耕还林模式、土地和房屋置换的梯级搬迁安置模式、自助式移民模式是易地生态扶贫的主要模式①。

（3）生态扶贫的实现路径研究

生态扶贫是一个重大的现实问题。绿色减贫是生态扶贫实现路径，要优化绿色品牌，提升生态扶贫产业发展的精准性。② 通过扶持生态产业发展，以培育区域生态产业链带动贫困地区可持续发展，来实现绿色减贫。③ 生态扶贫的路径是研究的重点，现有研究中关于生态扶贫的实现路径主要体现在：

第一，关于生态产业扶贫的研究。产业扶贫是最根本有效的扶贫方式。生态扶贫的核心动力在于生态产业的发展，旨在利用优势资源发展生态产业使贫困人口在生态产业发展中获益。从现有的学术成果看，关于生态产业扶贫研究出现两种趋向。

一是生态产业在扶贫中的整体应用。有学者认为，按照生态资源的状况，贫困地区可以大致划分为生态资源富集型贫困地区和生态资源匮乏型贫困地区。生态产业扶贫和生态服务消费扶贫较适用于生态资源富足的贫困地区，对于这些地区，生态资源是保证其脱贫的有效资本，找到一条生态化与产业化的耦合之路，以保证扶贫的可持续性。④ 生态退化型贫困地区，要依托环境治理和生态建设项目为主，培育生态可持续产业，实现贫困人口的自我发展。⑤ 事实上，对于生态环境脆弱地区，生态扶贫更加重要。陈绪敖、刘兴宜等认为，在典型的生态环境脆弱区和全国集中连片特困地区，生态环境成为制约社会经济发展的重大问题。生态保护与产业扶贫具有高度互动性，脱贫工作的关键在于精准选择扶贫产业。⑥ 这些地区的生态扶贫要抓住政策契机，在充分尊重自然规律的基础上，因地制宜地科学选定扶贫产业，并在提高生态产业开发效益的同时积极

① 王永平，袁家榆. 农村扶贫开发机制、资源整合与对策建议［J］. 改革，2008（4）：154-157.
② 张毓卿，周才云. 精准扶贫视域下赣南生态扶贫困境与优化路径［J］. 江西社会科学，2016（12）：53-58.
③ 莫光辉. 绿色减贫：脱贫攻坚战的生态扶贫价值取向与实现路径——精准扶贫绩效提升机制系列研究之二［J］. 现代经济探讨，2016（11）：10-14.
④ 王振颐. 生态资源富足区生态扶贫与农业产业化扶贫耦合研究［J］. 西北农林科技大学学报（社会科学版），2012，12（6）：70-74.
⑤ 沈茂英，杨萍. 生态扶贫内涵及其运行模式研究［J］. 农村经济，2016（7）：3-8.
⑥ 陈绪敖. 秦巴山区生态环境保护与产业精准扶贫互动发展研究［J］. 甘肃社会科学，2016（6）：184-190.

增强贫困人口自我发展能力，实现生态效应、经济效应和减贫效应的三重目标①。也有学者提出，人口较少民族的脱贫是扶贫攻坚工作中不可忽视的内容，云南的木老元布朗族彝族乡在多年扶贫开发的过程中立足本土，探索出了"政府+金融机构+外来企业+基地+建档立卡贫困户"的生态产业扶贫模式。② 未来，庭院经济、生态旅游、碳汇等产业将是贫困地区生态产业扶贫的重要内容。李慧、颜红霞、沈茂英等学者提出，实施生态建设、生态产品供给、生态产业培育、贫困人口发展等相结合的综合举措，在有条件的贫困地区引导开发森林、草场等产业，大力发展低碳工业和生态农业，在贫困地区培育具有持续增收和发展效应的"生态+"扶贫产业，实现经济的包容性增长，是贫困地区脱贫的关键。③

二是具体的生态产业形态在扶贫开发中的运用。产业发展是脱贫减贫的关键。生态产业是生态经济的产业化形态，它体现了生态资源环境的客观形势，同时也关注生态环境的承载能力，将产业的发展限定其中，实现产业与环境之间的协调发展。④ 按照产业属性，生态农业、生态产业和生态服务业是生态产业的基本形态。"有机农业和林下产品培育是典型的生态农业扶贫方式，生态工业扶贫旨在通过调整和优化产业布局，实现区域经济的可持续发展。"⑤ 有学者在分析了福建原中央苏区县贫困现状后，指出扶贫产业缺乏是其致贫的主要原因。依托优越的农业区位和丰富的自然资源，以发展生态农业产业为突破口，加大产业资金扶持和农业技术支持，着力提高劳动力自身素质，发展特色生态农产品，促进贫困人口增收，是未来生态农业产业精准扶贫的重要方向。⑥ 国家林业和草原局经济发展研究中心通过实地调研考察，提出了山西省"购买式造林"是生态扶贫模式的创新。国家利用扶贫资金实施"购买式造林"，既能使国家获得森林生态效益，也能帮助农民脱贫致富。生态旅游是生态服务业扶贫的具体体现，生态旅游在不同的地区有不同的形态，针对这些差异，采取的生态旅游

---

① 刘兴宜，熊康宁，刘艳鸿，等. 我国石漠化地区构树生态产业扶贫模式的探讨 [J]. 林业资源管理，2018（2）：29-34.

② 戴波，张邻. 人口较少民族整乡脱贫的生态模式解读——以施甸县木老元布朗族彝族乡为例 [J]. 云南民族大学学报（哲学社会科学版），2017（5）：55-61.

③ 颜红霞，韩星焕. 中国特色社会主义生态扶贫理论内涵及贵州实践启示 [J]. 贵州社会科学，2017（4）：142-148.

④ 何思妤. 甘青川藏区生态产业发展及实现路径 [J]. 农村经济，2016（10）：63-66.

⑤ 陈甲，刘德钦，王昌海. 生态扶贫研究综述 [J]. 林业经济，2017（8）：31-36.

⑥ 郑百龙，黄颖，黄欣乐，等. 生态农业产业精准扶贫模式及对策——以福建原中央苏区县为例 [J]. 福建论坛（人文社会科学版），2018（5）：153-159.

扶贫思路也必须有针对性。① 吴铮争、杨新军认为，旅游扶贫是促进西部地区发展的有效措施，西部地区生态脆弱，建立生态环境价值补偿机制，构建旅游扶贫的生态支撑，是促进西部地区旅游产业发展与生态环境建设良性互动的基本命题。② 而对于因生态约束造成贫困的地区，如三江源、怒江大峡谷等，这些地区要在尊重生态规律、优化生态资源的基础上，开发特色旅游扶贫产品，兼顾民族文化传承，以生态旅游发展带动地区脱贫。③

第二，关于生态补偿扶贫的研究。生态补偿扶贫就是通过差异化的生态补偿方式，让贫困人口在生态建设和环境保护中获得经济效益。从贫困地区的生态角色定位来说，大多数贫困地区承担着生态保障、资源储备和风景建设的功能，为了国家整体良好的生态功能而让渡了自身的经济利益。生态补偿式扶贫为扶贫解困实践开拓了新的途径和手段，但现有的补偿存在着诸多制约因素，采取多种措施建立和完善生态补偿扶贫制度，有利于贫困地区经济社会的可持续发展。④ 就这个意义上来说，生态补偿扶贫是扶贫开发的重要推动力量，当前生态补偿扶贫主要集中在资金补偿。王赟新、黄锡生、耿翔燕等认为，从长远来看，生态补偿要坚持"政府干预与市场机制有机结合"、多措并举、社会协同参与，不断创新生态补偿方式，对生态系统服务进行赋值。通过经济补偿、智力补偿、碳排放补偿等方式，保障贫困地区生态效益与经济效益共赢，有效避免"返贫"现象的出现。⑤

第三，关于生态移民搬迁扶贫的研究。生态移民搬迁扶贫是指在部分贫困地区，生态环境恶化影响人们的生存利益。为了减轻环境负荷的压力，从恢复生态环境、经济发展的角度出发，将原有的位于生态脆弱地区高度分散的人口，通过生态移民迁移出居住地进行集中安置，从而改善贫困地区的生产生活条件，促使人口、资源、环境、社会协调发展。⑥ 葛根高娃、乌云巴图、周鹏等指出，生态移民受到经济、政治、民族文化、法律等多重制约因素，

① 罗盛锋，黄燕玲. 滇桂黔石漠化生态旅游景区扶贫绩效评价 [J]. 社会科学家，2015（9）：97-101.
② 吴铮争，杨新军. 论西部旅游扶贫与生态环境建设 [J]. 干旱区资源与环境，2004（1）：31-35.
③ 李益敏，蒋睿. 怒江大峡谷旅游扶贫研究 [J]. 人文地理，2010（6）：131-134.
④ 徐丽媛，郑克强. 生态补偿式扶贫的机理分析与长效机制研究 [J]. 求实，2012（10）：43-46.
⑤ 耿翔燕，葛颜祥. 生态补偿式扶贫及其运行机制研究 [J]. 贵州社会科学，2017（4）：149-153.
⑥ 徐婧，冯雪红. 生态移民研究与反思 [J]. 广西民族研究，2014（4）：149-157.

当前生态移民扶贫中存在着"农民意愿不足、后续产业发展困难、移民生计的可持续等问题"①。因此，移民制度的形成必须尊重农民的意愿，降低移民自身的利益选择，"加强对移民的后期支持，完善生态移民的管理机制"②，兼顾生态保护和贫困人口福祉改善的双重目标。在精准扶贫的背景下，易地搬迁是农村生态扶贫的一种新形式，也是改善生态环境、降低贫困发生率的有效手段。③

第四，关于生态建设扶贫的研究。我国贫困地区和生态环境退化区存在较高重叠，生态建设与扶贫开发在目标上具有一致性，生态建设扶贫是贫困地区实施力度最大、涉及面最广的生态扶贫项目。章力建、吕开宇、温军等学者们认为，目前，我国生态建设形成了退牧还草工程、退耕还林、天然林保护、流域治理、山地改造、综合治理、沼气建设等几种模式④。查燕、张莉、夏梦丽等提出，生态建设扶贫主要以政府为引导，贫困户为主体，通过退耕还林还草、天然林保护、三北等护林体系建设、自然保护区、水土保持、森林管护等重点生态工程建设，将政府与贫困主体联结起来，引入社会资本创新市场机制，挖掘生态建设与保护就业岗位，增加贫困人口的财产性收入。⑤ 从更深层次来看，重点工程建设对农村传统生产生活方式、产业结构调整和优化等产生着深刻影响，可以有效增加农民收入，推动解决生态环境可持续发展问题。⑥

（三）国内外研究的简要述评

当前，扶贫开发是学者们关注的热点问题之一。国外学者虽然并没有对生态扶贫做过专门的深入研究，但对贫困问题的相关研究中难免不会涉及贫困与生态环境的关系。西方学者对贫困问题的研究和有效消除贫困做出了很多贡献。在贫困问题的解决和处理贫困与生态环境的关系方面，西方国家也积累了丰富的经验。国外理论学派对生态文明的研究对于中国生态文明建设和农村生态扶

① 葛根高娃，乌云巴图. 内蒙古牧区生态移民的概念、问题与对策 [J]. 内蒙古社会科学（汉文版），2003（2）：118-122.
② 周华坤，赵新全，张超远，等. 三江源区生态移民的困境与可持续发展策略 [J]. 中国人口·资源与环境，2010（S1）：185-188.
③ 陈甲，刘德钦，王昌海. 生态扶贫研究综述 [J]. 林业经济，2017（8）：31-36.
④ 温军，王亚华，王毅. 贵州省实施"生态建设与扶贫富民工程"调查报告 [J]. 贵州民族研究，2003（2）：122-127.
⑤ 查燕，王惠荣，蔡典雄，等. 宁夏生态扶贫现状与发展战略研究 [J]. 中国农业资源与区划，2012（1）：79-83.
⑥ 王萍. 新时代多民族地区生态扶贫：现实意蕴、基本路径与困境溯因——基于生态文明视角 [J]. 新疆社会科学，2019（3）：123-130.

贫具有重要的借鉴意义。当代中国扶贫问题研究是在十分现实又相当严峻的情况下展开的，因此从历史和国际上汲取经验是十分必要的。一些发展中国家如印度、孟加拉国等经历饥荒时所留下的经验教训都是世界反贫困史上的宝贵遗产，它们对于中国扶贫开发具有重要的借鉴意义。

国内的学者们从不同的视角对生态扶贫的内涵作了阐述，从多种方式探究了生态扶贫的实践路径。总体来说，目前的研究明确了生态扶贫在扶贫工作中的重要地位，并指出要发挥生态扶贫的作用，通过技术和制度创新将生态服务价值与可持续发展能力有机结合，推动农村的脱贫工作。国内学者对于生态扶贫的研究取得了丰富的成果，为本研究提供了重要的理论基础。然而，通过分析现有生态扶贫的研究文献，新时代农村生态扶贫研究还需要在以下三个方面进行深化：

第一，对于生态扶贫内涵的界定。多数研究是从现实问题出发，论证通过生态环境的改变达到扶贫开发的效果，结合对客观现象的描述给出生态扶贫的定义，对贫困与生态环境退化的相互作用过程与内在机制的研究比较薄弱。贫困是一个十分复杂的问题，不仅需要从客观现象出发，界定生态扶贫的基本概念，还要从理论上对生态扶贫内涵进行论证。

第二，进一步丰富生态扶贫的研究对象。贫困是一个复杂问题，中国的生态扶贫涉及的范围大。针对不同地区的不同情形，扶贫的方式和政策也需要因地制宜。农村贫困问题主要集中在典型的连片特困区和生态脆弱区，为未来生态扶贫的研究提供了广阔的空间。

第三，不断创新生态扶贫的路径。从现有的文献来看，生态扶贫的研究还属于探索阶段。关于生态扶贫实践路径的研究成果虽然丰富，但路径的选择和实施还需要进一步深入研究和不断创新。新时代农村生态扶贫研究应从当前生态扶贫面临的困境入手，重点关注生态扶贫的实现路径，拓展农村生态扶贫的途径。

总体而言，农村贫困问题的解决是全面建成小康社会的关键。生态扶贫是一个综合性的系统工程，在新时代生态文明的背景下，当前农村生态扶贫首先是注重贫困人口这一主体，加强贫困人口对生态扶贫内涵的理解，使贫困人口充分认识生态扶贫的重要性，从而增强贫困人口的生态价值观念和可持续发展能力。其次，注重生态扶贫政策和制度安排，为农村生态扶贫的实施提供良好的政策支持，促进农村生态扶贫向更高水平发展。最后，进一步明确生态扶贫中的制度安排，完善生态补偿制度，培育良好的生态服务消费市场，实现贫困地区扶贫开发与生态保护协调发展。

四、研究思路和方法

（一）研究思路

1. 生态扶贫的基本内涵界定

在阅读国内外文献和相关著作的基础上，从历史和现实相结合的角度阐释生态环境与贫困的内在关系。从学术界现有关于生态扶贫的研究入手，分析和界定生态扶贫的基本内涵。

2. 生态扶贫的基础理论分析和现实意义阐述

生态扶贫是为了解决农村扶贫过程中生态环境保护问题，使贫困人口脱贫与生态文明建设同步发展。农村生态扶贫涉及环境、经济、资源、政策等多个学科的理论知识。因此，要紧紧围绕生态文明建设与扶贫开发的关系问题，深入解读相关的经典文本、政策文件和著述资料，探寻农村生态扶贫的理论基础。在此基础上，展现生态扶贫对中国脱贫减贫的实践意义和现实价值。

3. 农村生态扶贫的主要方式呈现

梳理农村生态扶贫的主要方式，呈现生态扶贫的现实样态。"生态工程建设""生态产业发展""生态保护补偿""生态移民搬迁"是生态扶贫的主要方式，旨在坚持生态文明建设与扶贫开发同步进行，从改变贫困地区的生态环境入手，实现生态文明建设、促进脱贫减贫的双重目标。

4. 结合具体案例分析农村生态扶贫的现实境遇

选取当前贫困地区生态扶贫的典型案例，基于可持续发展目标，进行实地调研。通过走访贫困人口，发放调查问卷等，对贫困地区的贫困现状、贫困原因、生态环境现状、生态问题等研究分析。

5. 农村生态扶贫的主要经验总结和困境溯因

从案例入手，分别从生态扶贫的主体、生态扶贫的途径等方面分析农村生态扶贫的现状。通过现状分析总结农村生态扶贫的经验，揭示其目前存在的主要问题，并探究造成农村生态扶贫的原因。

6. 农村生态扶贫成果巩固的对策建议

根据农村生态扶贫存在的现实问题，探索进一步推动生态扶贫发展的对策。以组织协同、产业发展、贫困人口自我发展能力、生态扶贫配套机制等方面为切入点，提出具体的改善策略和优化建议。

（二）研究方法

第一，理论与实际相结合的方法。理论研究的目的在于指导实践。通过阐述新时代生态文明的理论内涵和生态文明与生态扶贫的内在关联性，进一步深入阐述新时代生态文明背景下农村生态扶贫的现实意义。联系目前农村生态扶贫中面临的现实问题和相关扶贫政策，寻找切实可行的方法解决全面建成小康社会中的脱贫减贫问题，实现脱贫与生态文明建设的双赢。

第二，文献分析法。正如中国国际扶贫中心编著的《扶贫案例编写指南》一书中所指出的那样：文献调查法不受时空与人际接触障碍的限制，从而使研究人员能够对那些难以亲自接近的研究对象进行分析。在时间上，文献调查法可以从各个历史时期的文献中搜集资料；在空间上，文献调查法可以了解案例所在地以外的其他地区和国家；在调查对象上，文献调查法可以通过专家学者的著述文章，了解扶贫问题的基本概况。本研究借助图书馆、期刊网、报纸等多种手段，收集相关信息与资料，掌握生态扶贫研究的基本框架。通过分析现有的文献，并进行对比分析，总结生态扶贫的基本内涵，明确当前中国农村的生态扶贫问题。通过认真阅读马克思恩格斯经典著作和中国共产党的著述及文件等，整理、归纳农村生态扶贫的理论基础。

第三，案例分析的方法。中国的贫困地区分布广泛，但中西部是农村贫困的集中发生地区，而且生态扶贫的具体情况不尽相同，因此要把农村生态扶贫问题放在区域综合背景下进行分析。为了从整体上把握农村地区生态扶贫现状，本研究试图采用案例分析的方法，有效揭示贫困发生、环境保护过程中的复杂性、系统性、整体性特征。通过对局部地区个别案例的整体考查与系统分析，深入分析农村贫困地区在生态环境保护与脱贫减贫方面遇到的相关难题及采取的应对措施，从而全面把握农村贫困地区的贫困现状与生态困境，深入剖析新时代农村生态扶贫的制约因素，着重探索生态文明视野下农村生态扶贫的应对策略。

五、基本概念的界定①

就生态扶贫的内涵而言，生态扶贫并不是简单地将"生态"与"扶贫"相加。它既不同于为了保护生态环境的救济式扶贫模式，也不同于资源开发式扶贫模式。从宏观层面来说，生态扶贫是在马克思主义反贫困理论的基础上，以科学发展观为统筹，以绿色发展理念为核心，立足中国的现实国情，在长期的脱贫实践中探索出的扶贫开发新模式，"其根本目标就是通过'资源靶向供给'

---

① 王萍，杨敏．新时代农村生态扶贫的现实困境及其应对策略［J］．农村经济，2020（4）：34-42.

达到'经济包容性增长'和'生态可持续发展'。这种扶贫方式更加强调资产性收益，强调增量收益与存量收益并重，最终实现资源、环境、经济、社会和人'五位一体'的可持续发展"①。从微观层面来说，生态扶贫意味着贫困地区要彻底摆脱长期依赖资本、技术、政策性投资的"漫灌式"扶贫模式，在充分考虑自身资源环境、历史条件、文化传统的前提下，将自然资源资产、资本和财富有机统一，通过有效的转化方式，实现资源资产向资本的转化和资本向财富的转化，最终实现扶贫的目标。

---

① 颜红霞，韩星焕. 中国特色社会主义生态扶贫理论内涵及贵州实践启示 [J]. 贵州社会科学，2017 (4)：142-148.

第二章

新时代生态文明的基本理论问题

生态文明的本质是在遵循社会系统与环境系统互动规律的基础上，构建一种人与自然和谐共生的新型人类文明形态。早在党的十七大报告中就明确提出，建设生态文明是社会发展的新要求，这里的生态文明是一种遵循人与自然和谐发展规律，推进人与自然、人与人和谐共生与可持续发展为基本宗旨的文明形态。这表明生态文明建设不仅成为我国基本的治国方略，而且成为全党意志，进入到国家政治经济生活主战场、主阵地。从长远来看，生态文明建设是关乎中华民族永续发展的根本大计。良好的生态环境是实现中华民族永续发展的物质基础，生态环境问题不仅是当代人需要面对的重大问题，也是后代生存发展中不可回避的课题。

第一节　新时代生态文明的发展历程

当前，中国正处在巩固拓展脱贫攻坚成果的关键期。为了促进社会经济持续、快速发展，满足人民群众日益增长的物质文化需求，党的十七大报告提出，生态文明建设是全面建成小康社会的新要求，是社会建设的重要突破口。在科学发展观的指导下，党的十八大报告明确提出"全面落实经济建设、政治建设、文化建设、社会建设和生态文明建设五位一体的总布局。"[①] 面对国际经济环境的迅速变化和中国人与自然之间的矛盾日益突出的现实情形，我们必须把生态文明建设放在突出地位，建设一个生产发展、生活富裕、人民健康、生态良好的美丽中国。

---

① 中共中央文献研究室．十八大以来重要文献选编（上）[M]．北京：中央文献出版社，2014：7.

一、建设生态文明是全面小康社会的新要求：生态文明正式提出

2007 年 10 月，党的十七大系统总结了改革开放的巨大成就和宝贵经验。改革开放以来，中国经济总量跃至世界第四，人民生活从温饱不足发展到总体小康，农村贫困人口从两亿五千多万减少到两千多万，各项建设取得举世瞩目的成就。在党的十六大确立的目标的基础上，顺应国内外形势的新变化和全国人民过上更好生活的新期待，提出了建设生态文明是实现全面小康社会奋斗目标的新要求的重要内容。从实现全面小康社会奋斗目标新要求出发，就我国生态环境问题作出全面部署，"基本形成节约能源资源和保护生态环境的产业结构、增长方式、消费方式……在全社会牢固树立生态文明观念"①。建设生态文明的提出，第一次将"生态文明"纳入原有三大文明的理论体系，是对科学发展、和谐发展理念的升华，充分表明了生态环境对于中华民族生存发展的基础性地位，不但对我国自身发展具有极其重大而深远的意义，而且对维护全球生态安全具有重大而深远的意义。

从国际环境来看，生态文明建设的提出与全球日趋严重的环境问题密切相关。早在 20 世纪上半叶，发生在英国、美国、日本等国的"八大公害事件"，已经暴露出发达国家在实现工业化的过程中，人与自然的关系发生了根本改变，社会的人文系统与自然系统的构成格局被彻底打破。随着近代自然科学的发展，西方社会进入一个合理化的时代，科学技术的发展促使人类逐渐打破了敬畏自然的传统。技术的飞跃使人类改造自然的手段发生了质的变化，人类影响环境系统的方式也更加多样化，他们不断向自然环境索取生活资料，开拓生存空间，改造生存环境。人类怀着对自然科学的无限信赖以自己对自然的强烈控制来获取自己的"生产结果"，价值理性黯然失色，工具理性高歌猛进。当自然图景被纳入理性的视野，随着人类改造自然能力的增强和社会规模的不断扩张，人与自然之间开始由一种休戚与共的亲密关系，演变为一种你死我活的敌对关系，自然不再是沉思的对象，而是行动的对象。卡逊曾说过，人对环境的污染很大程度上是不可恢复的，当污染扩散到全世界，人类将无法逃脱，过度强化人的生存斗争意识，使人对自然的干预超越了自然对人内在的约束和控制机制，最终只会招致意想不到的环境恶果。同时，随着资本主义的扩张，资本的逐利本性暴露无遗，资本在全球范围内疯狂的资源开发和废物排放，导致了全球范围

---

① 中共中央文献研究室．十七大以来重要文献选编（上）[M]．北京：中央文献出版社，2009：16.

内的生态危机。马克思主义经典作家早就指出，人类越多地掠夺自然，受到自然的报复也就越强，自然的无情报复使人们开始反思工业文明的弊端。

　　20 世纪 60 年代以来，环境问题日益成为社会普遍关注的焦点，1962 年《寂静的春天》问世，向人们展现了滥用化学农药的后果，唤起了人类生态意识的觉醒，促使人们反思自身与自然的关系、经济与生态的关系，并由此掀开了一场轰轰烈烈的全球性环境保护运动。20 世纪 70 年代，诸如资源枯竭、环境恶化、气候变化、温室效应等一系列的全球性环境问题开始全面爆发，各种生态环境问题愈演愈烈，绿色危机成为世界各国、各民族面临的最大威胁。面对日益加剧的环境危机，人类再也不能对人与自然之间的冲突漠然置之了，国际社会由此达成了走可持续发展之路的共识。联合国世界环境与发展委员会于 1987 年在《我们共同的未来》报告中提出了可持续发展理念。1992 年，联合国世界环境与发展大会通过了《21 世纪议程》，明确提出要"建立促进可持续发展的全球伙伴关系"①，这一会议开启了生态文明发展的序幕，促使生态文明成为一种国际化潮流。

　　从国内来说，中国对建设生态文明的认识是一个不断深化的过程。改革开放初期，为了摆脱中国经济社会发展落后的状况，党和国家的主要目标集中在经济发展方面。随着经济的快速增长，资源环境成本逐渐显现。20 世纪 90 年代，中国政府开始重视经济、社会、环境的协调发展。进入 21 世纪，伴随着经济的稳定增长和规模不断扩大，能源资源消耗和废物排放日益加剧，环境问题愈加凸显出来，中国面临的环境问题依然十分严峻。② 据 2007 年有关数据显示：水土流失面积占国土面积 37%，沙化土地面积占 18.1%，石漠化面积占 1.3%，80% 以上的草原不同程度退化，水土流失、土地沙化、盐碱化等危及全国 30 个省（自治区、直辖市）的 898 个县。《2007 年中国环境状况公报》显示，中国有近四成的城市达不到国家二级标准，在监测的 500 个城市（县）中，出现酸雨的城市为 281 个，占 56.2%。世界银行《2007 世界发展指标索引》表明，全球 111 个空气污染城市中，中国占了 24 个。这些数据表明，传统的发展方式已难以为继，实现经济社会持续健康发展，大力推进生态文明建设已迫在眉睫。③

　　新世纪新阶段，国际局势风云变幻，综合国力竞争空前激烈。基于国际国

---

① 联合国出版物. 联合国环境与发展会议报告（第一卷）[EB/OL]. 联合国网，1992-06-14.
② 刘湘溶，罗常军. 生态文明建设视域下的环境教育 [M]. 长沙：湖南师范大学出版社，2017：1-2.
③ 祝黄河. 十七大以来科学发展观新发展研究论纲 [M]. 北京：人民出版社，2014：153.

内形势新变化和新世纪新阶段我国发展呈现的一系列新的阶段性特征，在长期的生态建设和环境保护实践中，环境问题和可持续发展逐渐成为社会关注的热点，得到了党和政府的高度重视。2002年，党的十六大把生态文明确定为全面建设小康社会的四大目标之一，2003年，党的十六届三中全会提出了全面、协调、可持续的科学发展观。在此基础上，党的十七大明确提出，生态文明建设为中国的发展指明了科学的道路和方向。中国共产党提出的生态文明建设，强调"以人为本"是核心立场，目标是实现和维护人民的根本利益，以促进人的全面发展为目标，从而走向"生产发展、生活富裕、生态良好的文明发展道路"[①]。

二、从"四位一体"到"五位一体"：生态文明成为国家战略

中国共产党继承了马克思主义和中国传统文化对生态文明的高度重视，加之高度的责任感和现实担当，其深刻认识到现代化的目标不仅仅要体现在经济、政治、文化、社会方面，还要体现于生态文明之中。为此，胡锦涛曾明确指出："在未来的几十年里，中国将逐步进入现代化，对能源资源的需求和生态环境的压力也会显著增加，经济社会发展与有限的环境承载力之间的矛盾将变得越来越严重。"[②] 为了满足人民对生态环境的期待，党的十八大报告将生态文明上升到国家战略的高度，并纳入中国特色社会主义事业总布局，强调促进经济、政治、文化、社会、生态协调发展。从"四位一体"发展到"五位一体"，生态文明的战略地位更加凸显，中国特色社会主义理论也不断得到丰富和完善。

改革开放以来，中国经济取得长足进步，2010年GDP已超过日本跃居世界第二，是名副其实的经济大国。但我们也要清醒地认识到，在取得经济巨大成就的同时，我们面临的能源资源、生态环境问题也越来越突出。建设生态文明是人类基于自身生存状况的严重关切和致力改善自身生存状态的必然选择。中国将生态文明建设纳入社会主义事业总布局，这是根据当时我国面临的现实国情，做出的正确抉择。党的十八大报告中指出，当前，资源约束趋紧、环境污染严重、生态系统退化的形势不容乐观。[③]

---

① 刘湘溶，罗常军. 生态文明建设视域下的环境教育 [M]. 长沙：湖南师范大学出版社，2017：1-2.

② 胡锦涛. 胡锦涛文选（第3卷）[M]. 北京：人民出版社，2016：399.

③ 中共中央文献研究室. 十八大以来重要文献选编（上）[M]. 北京：中央文献出版社，2014：7.

我国在快速推进改革开放的过程中，既面临重大机遇，也面临重大风险和挑战。党的十八大将生态文明建设放在更加突出的地位，强调建设生态文明是关系人民福祉、关乎民族未来的长远大计。从"四位一体"上升为"五位一体"，是以习近平同志为核心的党中央从整体着眼，将生态文明建设先后写入党章、宪法，上升到国家战略层面。从战略和全局高度推动了生态文明建设的一系列根本性、长远性和开创性工作，对于加快建设资源节约型、环境友好型社会，推动形成绿色发展方式和生活方式，实现"两个一百年"奋斗目标和中华民族伟大复兴的中国梦，具有十分重要的指导意义。[①] 从"四位一体"到"五位一体"，反映了中国共产党对生态环境的重视和对生态文明建设规律的不断深化，生态文明势必在中国特色社会主义事业中发挥更大的作用。

三、从"物质文化需要"到"美好生活需要"：生态文明进入新时代

党的十九大报告中，专门成段成节论述了生态文明建设的阶段性成就、指导思想和战略部署，明确和凸显了新时代社会主义生态文明建设新的时代背景、发展依据、外部条件和政治保证。从理论和实践结合上系统回答了新时代社会主义生态文明建设理论和实践的全景全貌，对于推动形成人与自然和谐发展的现代化生态文明建设新格局，推动实现中华民族伟大复兴美丽中国梦，具有十分重要和深远的意义。

社会矛盾的变化是关系全局的发展，社会主要矛盾的变化深刻反映了我国经济社会发展的客观实际，"科学揭示了社会生产和人民群众需求的新特点"[②]。中国特色社会主义进入新时代，社会主要矛盾发生转化是我国发展新的历史方位的基本依据，对生态文明建设提出了新要求，开启了生态文明建设的新时代。按照马克思的需要理论，"社会主要矛盾实质上是人民群众的需要与社会发展之间的矛盾"[③]。事物的主要矛盾是变化发展的，在不同的历史时期和社会条件下，社会主要矛盾必然会发生变化。社会生产力水平表征着一个国家的综合实力，在社会主义初级阶段，我国社会生产力还处于相对落后的水平。中国共产党清醒地认识到中国的基本国情，依据"人民日益增长的物质文化需要同落后

---

① 汤伟．中国特色社会主义生态文明道路研究［M］．天津：天津人民出版社，2015：24.

② 田克勤，田天亮．改革开放以来党对我国社会主要矛盾的认识［J］．山东社会科学，2019（01）：5-10.

③ 高峰，胡云皓．从马克思的需要理论看新时代中国社会主要矛盾的转化［J］．当代世界与社会主义，2018（05）：64-69.

的社会生产之间的矛盾"① 这一社会主要矛盾，明确了集中力量发展社会生产力的根本任务。随着改革开放的不断深入，党的十六大指出，人民群众的温饱问题基本解决，人民生活总体上达到小康水平，同时也强调了现在达到的小康呈现出低水平、不全面、发展不平衡的特征，对于我国发展过程中存在的城乡差距、资源短缺、环境恶化等问题，提出要坚持在发展中解决问题。党的十八大肯定了改革开放取得的历史成就，也看到了医疗就业、社会保障、生态环境等方面的社会矛盾增多，并从"五位一体"的总布局出发，对社会主义建设和解决主要矛盾问题作出了全方位的部署。

十八大以来，随着经济社会加速发展，不平衡、不协调、不可持续的矛盾日益突出。党的十九大报告指出，进入新时代，社会主要矛盾已经发生历史性变化，"人民日益增长的美好生活需要同不平衡不充分的发展之间的矛盾成为社会的主要矛盾"②。社会主要矛盾转化源于社会生产和人民需求两个影响因素的变化：就社会生产而言，改革开放 40 年来，中国特色社会主义建设事业蓬勃发展，我国生产力发展水平显著提高。"国内生产总值稳居世界第二，对外贸易、对外投资、外汇储备稳居世界前列，工农业生产稳步推进，220 多种主要工农业产品生产能力位居世界第一，基础设施建设快速推进，城镇化率不断提高。"③显然，中国在社会生产领域取得的一系列成绩充分表明，"我国长期所处的短缺经济和供给不足状况已经发生根本性转变"④。从人民需要来说，现阶段，我国总体上实现小康，稳定解决了人民群众过去期盼的温饱问题。社会保障体系基本上建立，城乡居民收入持续增加，人民群众的获得感显著增强，贫困人口从2012 年的 9899 万人减少到 2018 年的 1660 万人，贫困发生率远低于世界平均水平。现阶段，"随着生产力的发展，人民群众的需求逐渐从生存需要转变为发展需要，从自然需要转变为社会需要，从物质需要转变为精神需要"⑤。人民群众更加期盼美好生活，而美好生活必然包含人们对良好生态环境的追求，在物质

---

① 沈江平，侯耀文. 历程·成就·经验：中华人民共和国成立 70 年与人的发展变迁 [J]. 云南社会科学，2019（6）：15-22.

② 习近平. 决胜全面建成小康社会 夺取新时代中国特色社会主义伟大胜利——在中国共产党第十九次全国代表大会上的报告 [M]. 北京：人民出版社，2017：7.

③ 习近平. 决胜全面建成小康社会 夺取新时代中国特色社会主义伟大胜利——在中国共产党第十九次全国代表大会上的报告 [M]. 北京：人民出版社，2017：11.

④ 田克勤，田天亮. 改革开放以来党对我国社会主要矛盾的认识 [J]. 山东社会科学，2019（1）：5-10.

⑤ 张帆. 科学认识新时代我国社会主要矛盾的三个维度 [J]. 科学社会主义，2018（6）：32-37.

丰裕的基础上人们必然更加向往健康的饮食、新鲜的空气、蔚蓝的天空。

矛盾反映了事物之间相互作用、相互影响的一种特殊的状态。在新时代社会主要矛盾中，"不平衡不充分的发展"作为矛盾的一方，是对人民美好生活的直接回应。进入新时代，生态环境与人民生活质量和幸福指数的相关性日益突出，良好的生态环境已经成为公众的"必需品"和人民群众的新期待。

从过去追求物质文化到今天追求美好生活，从过去的盼望温饱到今天的盼望环保，美好生活不再局限于物质文化生活的满足，不仅意味着收入水平的提高，生态良好、环境宜居、食品安全也是人民美好生活的题中之义。特别是随着人们权利意识和环保意识的不断增强，人们对生态环境的关注和参与程度也越来越深入，由环保问题引发的社会反响愈发强烈。从这个意义上来说，生态文明建设就是要充分体现"以人为本"的生态利益诉求，将保证环境安全、饮水安全与食品安全作为其重要内容，解决好发生在群众身边的环境问题，以人民群众的认可度、满意度、幸福感来衡量生态文明建设的成效。

从总体上看，历经几代党和国家领导人的探索，中国生态文明建设在制度设计、法治体系、环境治理实践方面都取得了显著成效。从生态文明建设制度设计层面看，党的十八大将生态文明纳入我国"五位一体"总布局，更加突出了生态文明建设的战略地位。从生态文明建设法治体系层面看，近年来，我国在保护矿产资源、改善大气质量、防治水污染、保护海洋生态环境等方面相继颁布和实施了一系列相关的法律法规，如《矿产资源法》《水污染防治法》《大气污染防治法》等，促使生态文明建设更加法治化。在生态文明建设实践层面，从《2018中国生态环境状况公报》来看，空气质量得到了明显改善，地表水质状况持续提升。在大气环境质量方面，地级以上城市空气质量达标率为35.8%，PM_{10}和$PM_{2.5}$平均浓度同比下降。471个城市（区、县）开展了降水监测，酸雨频率平均为10.5%，比上年下降0.3%。[①] 在水环境质量方面，根据《全国主要流域重点断面水质自动监测周报》的统计数据，2018年第20周全国主要水系146个水质自动监测断面中，Ⅰ—Ⅲ类水质断面占73.3%，Ⅳ—Ⅴ类占23.3%，劣Ⅴ类占3.4%，反映出我国地表水质状况呈现逐年向好的趋势。[②]

同时，中国面临严峻的生态环境形势。改革开放40年来，中国经济年均增长9%以上，社会生产力水平总体上显著提高，但建立在高能耗、高投入基础上

---

① 中华人民共和国生态环境部. 2018中国生态环境状况公报 [EB/OL]. (2019-05-29) [2019-07-15].

② 国家信息中心. 大数据看改革开放新时代 [M]. 北京：商务印书馆，2018：258.

的高速增长，使生态环境付出了沉重代价，对生态环境系统的过度索取而带来的环境问题更是层出不穷。随着生态文明建设和环境治理力度加大，中国生态环境恶化的总体趋势减弱。能源资源约束趋紧，人多地少、水资源缺乏的问题依然非常突出，环境污染虽然得到了有效控制，但部分城市依然达不到空气质量标准。总体上生态环境质量持续好转，出现了稳中向好趋势，但是成效并不稳固。

第一，环境污染突出、生态退化形势严峻。一个时期，雾霾天气、饮用水安全和土壤重金属含量过高等污染问题多发，臭氧浓度逐年上升，臭氧污染呈现连片式、区域性污染特征。我国区域大气环境质量整体呈恶化趋势，"以臭氧、细颗粒物（$PM_{2.5}$）和酸雨为特征的区域性复合型大气污染日益突出"[1]。自 2013 年以来，仅 1 月份，京津冀地区就经历了 5 次严重的雾霾污染。2012 年12 月 5 日，我国第一部综合性大气污染防治规划正式公布，划定京津冀、长三角、珠三角等 13 个重点大气污染防治区域。从国土面积来看，这些地区占全国土地面积的 14%，然而，空气污染的强度达到全国平均水平的 2.9 到 3.6 倍。全国现有土壤侵蚀面积达 357 万平方千米，占国土面积的 37.2%，出现严峻的国土生态危机。水污染问题也相当严重，中国每年排放 600 多亿吨污水，未经处理直接排入天然水体的污水比例高达 80%，在全国造成了不同程度的水污染。[2] 此外，我国当前已经进入积累性环境污染危害健康的凸显期和环境污染事件的频发期，环境污染物种类繁多、数量大，严重威胁着人体健康，并深刻影响人民生活质量的改善。由重金属和有机污染物长期暴露引发的累积性重大环境污染事故频发，平均每年发生几十起环境污染健康群体事件，造成了极其恶劣的影响。"世界卫生组织的评价报告表明，在我国居民的疾病负担中，21%的病因是由环境污染导致"[3]，环境污染已经成为我国居民健康的主要因素之一。

第二，经济发展和生态文明建设之间的巨大鸿沟。"生态环境是经济发展的重要依托，良好的生态环境能够有效地提高产品的竞争力，从而增强经济持续

---

① 杜祥琬，谢和平，刘世锦．生态文明建设的重大意义与能源变革研究［M］．北京：科学出版社，2017：163．
② 赵建军．如何实现美丽中国梦　生态文明开启新时代［M］．北京：知识产权出版社，2013：60-62．
③ 温顺生，廖业扬．当代中国乡村治理变革探源：基于人的需要之视域［J］．学术论坛，2014（7）：118-123．

健康发展的能力。"[1] 然而，我国生态文明建设与经济发展之间的鸿沟，不仅无法遏制生态环境进一步恶化的局面，而且会加速这一趋势，并最终成为经济充分发展的制约因素。在传统的经济发展方式中，绿水青山的基础性作用被忽视了，粗放型发展方式导致资源环境的承载力已经达到上限。据统计，"中国荒漠化土地面积为 262.2 万平方千米，占国土面积的 27.4%。中国每年遭受的强沙尘暴天气由 20 世纪 50 年代的 5 次增加到了 90 年代的 23 次；全国每年流失的土壤总量达 50 多亿吨，每年流失的土壤养分为 4000 万吨标准化肥"[2]。进入新时代，生态文明建设并不是单纯地为了保护生态环境放弃经济发展，而是追求"既要绿水青山，也要金山银山"。绿水青山是宝贵的自然资源，充分发挥其经济社会效益，并不是意味着要破坏绿水青山，而是要将绿水青山转化为金山银山，将生态文明建设与经济发展统一起来，在保护绿水青山的同时培育好金山银山，实现加快发展和保护生态的双赢目标。[3]

第三，生态文明建设与贫困地区脱贫的压力叠加。生态文明建设和脱贫攻坚是全面建成小康社会的重要内容，二者相辅相成、不可或缺。如前文所述，从贫困地区分布来看，贫困与特定的异质性较高的生态系统在空间分布上高度重合。尤其是我国的深度贫困地区、集中连片贫困地区大都处在生态结构异质性极强的西南和西北地区，这些地区贫困人口的刚性地理分布与生态环境具有高度的相关性，约 76% 的贫困县分布在生态脆弱地带，占全国贫困县总数的 73%。[4] 同时，当前农村的生态环境问题非常突出，不但成为制约农村可持续发展的经济问题，而且成为严重影响人民群众身体健康的民生问题。农村的粗放发展导致部分地方土壤硬化板结、重金属含量超标等，生态环境恶化影响农业的可持续发展能力。贫困人口过分追求经济增长，从而忽视了生态环境的可持续性，造成贫困地区的环境退化和严重污染。在全面建成小康社会的决胜阶段，如何将生态环境转化为生产力，确保生态环境保护与扶贫攻坚协调推进，实现经济发展与生态建设的双重目标，就成为新时代生态文明不容忽视的内容。

---

① 王萍. 新时代多民族地区生态扶贫：现实意蕴、基本路径与困境溯因——基于生态文明视角 [J]. 新疆社会科学，2019（3）：123-130.

② 冯丹萌，陈伟伟. 十八大以来农村绿色减贫的探索之路研究 [J]. 当代经济管理，2018（11）：8-14.

③ 王萍. 新时代多民族地区生态扶贫：现实意蕴、基本路径与困境溯因——基于生态文明视角 [J]. 新疆社会科学，2019（3）：123-130.

④ 李周. 资源、环境与贫困关系的研究 [J]. 云南民族学院学报（哲学社会科学版），2000（5）：8-14.

第二节　新时代生态文明的理论基础

在人类社会的发展中，人与自然关系的演变是一个不可避免的话题。生态文明是人与自然和谐共处的体现，新时代生态文明的核心在于如何正确处理人与自然的关系。改革开放以来，面对中国经济社会发展中的突出环境问题，中国共产党基于党情、国情、世情，深刻认识到生态环境的基础性和重要性。为了破解发展难题、突破发展瓶颈，中国共产党在继承马克思的人化自然观和深刻认识经济社会发展规律的基础上，不断创新发展观念，协调经济与生态的关系，在实践中不断推动生态文明建设，形成了内涵丰富的生态文明思想。

一、马克思主义经典作家生态观中蕴含的生态文明理念

人与自然的关系是人类最基本的价值关系，如何对待和处理这一关系是人类首要的价值活动。人与自然的关系本质上体现的是自然演化与人类文明的交互作用，马克思和恩格斯始终强调人与自然关系在人类历史进程中的作用。他们认为："有生命的个体的存在是人类历史的首要前提。我们首先需要确认的是，这些个体与自然之间的关系。"① 马克思和恩格斯对人与自然关系的探索中包含着他们对生态文明的思考，是新时代生态文明的重要思想理论来源。

（一）人化自然与自然人化的辩证统一

自然是人化了的自然。起初，在德国古典哲学家眼中，自然界是不依赖于某种精神的独立存在，宗教把这种精神称为上帝，康德（Immanuel Kant）则称之为"绝对精神"。费尔巴哈将自然定义为非发生的、永恒的、第一性的实体，这对马克思产生了巨大影响。但正如众所周知的那样，马克思对费尔巴哈（Feuerbach L A）的崇拜并未长久持续，他在批判费尔巴哈作为自己哲学的前提和基础的、与人的实践活动相分离的抽象自然观时写道：这种在人类历史之前就存在的自然，并不是费尔巴哈所生活的自然，也不是除了澳洲的一些新发现的珊瑚岛之外已不存在的自然，因此，对费尔巴哈来说也是不存在的自然。② 费尔巴哈将人周围

---

① 中共中央马克思恩格斯列宁斯大林著作编译局. 马克思恩格斯选集（第 1 卷）[M]. 北京：人民出版社，2012：146.

② 中共中央马克思恩格斯列宁斯大林著作编译局. 马克思恩格斯全集（第 3 卷）[M]. 北京：人民出版社，1965：50.

被实践作用过的自然理想化，使之成为某种自然实体的存在，按照马克思的观点，他和费尔巴哈讨论的自然界，既不是在人类诞生之前就存在的自然，也不是费尔巴哈眼中的自然，而是在一定程度上被人化了的自然。因此，马克思批评费尔巴哈从来不谈人的世界，总是求助外部自然界，况且还是尚未置于人的统治之下的理想自然界。事实上，与人相关的外部自然界并不是直观的存在，先于人类历史存在的自然界与我们生活的自然界完全不能等同，我们没有必要撇开现实的、活生生的自然界而去奢谈人类诞生以前的自然界。虽然自然先于人类存在，但是随着社会历史实践的发展，与人无关的自在自然的范围将会不断缩小，人的实践活动不断在新的物质基础上创造出人化自然，将自然变成人的感性世界。基于此，马克思提出了对费尔巴哈唯物主义根本上的改造方法——改变费尔巴哈的哲学前提：将费尔巴哈唯物主义哲学中抽象的、与人的实践活动相分离的自然界改变为以人的实践活动为媒介的、具体的，即现实的自然界，这里现实的自然界就是马克思通常所说的"人化自然"。

早在 1844 年，马克思就提出了"人化自然"概念。他曾多次强调，如果你设想人和自然界是不存在的，那么你就要设想你自己也是不存在的，因为你自己也是自然界和人，抽象理解的、与人分离的自然界，对人来说毫无意义。正是在这个意义上，施密特指出，在马克思看来，自然概念既是"人的实践的要素"，又是"存在着的万物的总体"。人与自然的关系首先是一种"实践的即以活动为基础的关系"，如同任何动物一样，人首先要通过积极劳动来获取自然物以满足自身需要。而与动物不同的是，"人是能够意识到自己主体性的主体"，人的劳动过程不仅使自然物发生形式变化，而且使人在自然物中实现自身目的。正如马克思所说的那样，人与自然的关系既存在着理论上的关系，也存在着实践上的关系。从理论的角度来看，自然界是人的精神的无机界，是人必须通过加工利用满足人需求的精神食粮。从实践角度看，这些东西也是人类生活和活动的一部分。

人类的物质生产起初是源于人的感性生存需要，然而，在自然和人类之间反复交往互动中，人类不仅直接利用现成的物质材料，而且在自然物发生形式变化的过程中也规定着自然的性质，使自然烙上了人类社会的痕迹，自然成为人化自然。这样一来，"我们所认识和把握的自然，实际上就是人化了的自然，自然经过人的改造，具有了一些新的质的规定性。"① 同时，当人利用自然的力

---

①　王彦丽. 马克思、恩格斯自然概念的多维度解读 [J]. 社会科学家，2012（2）：16-20.

量"作用于他之外的自然,改变自然时,他也改变了他自己的自然,即人的自然化"①。马克思认为,人与动物的本质区别在于,动物只是利用外部自然,通过自身的存在引起自然变化,而人类则利用自身变化使自然服务于人的需要。但是自然不会主动适应人的需求,相反却制约着人的生存发展。人为了满足自身需要不断改造自然,随着自然被认识和改造的程度逐渐加深,人化自然不断扩大、进化,最终构成真正人的意义上的社会。

自然的价值是通过实践来实现的,人类必须通过实践首先使自然界人化。这就意味着人和自然之间的具体的、历史的统一关系是通过实践的中介作用而实现的,实践是认识人与自然关系的逻辑起点,正是由于实践因素的介入,自然开始打上人的印记,成为人化自然,人化自然不断扩张形成最终人的意义上的社会。生产实践即劳动是最基本的社会实践,是实现人与自然统一的最基本形式。在生产实践中,经过人改造的自然、人所创造出来的物质生活条件以及在此基础上形成的交往形式,都在一定程度上显示了人最初改造自然的过程。马克思一开始关注的并不是自然的自身运动,而是自然的属人性。他主张通过实践活动媒介去观察和认识自然界,其出发点不是排除人的目的活动和抽象自然界的自我运动,而是人化自然,是人的目的性与自然变化交互关系作用下的现实自然。马克思始终坚持作为现实的人首先是作为自然界的一部分而存在,"被抽象地孤立地理解的、被固定为与人分离的自然界,对人来说也是无。"②在人与自然的对象性关系中,人对于自然的依赖根源于人的生存需求的满足,即人的肉体组织同外部自然感性的物质交换,而对这种需求的满足,就要进行生产这些需要的资料,即生产物质生活本身。马克思将实践基础的人理解为现实的个人,他进一步指出:"他们是现实的个体,他们的活动和物质生活条件,包括他们已经拥有的物质生活条件和他们自己的活动所创造的物质生活条件。"③ 在这里,马克思所谓现实的个人,已经超越了直接取之于自然界的动物,现实的个人通过生产实践获取他们谋生所需的生活资料。生产实践使自然丧失其"自在性",成为新的人类生存的物质条件,现实的个人也不再从属于自然,人类实践活动创造的新的物质条件,构成了一种新的人工自然和社会客体

---

① 中共中央马克思恩格斯列宁斯大林著作编译局. 马克思恩格斯选集(第2卷)[M]. 北京:人民出版社,2012:169.

② 中共中央马克思恩格斯列宁斯大林著作编译局. 马克思恩格斯全集(第42卷)[M]. 北京:人民出版社,1979:178.

③ 中共中央马克思恩格斯列宁斯大林著作编译局. 马克思恩格斯选集(第1卷)[M]. 北京:人民出版社,2012:146.

环境。

　　显然，在马克思看来，自然是人类获得生产资料和生活资料的源泉。人与自然的关系通过劳动转化为以实践为中介的主客体关系，劳动使主体与客体相联系，而劳动过程实际上是人与自然之间的物质交换过程。在这一过程中，人为了满足自身需要不断改变和重构自身的自然，从而引起自然外部环境和自然面貌的改变。在自然和人类之间反复交往互动中，自然不断被人化、人又不断被自然化，在自然人化与人自然化的辩证统一中，推动人类社会向前发展。社会是人类生活的共同体，是人类活动的集中区域，是人类生存发展的组织形式和保障体系，而人与人之间的关系就是社会关系的具体化，人的社会性是基于人类个性的共性特征。因此，马克思提出，要在社会实践中把握人与自然、人与人之间的关系。

　　（二）尊重自然与敬畏自然的生态意识

　　自然是一个具有自身规律和法则的有机统一体，在自然界中，规律在无数错综复杂的变化中发挥作用，支配着历史上的偶然事件。人类思维发展史中也贯穿着这些规律，并逐渐被人的思维所认识。简言之，自然规律制约人的活动，人的活动必须遵循自然规律，服从自然规律制约。自然对人的制约性主要表现为：自然先于人存在，人在自然面前既有能动性也有受动性。人是自然存在物，就生命活动来说，"人只有凭借现实的、感性的对象才能表现自己的生命"①，即人是通过自然或自然界提供的各种物质材料表现自己的一切生命活动。就具体劳动生产活动而言，人只能在自然"规定"的范围内发挥作用，人的生产实践只能改变物质的具体形式，而在这种改变物质形式的劳动中，往往需要依靠自然力。

　　自然界是人的无机身体，人是生态共同体的代理者。法国生命伦理学家阿尔贝特·史怀泽指出：只有人把动植物和个人的生命看得同等神圣时，才能表现出人的道德性。因此，马克思一贯主张在对待自然时，人类既不能把自然视为原料库，也不能凌驾于自然之上，而是要做到尊重自然规律，按自然规律办事。在改造自然界的活动中，"人离开动物愈远，对自然界产生的影响就越具有计划性和目的性"②，人必须如同尊重自己的生命一样，尊重自然的价值，树立尊重自然与敬畏自然的理念。康德曾经说过："尊重是一种使利己之心无地自容

---

① 中共中央马克思恩格斯列宁斯大林著作编译局．马克思恩格斯全集（第42卷）[M]．北京：人民出版社，1979：168．

② 中共中央马克思恩格斯列宁斯大林著作编译局．马克思恩格斯全集（第20卷）[M]．北京：人民出版社，1973：517．

的价值察觉，既不是对对象的爱好，也不是对对象的惧怕，或者爱之畏之兼而有之。"① 人与自然相处的过程中，需要将人的自我意识扩展到自然界，从而超越人类自身达到一种向非人类世界的认同，使人与自然界在自我意识中融合为一体。

人作为一个自然存在物，自然是其生存发展的基本前提。在现代性发展过程中，人对自然界展开了大规模的征服和疯狂的掠夺，生态危机的发生表明现代性对人性的谋划已告失败，人类对自然的破坏必然遭到自然的惩罚。马克思认为，"统治"自然并不是支配自然，他将"自然—人—社会"视为一个有机统一体，人类仅仅是这个有机体中的普通成员，并不具有任何掠夺自然的特权。人类对自然的改造与动物不同，因为人能够认识和正确运用自然规律，通过改变自然为自身服务。然而，这并不意味着人就可以理所当然地成为自然的主人，肆意对自然发号施令。事实上，人类只是自然的一部分，谋求长远发展就要有意识地"控制"人的欲望的不合理性，以防止过度开发而遭到自然的严酷报复。

马克思还提出，人具有两种属性，首先是自然属性，这意味着自然界对人类生存和发展有着本源的制约关系，人类以及人类社会对于自然界也存在本源的依赖性，人类不能脱离外部环境和自然生态而独立存在。其次，人还具有社会属性，即人不仅是自然生态人，还是社会经济人。人在改造自然的实践活动中，一方面，产生了人与自然之间的生态关系；另一方面，人与人之间产生了社会经济关系，这两者是相互统一相互协调且相互制约的。自然是人类生存、生产、生活的前提条件，人类发展与生态环境是息息相关的，在经济活动中不仅要遵循经济规律，而且要遵循自然规律，在经济规律与自然规律的双重约束下从事生产活动、发展生产力。

现代性依靠科学技术征服自然力，参与并构造着人与自然界的关系。然而，人类对自然每一次取得的"胜利"，最终"自然都会按照人类征服自然的程度对人进行报复"②。资本主义制度造成的异化劳动，促使人走向自然的对立面，人与自然关系发生异化。美索不达米亚、希腊、小亚细亚等地区，人们为了获得土地而砍伐森林，却因此使聚居地成为不毛之地。为此，恩格斯向人类发出郑重警告："不以自然规律为依据的改造活动，只会给人带来灾难。"③ 大自然的

---

① 康德. 道德形而上学原理 [M]. 苗力田，译. 上海：上海人民出版社，1986：14.
② 中共中央马克思恩格斯列宁斯大林著作编译局. 马克思恩格斯选集（第3卷）[M]. 北京：人民出版社，2012：276.
③ 中共中央马克思恩格斯列宁斯大林著作编译局. 马克思恩格斯全集（第31卷）[M]. 北京：人民出版社，1972：251.

"报复"形象本质地向当代人提出了生态示警,正如马克思所说,我们决不能站在自然界之外,以征服者的态度粗暴对待自然界。无论生产力如何发达,人类对自然的改造活动都要以对自然的尊重、爱护为前提。反之,如若人类不按照自然规律随意把自己的主观意志强加给自然界,必将受到自然的惩罚。

(三) 资本逻辑是导致环境问题的根源

生态问题也是一个社会历史问题。美国著名生态学者巴里·康芒纳(Barry Commoner)在分析环境危机的根源时指出:"环境危机并不是自然发生的结果,其根本原因是社会用来赢得、分配和使用人类劳动从地球资源中攫取财富的方式。"① 应该注意的是,康芒纳在这里所说的导致生态危机的社会首先表现为资本主义社会,马克思和恩格斯从人类发展的高度肯定了资本主义发展带来的积极影响,同时也批判了资本主义对生态环境的负面效应。马克思和恩格斯认为,"在资本主义统治不到一百年的时间里,创造了比以往任何时代都多的生产力"②。更重要的是,资本主义改变了人对自然的"依附"关系,提高了人改造自然的能力。然而,资本的野蛮性和掠夺性导致人与自然的关系被异化,人与自然的矛盾被激化,最终产生了环境危机。面对资本主义社会中人与人的异化、人与自然的对立,马克思和恩格斯深刻地认识到,资本主义制度是人与自然关系恶化的根源。在资本主义制度下,人类对自然的无序开发破坏了自然的动态平衡,削弱了自然环境的自我净化调节功能,从而引发环境危机。恩格斯认为,仅仅依靠人的认识来调整人与自然、人与社会之间的关系,是远远不够的。只有扬弃资本主义制度,使劳动成为人的自由自觉的活动,才能把人从资本的束缚中彻底解放出来,从而彻底解决生态问题。

在马克思看来,人的生产活动是异化产生的手段,在现实世界中,人自身的异化只能通过与他人的关系表现出来。因此,"异化劳动不仅产生了人与生产对象和生产行为的关系,而且产生了人与他人的关系"③。在论述人同自己的劳动产品相异化时,马克思进一步指出,如果人的劳动活动成为一种不自由的活动,那么这种劳动就是在他人强迫和压制下,替他人服务、受他人支配的劳动,这种劳动生产的产品必然会同人自身相异化。当劳动产品成为一种异己的力量,这样的劳动产品就不属于工人自己,而是属于工人之外的他人。由此可见,人

---

① 巴里·康芒纳.封闭的循环 [M].侯文蕙,译.长春:吉林人民出版社,1997:141.
② 中共中央马克思恩格斯列宁斯大林著作编译局.马克思恩格斯选集(第1卷)[M].北京:人民出版社,2012:54.
③ 中共中央马克思恩格斯列宁斯大林著作编译局.马克思恩格斯选集(第1卷)[M].北京:人民出版社,2012:60.

总是处于一定的社会关系中，"人与自己的关系只能通过人与人之间的关系来表现。人与自己、人与自然之间的任何异化，都表现在他与自己、与自然、与他人之间的关系上"①。生产实践将自然关系和社会关系统一起来的同时，也将自然与社会真正联结起来。

在社会历史进程中，人与自然的相互作用随着人类社会的进步而越来越复杂。就对待自然的态度而言，"与资本主义之前的一切社会形态相比，资本主义对自然的态度是最片面、最短视的"②。原始社会时期，自然环境在人心目中是附魅的，人相信自然环境中存在某种在人类之上的力量，掌控着人的一切。"人们是在既定的、制约他们的一定环境中，在现有的现实关系的基础上创造着历史。"③ 农业社会时期，人类虽然开始认识到自然的变化，但仍然注重对自然资源的适应和利用。马克思和恩格斯认为，资本主义社会极端利己主义在对待外部自然界和人自身的自然上表现出来了极其强烈的盲目性和反自然性。在资本主义条件下，资本逻辑不再以获取使用价值为目的来推动生产，导致资本主义生产无限扩张，人对自然的肆意干预最终加剧了人与自然的矛盾，资本私有制所体现的人对自然的征服力，实际上是人对自然的敬畏逐渐消失的表现。马克思指出，"自然力作为劳动过程中的要素，只能借助机器占有，而且只能被机器的主人占有"④。资本家利用占有的资本和机器，不断攫取尚未开发的自然资源。这样一来，在资本主义制度下，"自然成为人类的对象，而不是一种自发的力量"⑤。在资本主义条件下，就内容和实质而言，"人与自然的关系就是资本与自然的关系，是资本对自然的占有"⑥。由此可见，在形式上，环境危机表现为人与自然关系恶化，但在本质上却是资本家肆意掠夺自然，造成资本与自然关系的恶化。

在《资本论》中，马克思考察了人与自然的物质变换过程，认识到资本主

① 中共中央马克思恩格斯列宁斯大林著作编译局. 马克思恩格斯文集（第 1 卷）[M]. 北京：人民出版社，2009：165.

② 周蓉辉. 马克思恩格斯关于人与自然和人与人的社会关系理论 [J]. 学术论坛，2011（2）：5-10.

③ 中共中央马克思恩格斯列宁斯大林著作编译局. 马克思恩格斯选集（第 4 卷）[M]. 北京：人民出版社，2012：649.

④ 中共中央马克思恩格斯列宁斯大林著作编译局. 马克思恩格斯全集（第 47 卷）[M]. 北京：人民出版社，1979：569.

⑤ 中共中央马克思恩格斯列宁斯大林著作编译局. 马克思恩格斯全集（第 47 卷）[M]. 北京：人民出版社，1979：176.

⑥ 杜晓霞. 马克思恩格斯生态自然观及其当代发展 [D]. 沈阳：东北大学，2014.

义生产方式对人和自然造成的伤害，以及这种生产方式所蕴含的反生态性。"资本主义的大规模生产将人口聚集到中心城市，在推动社会历史发展的同时，破坏了人与土地之间的物质转化。"① 从物质材料的属性来看，人类以衣食形式消耗的物质材料属于自然，是土地的有机组成部分。一旦它们不能继续返回土地，土地的可持续进展来源就会被摧毁。由此，马克思明确指出，"资本主义农业的任何进步，不仅是掠夺劳动者技术的进步，而且是掠夺土地技术的进步"②。资本主义生产方式对人与自然的影响不仅体现在农业生产上，也体现在资本主义工业的发展上。"随着资本主义工业技术的发展和进步，大量废弃物排放到环境中，导致生态环境自净能力下降，自然资源再生能力急剧下降，环境污染发展成为社会公害。"③ 恩格斯很早就关注到了资本主义发展带来的环境污染问题，他在《乌培河谷来信》《英国工人阶级状况》等著作中揭露了英国城市环境污染问题，及工人所面临恶劣的生活条件。恩格斯指出，"工人们通常住在又窄又脏、污秽不堪的廉价大杂院里"④，环境的恶化给工人阶级造成了精神上和物质上的双重破坏，使工人阶级陷入了"非人的状态"⑤。

社会形态制约人与自然、人与人之间的关系。私有制条件下，资本家疯狂地追求利润，不可避免地造成人与人、人与自然之间的矛盾。具体而言，资本的逐利本性必然导致有限资源消耗殆尽，资本家为了追求最大化的剩余价值，严重摧残雇佣劳动者，最终势必造成人与自然关系异化、人与人矛盾凸显。不可否认，资本主义依靠强大的科学技术，神奇般地促进生产力飞速发展，在一定程度上改善了人类的生存环境，并给人类带来丰富的物质生活。但社会的无序与掠夺性生产必然伴随着自然的巨大破坏和浪费，资本主义私有制促使社会与社会关系成为支配人的异己物，使人成为社会关系的奴隶，疯狂的竞争、无政府的生产过程、周期性的经济危机等都表征为社会的异化状态，人同社会关系相异化使得人与自然关系受到极大的负面影响。马克思向人们描绘了这种破坏情景："在资本主义私有制下，工人们甚至都不再需要新鲜空气了。人又退回

① 中共中央马克思恩格斯列宁斯大林著作编译局. 马克思恩格斯全集（第23卷）[M]. 北京：人民出版社，1972：552-553.
② 刘希刚. 马克思恩格斯生态文明思想及其在中国实践研究 [D]. 南京：南京师范大学，2012.
③ 周蓉辉. 马克思恩格斯关于人与自然和人与人的社会关系理论 [J]. 学术论坛，2011（2）：5-10.
④ 侯书和. 论马克思恩格斯的生态观 [J]. 中州学刊，2005（6）：146-149.
⑤ 中共中央马克思恩格斯列宁斯大林著作编译局. 马克思恩格斯全集（第2卷）[M]. 北京：人民出版社，1957：317.

到洞穴式的生活，但这洞穴已被资本文明污染……人的这种堕落完全违反自然的荒芜，文明的阴沟（就这个词的本义而言），成了工人生活的要素。自然的日益腐败，成了他生活的要素。"① 诚然，马克思已经深刻认识到了社会的异化、人的异化是自然异化的根源，这样一来，只有彻底的制度变革才能从根本上改变这种异化状态，使人成为真正的人，否则只能沦为资本的工具。

（四）实现人与自然、人与人双重和解

社会是由自然系统和人文系统所构成的人类生存共同体，任何社会都立存于自然之上。环境与社会不是抽象对立的，而是彼此联系，相互型构，人类历史的发展就是环境与社会互构关系②的演变过程。在马克思的理论视野中，自然与社会一直是紧密联系、相互影响的。实践活动联系着人与自然，人的生产将自然与社会统一起来。社会是人同自然界完成了的本质的统一，是人与自然、人与人之间关系互构的结果。在人化自然的前提下，马克思看到了社会和自然互为一体的本质，揭示了资本主义的异化机制及其现实扬弃途径，主张从社会关系角度来认识人与自然的关系，从而实现人与自然的彻底解放。在解决环境问题的途径上，马克思坚持对资本主义制度实行变革，从解决社会问题入手来解决环境问题，把制度变革和环境改变有机结合起来，实现人与人、人与自然和谐发展。

马克思的自然观深受黑格尔自然哲学思想的影响，但他并不是完全认同黑格尔。在黑格尔看来，"自然界是自我异化的精神"，在自然的阶段发展过程中形成了一个有机整体。马克思在批判继承黑格尔辩证自然观的过程中，更加深化了对人与自然关系的研究。早在 1841 年，马克思就天体崇拜问题指出，天体系统是为自然所规定的存在，《1844 年经济学哲学手稿》中，马克思又进一步强调人的生活和人的活动都是在自然界进行，自然界是人的劳动对象和劳动资料，是"人生命活动的材料、对象和工具"，人无时无刻不依赖自然界。由此，在马克思的理论视域中，私有制和异化劳动造成了人与自然分离，把人对自然的占有变成了对自然界的丧失。那么，只有建构一个人与自然和解、人与人和解的未来社会，才能从根本上消解人类面对的环境危机。

人与人和解是人与自然和解的前提。马克思从没否认资本主义发展给人类

---

① 中共中央马克思恩格斯列宁斯大林著作编译局. 马克思恩格斯全集（第 42 卷）[M]. 北京：人民出版社，1979：133-134.

② 所谓互构就是指社会关系主体之间相互建塑与型构的关系，参见《社会互构论：世界眼光下的中国特色社会学理论的新探索——当代中国"个人与社会关系研究"》。环境与社会之间也是一种相互建塑与型构的关系。

社会带来的积极影响：资产阶级开拓了世界市场，创造出的生产力超过过去一切世代创造的全部生产力。资本主义改变了人对自然的"依附"关系，提高了人改造自然的能力，但资本的野蛮性和掠夺性导致人与自然关系异化，人与人之间矛盾加剧。所以，马克思认为，资本主义时代，似乎每一种事物都隐含着自己的反面，技术的胜利是以道德败坏为代价；人类对自然的控制越多，就越成为其他人或者他们自己的奴隶。马尔库塞看到现代社会的技术异化后，一针见血地指出：掌握科学技术的发达工业社会是为了更有效地统治人和自然①。

资本逻辑遵从追求利润、不断增值的资本本性，发达资本主义社会崇尚大量生产、大量消费、大量废弃的生产生活方式。私有制和异化劳动造成了人与自然分离，把人对自然的占有变成了对自然界的丧失。人是财产的创造者和拥有者，但它反过来又支配着人，马克思把私有财产看作人的自我异化，共产主义对私有财产的扬弃，就是对人的自我异化的扬弃。同时，马克思也意识到，人的自我异化是人与自然、人与人之间矛盾的前提，资本主义一切以资本为中心，共产主义使生产资料彻底摆脱资本属性。在共产主义制度下，才能消除人与自然的异化，使人自觉地充当自然调节者，使人成为自然界的"主人"，也成为自身的主人。共产主义是人和自然本性的真正复归。共产主义解决了人与人、人与社会关系异化的问题。人类在某种意义上确实依赖自然界，自然界先于人的生物性存在，这是毋庸置疑的。共产主义实现了人与人在社会关系上的平等，也就是追求"人的解放""社会的解放"，达到人与人之间的和谐。但人既是自然存在物，又是社会存在物。在处理好人与人之间关系的同时，也要注重人与自然的生态，实现"自然的解放"，通过人与人的和解实现人与自然的和解，实现自然主义与人道主义的有机统一。

在马克思的语境中，人与自然的关系背后隐藏着人与人之间的关系，人与自然的和解、人与人的和解紧密相关。从根本上说，破解人与自然之间的冲突，必须以解决人与人之间的矛盾为突破口，以人与人和解促进人与自然的和解。然而，实现人与人的和解，不能单纯依靠人们的知识和手段，还需要彻底改革现有的生产方式和与之有关的整个社会制度。在注重解决人与人的社会关系矛盾的同时，也要正确处理人与自然的生态关系，实现"自然的解放"。在这样的社会制度下，实践不再是一种单向度的主体对客体的征服、支配和占有关系，而是主体与客体之间的一种双向相互设定、相互制约的良性互动关系，环境与

---

① 赫伯特·马尔库塞. 单向度的人：发达工业社会意识形态研究 [M]. 刘继，译. 上海：上海译文出版社，2008：15.

社会也将在相互型构中走向和谐。

二、新中国成立后毛泽东对生态文明建设的初步探索

毛泽东是我国社会主义道路的奠基人，新中国成立初期，面对新中国百废待兴的局面，以毛泽东为核心的党中央第一代领导集体，将全国工作的重心主要放在发展工农业生产上，着力提高人民生活水平。以毛泽东为核心的党中央第一代领导集体主张循环利用资源，奠定了绿色发展的基础。同时，他也强调重于流域治理，将农业生产与生态建设相结合。面对我国社会发展中的现实问题，毛泽东逐渐形成了自己的生态治理思想，并进行了大胆实践。

（一）提倡全民植树造林、发展林业

森林是农业生产的重要保证，也是社会发展的重要资源。毛泽东曾多次对森林资源给予肯定，保护和培育森林一直贯穿于毛泽东对生态文明探索的全过程。植树造林是最直接、最有效的环境保护和生态治理措施，植树造林可以防风、防沙，树木吸收地下水分，又从地下向大气中源源不断地输送水分。植物蒸腾的作用，增加了大气湿度，降低了环境温度。因而毛泽东将植树造林作为保护和改善生态环境的重要内容，动员全国人民进行大规模的植树造林活动。早在青年时期，毛泽东就提倡以一种新精神美化自然环境，他提出植树造林，绿化祖国。

植树造林的行动不仅有利于农业发展，也造福于生态环境的可持续发展。在延安时期，毛泽东敏锐地洞察到陕北黄土高原的生态环境问题。1944年，毛泽东指出，为了改变边区的现状，我们就要呼吁人民群众植树造林，针对陕北童山生态治理形成了具体的计划，指定了每户种植的数量，并且强调植树不能只注重形式，关键是最终必须植活。黄土高原植被稀疏且覆盖率较低，土地极其贫瘠，加之人为破坏，造成严重的水土流失，人民生活水平较低。生态环境的改善并非一蹴而就，更不可能达到立竿见影的效果。因此，毛泽东强调，植树造林必须长期坚持下去。

新中国成立后，毛泽东号召全国上下"植树造林，绿化祖国"。在1955年农业合作化过程中，毛泽东强调要注重绿化荒山和村庄，"特别是北方的荒山应当绿化，也完全可以绿化……南方的许多地方也还要绿化。这件事情对农业、工业各方面都有利"[①]。1966年，毛泽东又进一步提出，"全国所有能够植树造

---

① 中共中央文献研究室. 毛泽东文集（第6卷）[M]. 北京：人民出版社，1999：475.

林的地方都要努力植树造林，逐步绿化和美化环境"①。在毛泽东身体力行地带领下，全国上下一致行动，绿化工作取得了显著成就，我国的森林覆盖面积随之迅速扩大。诚如学者所指出的那样，毛泽东崇尚自然，主张积极发展和保护森林资源，对于促进我国工农业生产具有重要意义。②

（二）主张节约和循环利用自然资源

新中国成立之初，中国亟待改变一穷二白的局面，以毛泽东为核心的党中央第一代领导集体注重发挥人在社会生产中的作用，面对薄弱的经济基础和战争创伤，主张积极促进社会发展。基于这样的现实，毛泽东提出"进行一场新的战争——向自然界开战""向地球作战，向自然界开战"的口号。但是，这并不意味着毛泽东主张人凌驾于自然之上，肆意向自然索取。随着生态环境的日益恶化，毛泽东逐渐认识到了环境保护的重要性，他号召节约和循环利用资源。

节约是社会主义经济的基本原则之一，厉行节约是一个需要长期坚持、全面执行的基本方针。在《关于正确处理人民内部矛盾的问题》中，毛泽东强调，要使国家富强就要进行大规模的建设，但这又与我国的贫穷落后相矛盾。解决这个矛盾就要全面地持久地厉行节约。③ 为此，毛泽东进一步指出："必须尽最大努力保护一切现有的生产和生活资料，并采取措施坚决反对任何人破坏和浪费这些资料。"④ 在毛泽东看来，保护环境的关键环节是要做到节约资源。毛泽东要求，"在生产和基本建设方面，必须节约原材料，适当降低成本和造价，厉行节约"⑤。毛泽东节约资源、综合利用资源的观点，为我们今天实行生态化的生产生活方式及消费方式提供了重要借鉴。

（三）加强流域治理，促进农业发展

新中国成立后，我国先后发生了多次大规模的洪涝灾害，造成了巨大的人员伤亡和财产损失。毛泽东看到了生态破坏给人民生命财产带来的损害，在总结经验教训后，他根据流域治理和生态环境建设的现实需要和不同情况，对不同地区的流域治理和水利建设制定了不同的方案，力求从源头上解决困扰中国洪涝灾害发生的诱因。历史上，淮河多次泛滥给人民带来深重的灾难，1949 年

---

① 中共中央文献研究室，国家林业局. 毛泽东论林业 [M]. 北京：中央文献出版社，2003：77.

② 王秀春，张本效. 建国后毛泽东生态思想的实践探索与当代价值 [J]. 理论导刊，2013（12）：64-67.

③ 中共中央文献研究室. 毛泽东文集（第7卷）[M]. 北京：人民出版社，1999：239.

④ 毛泽东. 毛泽东选集（第4卷）[M]. 北京：人民出版社，1991：136.

⑤ 中共中央文献研究室. 毛泽东文集（第7卷）[M]. 北京：人民出版社，1999：160.

后，淮河的治理开发进入了一个崭新的时期，建国伊始，针对淮河流域的水患问题，毛泽东就做出《关于治理淮河的决定》，发出了根治淮河的号召，要使淮河成为造福人民的河。就淮河治理而言，毛泽东敏锐地认识到淮河对于苏、豫、皖地区农业发展的重大意义，因此做出了从淮河入手进行流域治理的生态实践决策。1950 年 7 月 20 日，毛泽东指示周恩来总理，除了预防水旱灾害外，"须考虑根治办法，现在开始准备，秋起即组织大规模导淮工程，期以一年完成导淮，免去明年水患"①。随之，毛泽东要求水利部制定出详细的导淮计划，秋初就开始动工，足见其治理淮河水患的迫切心情。

黄河流域既是我国的生态安全屏障，也是我国重要的经济地带。然而，由于黄河流经土质疏松、地形破碎、植被覆盖率低、水土流失严重的黄土高原，在大强度暴雨的冲击下，产生强烈的土壤侵蚀，致使中游地区的水流挟带大量泥沙，泥沙淤积造成黄河河床上升，形成了黄河"善淤、善决、善徙"的特点，给周边地区带来了诸多灾难。毛泽东号召全党"要把黄河的事情办好"，主张除了通过绿化黄土高原，增加黄土高原的植被覆盖来缓解水土流失外，还要在黄河上建设大型水利工程，以此来疏导黄河水，彻底解决黄河水患。根据毛泽东的设想，河南省对境内 700 余米黄河堤防进行了加固增修，兴建了引黄济卫等20 多处水利工程。毛泽东对黄河流域治理的重视，不仅有效地防止了洪涝等灾害的发生，减少了水患造成的经济损失，而且有利于地区农业的发展。黄河流域治理工程引水灌溉 13 万多公顷，造福了当地农业发展。山东省完成了黄河下游 1000 多米长的堤防工程，并兴建了滞洪区，综合利用黄河水、沙资源加固堤防，提高了黄河在汛期的排洪、泄洪能力。针对长江流域的治理，毛泽东则提出了分步实施荆江分洪工程，在三峡建库防洪、修建三峡水利枢纽的设想。同时，他还强调要"兴修水利，保持水土"，主张在实际工作中，坚持治水与改土相结合的原则，避免水土流失的危险。

实践证明，毛泽东流域治理的措施完全符合客观事实，修建大型水利设施，不仅大大增强了抵御自然灾害的能力，也为抵抗洪涝灾害和促进工农业生产发挥了重大的作用。新中国成立后，我国在水利工程建设方面取得了良好的成果，各地流域治理和水利工程建设取得了良好效果。毛泽东根据流域治理和生态环境建设的现实需要和不同情况，对不同地区的流域治理和水利建设制定了不同的方案。在毛泽东生态建设思想指引下，流域治理不仅有效地防止了洪涝等灾害的发生，减少了水患造成的经济损失，而且为发展农业生产做出了重要贡献，

---

① 中共中央文献研究室. 毛泽东文集（第 6 卷）[M]. 北京：人民出版社，1999：85.

减缓了后期工业化过程中经济建设的压力。

（四）积极推动整治环境卫生

毛泽东认为，改善人民群众卫生健康状况与生态治理有着密切的关系。新中国成立初期，面对恶劣的生态环境，毛泽东引导全国人民开始环境卫生整治工作。毛泽东号召全国人民讲究卫生，减少疾病，提高健康水平。在毛泽东的动员下，制定了卫生清洁制度，全国各地都掀起了一场声势浩大、规模空前的卫生运动。在这场卫生清洁运动的推动下，清除了堆积几十年的垃圾，一些臭水塘和污水沟也被填平，从根本上改善了过去的恶劣环境，对实现人与自然和谐相处起到了积极作用。

毛泽东一贯强调，生态环境卫生极其重要，必须让居民养成良好的卫生习惯。1951 年，毛泽东又明确提出：我们要把卫生防疫工作看作一项重大的政治任务，并且重视和发展这项工作。在 1956 年，毛泽东进一步提出，要消除四害、讲究卫生，特别要消除危害最大的疾病，在 7 年内基本上消灭老鼠、麻雀、苍蝇、蚊子，在全中国范围内一切可能的地方基本上消除对人民群众造成严重危害的疾病。由此，在全国范围内开展了一场以“除四害”为中心内容的卫生运动，为后来我国改善生态环境起到了非常重要的作用。由于我国农村人口居多，全国 85% 的人口在农村，而广大农村地区的医疗卫生条件极端落后。鉴于此，毛泽东又提出要将我国医疗卫生工作的重点放到农村，这对农村生态环境治理具有长远的指导意义。

三、改革开放到十八大中国共产党对生态文明建设的不断深化

改革开放以来，我国经济发展成效显著，但面临的生态环境形势也不容乐观。面对全球性生态危机的爆发及我国经济发展中不断显现的环境问题，党和国家开始探讨经济发展与环境保护的辩证关系。面对我国经济发展和社会建设的实际情形，以邓小平、江泽民、胡锦涛为代表的中国共产党人总结中国社会建设实践经验教训，提出要始终坚持人口、资源、环境协调可持续发展，坚持“以人为本”的价值取向、统筹人与自然和谐发展，坚持全面、协调、可持续发展的基本原则。

（一）重视生态工程建设，维护生态安全

以邓小平为核心的党中央第二代领导集体提出了环境保护的基本国策，强调人口、资源、环境协调可持续发展，既具有前瞻性，又有全局性。自 20 世纪70 年代开始，邓小平就十分关注我国的生态环境问题。

邓小平认为，荒山、水域等是潜力很大的发展生产的广阔天地，植树造林和绿化祖国是建设社会主义、造福子孙后代的伟大事业，我们必须一代一代永远坚持下去。邓小平大力提倡植树造林，他认为"植树造林，密切注意防止干旱"是发展农业生产的重要条件之一，要将伐木计划与植树造林、绿化森林结合起来，积极植树造林，做好绿化工作。1978年，邓小平指出，要尽快制定我国的《森林法》，并提议设立植树节。1980年，邓小平在谈到农业发展问题时又强调，西北地区适合发展畜牧业，种草造林不仅可以绿化西北地区的生态环境，还可以建设新的牧场。在农村也要鼓励多植树，改善农村地区生态环境。1981年，邓小平在新疆考察时对新疆的农业发展提出意见，他认为新疆要发展水利，带领各族人民多种树，以改善生态环境，为人民群众的生产生活提供良好的环境。

西北、华北、东北地区风沙危害和水土流失，严重制约着当地的经济发展。为了改变这些地区水土流失严重和土地沙化的严峻状况，邓小平站在中华民族长远生存与发展的战略高度，果断作出了建设"三北"人工林业生态工程的决策。1997年8月5日，江泽民在《关于陕北地区治理水土流失、建设生态农业的调查报告》上做了重要批示，他指出，要齐心协力地大抓植树造林，通过绿化荒山、建设生态农业，从根上改善陕北地区的恶劣环境，李鹏和朱镕基也在这个调查报告上做了重要批示。其后，全国治理水土流失、建设生态农业现场经验交流会在陕西延安召开，会议就治理水土流失、优化自然生态、建设生态农业问题做出了具体部署。1999年，西北五省区国有企业改革和发展座谈会上，江泽民指出，西部地区是我国重要的生态安全屏障，由于自然条件限制、历史遗留问题、人为因素破坏，生态环境不断恶化，尤其是水资源非常短缺，荒漠化不断加剧，加之西北地区植被覆盖率本来就很低，所以造成了严重的水土流失，生态环境越来越恶劣。西北地区生态环境恶化，不仅对西北地区产生了负面影响，也不利于东部和中部地区的经济社会发展。因此，当前的首要任务是响应党中央、国务院的号召，在西部地区推出一系列生态治理的重大措施，加快退耕还林还草、恢复和扩大绿色植被的步伐，从而改善西北地区的生态环境。

随着改革开放的深入发展，生态环境的功能不断体现，引起了中国共产党的高度重视，对我国生态环境体系产生了巨大影响。《中共中央关于加快林业发展的决定》中强调：加快生态建设和维护生态安全是中国经济社会可持续发展的基础。这一时期，在"三北"防护林工程基础上，以天然林保护工程、长江中下游地区重点防护林体系建设工程、退耕还林还草工程、环北京地区防沙治沙工程、野生动植物保护及自然保护区建设工程等为主要内容的六大林业工程迅速展开和实施，涉及全国 97% 的县域，涉及面广、投资规模大，成为我国生态环境建设的重要组成部分。据统计，截至 2008 年，"三北"防护林工程完成造林保存面积 2446.9 万公顷，建设区森林覆盖率由工程建设前的 5.05% 提高到 10.51%①，为我国北方构建起了一道坚实的绿色屏障。

（二）站在长远和未来的高度，谋求可持续发展

改革开放以来，在建设中国特色社会主义的实践中，我国经济发展取得举世瞩目成就的同时，面临的生态环境形势也不容乐观。如何应对能源危机、环境恶化是摆在中国共产党人面前的首要难题。面对全球性生态危机的爆发和我国经济发展和社会建设的实际情形，党和国家开始探讨经济发展与环境保护的辩证关系，强调在经济社会发展过程中要重视环境保护。

1983 年 12 月 31 日，第二次全国环境保护会议的召开标志着我国环保事业跨入了一个新时期。会议明确提出：环境保护是我们国家的一项基本国策，是一件关系到子孙后代的大事。环境保护成为我国的一项基本国策，表明了环境与经济、社会发展相统一的观念和战略思想，强调我国的发展要避免西方发达国家"先污染后治理"的老路。从当时我国生态环境的现实情形来看，环境保护是保障经济社会良性发展的必然选择，环境保护作为一项基本国策是由当时我国环境保护的现状和环境保护的性质决定的。随着我国经济建设步伐加快，环境污染和生态破坏问题日益严峻，若不果断采取措施遏制这种趋势，势必给改革开放、经济建设和人民群众的生活环境质量带来极为不利的影响。鉴于此，中国政府在 1994 年 3 月通过的《中国 21 世纪议程——中国 21 世纪人口、资源与发展白皮书》，将"可持续发展"正式确立为一项跨世纪战略。江泽民曾指出，"环境质量是衡量一个国家和民族的文明程度的一个重要标志"②，我国是一个人口大国，人均资源占有量少，也是生态环境极其脆弱的国家之一，经济发展对生态环境保护和资源构成了巨大压力。面对我国发展的严峻形势，党的十六届三中全会站在未来发展的战略高度制定了可持续发展战略，使可持续发展战略的意义上升到新的层面。可持续发展强调从人类整体发展的长期利益着手，体现着一种代际平等，江泽民强调：现代化建设不能过度消耗资源和破坏生态环境，"必须把实施可持续发展战略作为一件大事来抓"③，妥善协调人口、经济、社会、资源、环境之间的关系。

---

① 国家林业局. 中国的三北防护林体系建设三十年（1978—2008）[N]. 人民日报海外版，2008-11-17（5）.

② 中共中央文献研究室. 江泽民文选（第 1 卷）[M]. 北京：人民出版社，2006：534.

③ 江泽民. 在第四次全国环保会议上的讲话 [N]. 人民日报，1996-07-19.

2002 年的中央人口资源环境工作座谈会上，江泽民明确指出，我们不仅要促进经济持续、快速、健康发展，而且要及时解决经济发展中遇到的生态环境问题，确保可持续发展目标的实现。可持续发展鼓励经济持续增长，而不是以保护环境为由取消经济增长。罗马俱乐部主席曾指出，"在人类社会中动态性平衡的客观规律，必须代替单纯增长性的客观规律，我们必须有效地利用自然资源和提高其使用价值并保护一切可利用的自然资源"①。可持续发展要求改善生产和消费造成的环境污染和资源枯竭等社会问题，改变以"高投入、高消耗、高污染"为特征的粗放式经济增长模式，降低消耗、节约资源、减少废物、提高效率、增进效益，实现集约式的经济增长，真正把经济建设与生态建设结合起来，从而保证国民经济持续、稳定、协调发展。江泽民强调，要以集体利益和个人利益相统一的原则为出发点，在制定和执行政策时必须处理好当代人的利益和后代人的利益关系，以高度的责任感对待人类自身及其赖以生存的自然环境和资源，为人类的长远发展留下广阔的空间，切不可竭泽而渔，断了后代的生存之路。

（三）注重发展的全面、协调、可持续性，坚持科学发展观

自然界是孕育生命的摇篮，为人类的生存发展提供基本物质资料。2004 年，胡锦涛在人口资源环境工作座谈会上强调，我们必须牢固树立人与自然相和谐的观念，经济发展必须充分考虑自然的承载能力，坚决禁止过度放牧、掠夺性开发等破坏自然的行为，这充分说明了以胡锦涛为总书记的党中央第三代领导集体对生态环境问题的深刻理解和高度重视。

全面、协调、可持续发展把人与自然看作是共存于一个复杂的动态系统中的有机整体，注重环境保护和生态平衡，是科学发展观的基本要求。科学发展观强调社会、政治、经济、文化、环境等多方面的协调发展，注重纵横矛盾的平衡与协调。人类社会的发展与自然环境密切相关，人类从自然界中取得物质资料进行社会生产实践，这就决定了人的发展必然受到自然的制约。因此，人类必须具有较强的生态文明意识，在进行生产活动时务必遵循自然规律，在发展经济的同时保护和优化自然环境，重点促进自然与人以及社会的全面、协调、可持续发展。这样一来，党的十七大首次提出，生态文明建设是全面小康社会目标的新要求，也是多年来中国环境保护与可持续发展方面所取得成果的总结，"要在全社会牢固树立生态文明观念，把建设资源节约型、环境友好型社会放在

---

① 奥雷利奥·佩西. 未来的一百页 [M]. 汪帼君，译. 北京：中国展望出版社，1984：161.

突出位置"①。

四、十八大以来习近平对中国特色社会主义生态文明的创新升华②

新时代呼唤新理论，党的十八大以来，习近平站在人类文明发展的宏阔视野，从统揽国际国内经济社会发展大局的战略高度，提出了一系列生态文明建设的新思想、新观点：生态文明建设是关系中华民族永续发展的根本大计、绿水青山就是金山银山、山水林田湖草是生命共同体、建设绿色家园是人类的共同梦想等。这些论断形成了系统科学的习近平生态文明思想，为推进美丽中国建设、实现人与自然和谐共生的现代化提供了方向指引和根本遵循。

（一）坚持从长远谋划生态文明建设

"战略"一词起源于军事科学，指对战争全局的筹划和指导。毛泽东曾说过，战略问题是研究战争全局的规律性的东西。顾名思义，"战略思维就是一种全局性、规律性的思维"③，强调在空间维度上统筹好国内国际两个全局，在时间维度上实现近期和长远的总体谋划。习近平深刻认识到生态文明建设的重要性和紧迫性，并对生态文明这一全局性、长远性、根本性的问题做出了宏观部署和整体谋划。

从国内来说，习近平着眼于现代化建设全局，提出加强生态文明顶层设计。制度建设是生态文明建设的重要内容，构建一种创新性的顶层制度是确保生态文明各种具体性制度得以实现的首要条件。党的十八大将生态文明纳入我国"五位一体"总布局，使生态文明建设的战略地位更加突出。十八大以来，以习近平同志为核心的党中央不断深化对生态文明的认识，积极探索生态文明建设规律，加强生态文明顶层设计。继生态文明建设纳入"五位一体"总布局后，将"美丽中国"作为国家现代化发展的目标之一写入宪法，生态文明建设在国家发展和治理体系中的地位愈益凸显。习近平指出，"我国的生态文明建设正处于压力叠加、负重前行的关键期，要加快构建生态文明体系，加快建立健全生态文化体系、生态经济体系、目标责任体系、生态文明制度体系、生态安全体

---

① 中共中央文献研究室．十七大以来重要文献选编（上）[M]．北京：中央文献出版社，2009：109.

② 王萍．系统思维：习近平生态文明建设的重要思维方法 [J]．系统科学学报，2020（2）：79-83.

③ 张耀波．战略思维与战略研究 [M]．昆明：云南大学出版社，2016：12.

系"①，促使生态文明建设有科学的规则可以依据，有周密的措施可以实施，有民主的标准可以评价，有更严格的责任可以追究。在习近平新时代生态文明思想的引领下，"史上最严"的新环保法为有效打击环境违法行为提供了法律依据，《生态文明体制改革总体方案》确立了生态文明建设的"四梁八柱"，《生态文明建设目标评价考核办法》使生态文明建设成为领导干部头顶的"紧箍咒"……一系列顶层设计为生态文明建设纳入现代化建设的实践提供了宏观的政策依据，使生态文明建设更加规范化，为中华民族永续发展打下坚实的制度根基。

从国际来看，习近平统揽国际国内两个大局，深刻认识到生态文明建设在增强国家综合实力中的重要性。工业文明为人们创造"无与伦比"的物质财富的同时，生态环境问题也相伴而生，气候变暖、资源枯竭、生态退化、绿色危机已经成为全人类生存发展的最大威胁。因此，生态文明建设成为全球共识，生态环境建设必将成为新一轮国际竞争的重要内容。在综合国力竞争日趋激烈的今天，推进生态文明建设是各国政府提高国际综合竞争力的迫切需要。加强生态建设、改善生态环境就是增强国家的综合竞争力，而破坏生态环境就是弱化国家的综合竞争力。没有良好的生态环境保障，经济、政治、文化、外交等综合竞争力的提升也就成了无本之木、无源之水。

从近期来看，习近平认为生态文明建设首先要解决好关系人民福祉的突出环境问题。生态文明建设是决胜全面建成小康社会的重要内容，中国特色社会主义进入新时代，生态环境在人们生活幸福指数中的地位不断提高。然而，生态环境仍然是最大的制约因素，不仅是制约经济社会可持续发展的经济问题，也是严重影响人民健康的民生问题。习近平充分认识到了我国生态环境形势的严峻性，他强调要把解决突出的生态民生问题放在优先位置，集中力量优先解决好 $PM_{2.5}$、饮用水、土壤、重金属、化学品等损害群众健康的突出环境问题，还老百姓蓝天白云、青山绿水，使老百姓吃得放心、住得安心。目前，我们已经在关涉民生问题、关系群众健康的生态环境领域取得了一定成效。

从长远来看，生态文明建设是关乎中华民族永续发展的根本大计。良好的生态环境是实现中华民族永续发展的物质基础，生态环境问题不仅是当代需要面对的重大问题，也是后代生存发展中不可回避的课题。生态环境保护功在当代，利在千秋，为子孙后代预留更多的绿色发展空间是当代人义不容辞的责任

---

① 习近平. 坚决打好污染防治攻坚战　推动生态文明建设迈上新台阶 [N]. 人民日报，2018-05-20 (1).

和义务。习近平指出，"全党同志要清醒认识保护生态环境、治理污染环境的紧迫性和艰巨性，清醒认识加强生态文明建设的重要性和必要性"①。"两个清醒认识"表明了他对生态文明建设的战略重要性和现实紧迫性的认识，这既是对当代负责，也是对子孙后代负责的体现，更表现出习近平高瞻远瞩的战略眼光。

（二）坚持"绿水青山"就是"金山银山"的绿色发展观

生态环境是人类生存和发展的基本物质基础，是人类生产生活的必需品，具有公共产品的性质。良好生态环境包括蓝天白云、绿水青山、清新空气、清洁水源，是人类赖以生存与永续发展的基本条件，具有最公平公共产品的社会属性。"绿水青山就是金山银山从本质上指向环境保护与经济发展的关系范畴，所谓绿水青山是指与优质生态环境关联的生态产品，金山银山则表征着与经济收入水平相关联的民生福祉。"② 绿水青山就是金山银山深刻揭示了经济发展与环境保护辩证统一关系的实质，更新了人们对自然资源的传统认识，充分体现了习近平生态文明思想的绿色发展维度。

发展经济是民生之本，保护生态环境也是民生之本。习近平指出："良好生态环境是最公平的公共产品，是最普惠的民生福祉。"③ 随着我国经济社会加快发展，人民生活水平得到明显改善，立足新时代，人们的需求日益多样化、品质化，人民群众对优质生态产品的需求也更加迫切。绿水青山既是生态财富，又是经济财富，经济发展的关键是处理好发展与保护的关系，寻找新的增长动力。因此，习近平总书记多次强调，保护生态环境就是保护生产力，改善生态环境就是发展生产力。在促进生态文明发展的新时代，我们必须坚持绿色发展理念，在经济发展和环境保护之间取得平衡，促进形成绿色发展方式，实现自然、经济、社会之间的协调发展。

绿色发展已成为世界经济社会发展的主流。绿水青山是人类财富的根本源泉，是人类可持续生存和发展的基础，保护生态环境是经济发展不可忽视的内容。生态环境问题归根结底是发展方式和生活方式的问题，实现社会主义现代化，必须积极探索符合中国特色的绿色发展道路；加快形成绿色发展方式和生活方式。新时代生态文明建设必须坚持绿色发展，解决好人与自然和谐共生问

---

① 吴宁，刘玉新. 论习近平总书记对生态文明建设重要论述的创新及其意义［J］. 湖南社会科学，2018（2）：10-19.

② 潘家华. 生态文明建设的理论构建与实践探索［M］. 北京：中国社会科学出版社，2019：44.

③ 中共中央文献研究室. 十八大以来重要文献选编（中）［M］. 北京：中央文献出版社，2016：493.

题，将人的环境行为限定在生态环境的承载能力之内，给生态环境留下足够休养生息的空间，为子孙后代留下可持续发展的"绿色银行"。中国特色社会主义进入新时代，我国社会的主要矛盾已然转化，解决社会主要矛盾要充分发挥绿水青山的经济效益和社会效益，让良好的生态环境成为人们生活的增长点，促进形成人与自然和谐共生的现代化。

（三）坚持山水林田湖草是生命共同体的系统治理观

系统论的创始人贝塔朗非将系统定义为相互联系的元素的集合，系统思维就是要把事物放在普遍联系的系统中来把握，从系统与要素、要素与要素之间的联系和作用中思考和解决问题。自然界的事物都具有系统性，自然界各种系统都呈现出整体性。① 习近平看到了生态系统相互联系的实质，他指出，生态治理是一个系统工程，必须统筹推进山水林田湖草系统治理。

一方面，习近平运用系统思维提出统筹推进山水林田湖草系统治理。科技越发达、交往越密切，社会的关联度和系统性就越强。在生态环境治理过程中，各项工作、各类要素相互交织，牵一发而动全身，只有坚持系统思考、科学统筹，推进生态治理各个方面的良性互动、协同配合，才能形成强大合力。一直以来，我国的生态环境治理中头痛医头，脚痛医脚的现象十分普遍，种树的只管种树、治水的只管治水、护田的单纯护田，缺乏综合系统的治理。自然生态系统的各系统、各物体、各要素之间相互影响、相互制约，形成了一个有机统一体，破坏其中的任何一个因子，整个生态系统都会受到影响甚至濒临崩溃。因此，习近平提出要把生态环境治理作为一个系统工程，运用系统思维、采取综合治理方法来推进生态环境治理。就长江治理而言，习近平认为，作为流域经济，长江经济带是一个整体，涉及生物、湿地、环境、城市、港口等多个方面，长江的治理问题要从中华民族长远利益出发，做到全面把握、统筹谋划。打造长江经济带，我们必须要增强系统思维，积极探索协同推进生态优先和绿色发展新路子，使黄金水道产生黄金效益，推动长江经济带建设现代化经济体系。习近平用系统思维深刻阐明了自然生态系统的整体性特征，明确了必须按照生态系统的整体性和内在规律系统推进生态环境治理的根本方法。

另一方面，习近平强调城市发展要坚持系统思维，做到城市与自然的有机融合。现代城市理论认为，城市建设应当坚持以人为本的原则，建设一个良好的生态系统。以往的城市建设过分追求人工生态系统，很大程度上忽略了城市原有的自然生态系统。生态文明的新型城镇化强调城市与自然的有机融合和城

①　魏宏森，曾国屏．系统论——系统科学哲学 [M]．北京：清华大学出版社，1995：34．

市人工生态系统与自然生态系统的良性互构。城市建设首先要以自然为美，使城市内部的水系、绿地同城市外围河湖、森林、耕地形成完整的生态网络，积极保护城市原有的自然景观，创造更加贴近自然的城市生态景观。习近平曾说过，城市建设和发展要坚持系统的思维方式，每个细节都要考虑到对自然的影响，在城市规划中融入尊重自然、顺应自然的生态文明理念，让城市发展真正寓于自然山水之中，促使城市建设发展向着既可以保护城市生态环境又可以使城市经济沿着持续健康的方向发展。

总之，在系统论的理论视野中，宇宙间的一切事物，从无机界到有机界，从自然物质到社会物质，从人类社会到人类思维，都自成系统或互为系统。在习近平看来，生态系统并不是孤立存在的，而是各种自然要素在自然进化过程中形成的一个精密复杂的系统。生态环境治理是一项综合性很强的全面性工作，绝不能单纯地只顾及其中的某一个方面，而要从整体着眼，将山水林田湖草看作一个整体，统筹考虑自然生态各要素保护需要，推动生态环境系统修复、综合治理。根据生态环境的系统性及其内在规律，从整体上考虑自然生态各要素，"深入推动山水林田湖草一体化生态保护和修复"。统筹推进"山上山下、地上地下、陆地海洋以及流域上下游"环境治理工程，以增强生态环境的自我循环能力，维护生态平衡。

（四）坚持最严格制度最严密法治保护环境的生态法治观

法律是国家最大的规矩，法治是国家治理最基本的手段，法治思维是"一种以合宪性、合法性判断为基本内容"[①]，以法律规范为基准来分析和处理问题的思维方式。法治是整合各种张力、化解矛盾冲突的有效途径，生态红线和法律约束机制则是生态文明建设的保障。习近平特别重视法治思维的培养，强调领导干部要提高运用法治思维的能力，在广大群众中树立法律的权威，推动生态文明建设法治化进程。

第一，习近平指出要以"生态红线"保障我国生态安全。当前，中国社会经济发展确实取得了令人惊羡的成就，但问题也高度集中，环境问题已然成为全面建成小康社会的突出短板。生态红线是国家安全的底线，一旦突破必将危及生态安全和人民群众生产生活。更进一步来说，生态安全与经济安全、国家安全密切相关，是建设生态文明的起点，生态安全关系经济的可持续发展、社会的和谐稳定。为了维护国家生态安全和人口、经济、社会可持续发展，保障人民群众身体健康，我国以生态安全为出发点划定 18 亿亩耕地红线、37.4 亿亩

---

① 殷啸虎. 法治思维内涵的四个维度 [J]. 毛泽东邓小平理论研究，2014（1）：14-19.

森林红线、8 亿亩湿地红线。划定生态红线是要为生态安全设置一种硬约束，从根本上维护国家生态安全，保障生态系统的完整性，还自然自我修复的能力。从这个意义上说，生态环境保护必须要有底线意识和红线意识，要对开发建设和产业发展做出严格的系统规范，不踩红线，不越"雷区"，积极引导生产力在国土空间上合理布局，严格控制污染物总量。中国近 40 年的快速、大规模的工业化进程，业已超出了资源和环境的承载能力，经济发展对生态系统的过度索取而带来的环境问题以及由此引发的社会问题层出不穷，各类环境污染和生态破坏问题进入高速爆发期。"我们的生态环境问题已经到了很严重的程度，非采取最严厉的措施不可，不然不仅生态环境恶化的总态势很难从根本上得到扭转，而且我们设想的其他生态环境发展目标也难以实现。"① 尤其是在生态文明建设的关键期，我们必须严格坚守生态红线，保护自己的生命线，让生态"红线"成为生态环境保护的"高压线"。

第二，习近平认为生态治理和生态文明建设离不开制度和法治。生态文明建设的关键在于制度建设，只有实行最严格的制度，才能保证生态文明建设各项工作有序进行。生态文明法治建设的目的就是要树立法律在生态文明建设领域的权威，通过法律对破坏生态环境的行为进行严格约束，从而在全社会牢固树立生态法治观念。从实践来看，生态环境保护的成效与是否拥有完整、健全的法律体系密不可分，中国共产党有效治理生态环境恶化的状况取决于最严密的法律体系。现阶段，我国生态环境保护中，法治系统和法律机制不能高效发挥应有的作用，导致生态文明建设缺乏有力的法律保证。生态环境治理的一个重要的前提就是强化法治思维，全面推进科学立法工作，用法律来维护生态系统的和谐稳定。只有最严格的法律体系，才能保证我国的生态保护和环境治理顺利推进。习近平曾指出，现行的环保管理体制中，有法不依、执法不严、违法不究的现象大量存在，导致生态环境保护无法真正落实。为此，我们必须要完善生态文明建设法律体系，在干部和群众中树立法律权威，使全社会充分相信法律，自觉运用法律，形成对法律的信仰，最终实现以法治理念、法治方式推动生态文明建设。②

（五）共谋人类生态文明之路的生态全球观

生态文明建设不仅关系中华民族永续发展，而且关乎整个人类的未来。人

---

① 中共中央文献研究室. 习近平关于全面建成小康社会论述摘编［M］. 北京：中央文献出版社，2016：166.

② 中共中央文献研究室. 十八大以来重要文献选编（中）［M］北京：中央文献出版社，2016：783-784.

与自然共存共荣，环境问题涉及全人类的共同利益。走出人类面临的生态困境，需要在国际领域中开展多样化的生态技术、绿色科技交流合作，共同应对气候变化等生态环境问题。习近平在上海合作组织青岛峰会上的讲话中谈到，面对世界大发展大变革大调整的新形势，尽管世界范围内各种思潮都显示出新变化，"但'地球村'的世界决定了各国日益利益交融、命运与共，合作共赢是大势所趋"①。全球性生态危机决定了任何一国单打独斗都无济于事，而是需要全世界联合起来，共谋全球生态文明建设之路，重构人与自然的和谐关系。

建设绿色家园是人类的共同梦想。中国积极倡导构建人类命运共同体，建设清洁美丽的世界是人类命运共同体中不可或缺的内容。早在 20 世纪 80 年代末，全球变暖、臭氧层耗竭、酸雨三大全球性环境问题就初露端倪。20 世纪 90 年代以来，随着全球化影响不断加深，环境问题已经不再是一个地域问题。人类社会进入 20 世纪末，绿色危机成为世界各国、各民族面临最大的威胁。当今时代，能源危机、资源枯竭、气候变化等全球性生态环境问题，促使人与自然、环境与社会的冲突频发，全人类的生存面临着前所未有的压力和挑战。各种长远而不可逆的环境破坏已经向我们发出警告，生态环境问题已经成为威胁人类社会发展的直接或潜在因素。没有生态安全，人类自身就会陷入不可逆转的生存危机。因此，促进绿色低碳发展、建设生态文明已经成为世界潮流。习近平倡导各国人民要同心协力，保护人类的地球家园，促进可持续发展，坚持绿色低碳，建设清洁美丽的世界。人类共处于一个地球家园，每一个民族和国家都要坚持合作共赢理念，积极应对全球环境问题。气候变化关乎人类未来，需要世界各国展开合作与交流、推动成果共享，共同应对气候变化。针对美国退出《巴黎协定》的行为，中国坚持正确的义利观，将应对气候变化问题纳入构建人类命运共同体的核心内容，积极参与气候变化国际合作。习近平提出，寻求全球生态文明建设之路是解决生态环境问题、走出人类生存发展困境的一把钥匙，也是谋求人类可持续发展的必然选择。多年以来，中国始终坚持落实气候变化领域南南合作政策承诺，在清洁能源、防灾减灾、生态保护、气候适应型农业、低碳智慧型城市建设等领域，积极加强与发展中国家的合作，不但彰显了中国负责任的大国形象，"也为国际社会共同维护《巴黎协定》、平衡推进《2030 年可持续发展议程》提振了信心"②。

---

① 习近平. 弘扬"上海精神"构建命运共同体 [N]. 人民日报，2018-06-11 (5).
② 王易. 全球治理的中国方案：构建人类命运共同体 [J]. 思想理论教育，2018 (1)：25-29.

　　全球生态环境问题需要世界各国共同应对。美国罗马俱乐部的调查报告中曾指出，"如果全世界的人口、工业化、污染、粮食生产以及资源消耗按照目前的增长趋势保持不变，那么地球上的经济增长将会在未来100年内达到极限"①。生态环境关系全人类的生存发展，环境破坏问题阻碍着人类社会文明进步。在今天这个时代，在某一个国家或地区出现的环境问题，可能会产生"蝴蝶效应"，影响全球。任何一个国家都不可能"独善其身"，寻求全球合作是获得发展和进步的必由之路。全球化深入发展促使世界各国相互联系、相互依存的程度空前加深。只有加强地区之间、国家之间、民族之间的相互合作，构筑尊重自然、绿色发展的生态体系，促进全球治理体系变革，才能最大限度地增进全人类的共同利益，谋求人类的可持续发展。习近平提出，要通过"一带一路"建设等多边合作机制，共同致力于推动绿色发展和改善生态环境的行动，积极应对全球性生态环境问题。中国的"一带一路"倡议，旨在促进地区交流合作，支持发展中国家和经济落后地区增强绿色、低碳、可持续发展能力。对于世界来说，中国倡导的"一带一路"倡议是推动人类命运共同体，促进全球环境问题解决的有力杠杆。能源资源是人类生存发展的重要依赖，当前全球能源资源和环境承载能力已经趋于极限，维护能源安全是全球面临的共同挑战。习近平明确指出，在新一轮能源结构调整和能源技术变革中，我们要紧紧抓住机会，建设全球能源互联网，倡导绿色低碳的生产生活方式，共同实现2030年可持续发展目标。全球性的发展促使世界各国必须要从全人类的视角出发去共同审视和面对生态环境问题。世界各国休戚与共，人类命运你我相连。只有各国家、地区、民族间彼此合作共同应对全球生态环境问题，人类的可持续发展和世界的和平稳定才有可能实现。携手"一带一路"，共同谋求人类的可持续发展之路，体现了中国对全球治理所贡献的中国智慧，也彰显了习近平站在世界高度服务全人类的全球思维和思想自觉。

第三节　新时代生态文明的思想借鉴

　　现代以来，人为工程的推进一直是以对自然的侵入和劫掠为代价的，自然在这一过程中不可逆转地被人化和社会化了，人类对自然的劫掠越甚，自然对人的抗拒也越强。当今，各种现象不断发出警示，全球生态退化和环境衰竭使

---

① D. 梅多斯. 增长的极限 [M]. 李涛，王智勇，译. 北京：商务印书馆，1984：12.

世界各国、各民族都无一例外地感受到自我安全面临最大的威胁——绿色威胁。① 西方生态马克思主义关于生态文明的理论探索、中国传统文化中的生态文明智慧等为新时代生态文明提供了丰富的思想资源。

一、中国传统文化中蕴含的生态文明智慧

在中国的传统文化中，人与自然的关系是人类安身立命的自然前提，也是人们处理一切社会关系，推动社会发展的自然前提。"天人合一"是中国哲学的主干，又是中国哲学的精华。传统思想认为，人和万物是天地生成的，人是自然的一部分，人与万物要和谐相处。道家代表人老子，以"道"为根本范畴阐发了"道法自然"的哲学，庄子也以"道"为原则阐述了"天人合一"的思想。"天人合一"包含着对人与人之间关系的认知，更包含着对人与自然之间关系的探索。"天人合一"主张世界万物是一个有生命的整体，人与自然和谐统一，是一种宇宙的、生态伦理的道德情怀，追求"天、地、人"的整体和谐。

（一）"天人合一"蕴含的生态价值诉求

儒家"天人合一"思想是一个集中体现了中国哲学与文化传统之间基本精神的重要范畴与命题，注重人与自然之间的相互对象性的关系。何谓"天"？儒学认为，"天"就是自然界。荀子说："列星随旋，日月递炤，四时代御，阴阳大化，风雨博施，万物各得其和以生，各得其养以成，皆知其所以成，莫知其无形夫是之谓天。"（《荀子·天论》）在这里，"天"是指创造了人和万物，以供四时运行、万物生长的自然界。《序卦传》说："有天地然后有万物，有万物然后有男女"。即天之道是"始万物"，地之道是"生万物"，人之道是"成万物"，三者之间不可分割，"生成"与"实现"是统一的，这就是天人合一。在中国文化史上，张载首次提出了"天人合一"的概念。他说："儒者则因明致诚，因诚致明，故天人合一，致学而可以成圣，得天而未始遗人，易所谓不遗、不流、不过者也。"（《张载集摘·正蒙乾称篇》）董仲舒在继承早期儒学思想的基础上，根据当时社会的需要进一步发展了儒家思想。董仲舒提出了"天人合一"的理念，揭示了人、社会和自然思想统一的关系，阐明了社会发展离不开自然界的自在存在和独立运行。具体来说，中国古代社会中的"天人合一"就是人们适应自然、遵循自然规律的生产生活方式和生态实践活动，儒家"天人合一"思想的生态价值诉求主要体现在四个方面。

---

① 郑杭生，杨敏．社会互构论：世界眼光下的中国特色社会学理论的新探索——当代中国"个人与社会关系研究"［M］．北京：中国人民大学出版社，2010：427.

第一，"人与自然一体"的生态定位。儒家文化充分强调人是大自然的组成部分，将人与大自然置于同等的地位，强调"万物一体"的整体性观念。在人与自然的关系上，儒家坚持人是自然界的一部分。作为人类生命之源的大自然，本身不仅是一个生命体，有其自在自为的生命发育过程，而且也要依靠人类来实现、完成这个过程，也就是说，人类还是大自然生命价值的承担者、生命发育的实现者，这是天（即自然）赋予人类的责任与使命。因此人对自然应采取顺从、友善的态度，追求人与自然和谐。儒家经典著作《易经》中指出，"自然法则与人事规律有一致性，要将自然事物的属性与人格品德联系起来"①，注重人的主观能动性，只有热爱自然，才能实现天人交融。儒家主张"仁民爱物"，在儒家看来，"仁"意味着一种和谐共存、与人（物）为善的高尚品德，根源于大自然的"生生之德"，仁者爱人，同时亦关爱万物，将人类之爱扩展到对大自然的珍惜与尊重，由此，人类的主体道德就具有了保护客观环境的功能。

第二，"尊重自然"的生态意识。在天人关系上，孔子说："天何言哉？四时行焉，百物生焉，天何言哉？"（《论语·阳货篇》）这里所说的"生"字，既是产生、创造之意，也是养育、养活之意。孔子认为，四时运行，万物生长，人类生存，都与天（大自然）的关系极为密切。大自然是有生命的存在，是人类的生命之源和存在背景，所以人类应当尊重自然界。孟子坚持了孔子的天人观，并且在"仁"的内在德性归属立场上提出了尊重自然的天人观。与孟子不同，荀子在发展儒家学说的同时，也提出并强调自己的"天人相参"的天人观。荀子的这种主张，在其代表作《天论》中有过精彩而详细的描述。人与天参，首先是人对自然的顺应，荀子的天人观强调了顺应自然的实践方式。在荀子看来，自然界有其内在的运行规律，人应该顺应自然。他认为："天行有常，不为尧存，不为桀亡。应之以治则吉，应之以乱则凶。"（《荀子·天论》）由此可见，荀子认为，事物发展要遵循自然规律，违反自然规律的实践活动必然会给人带来负面影响。在对待自然的态度上，儒家非常尊崇"天"。孔子认为，君子的道德人格的形成是一个塑造的过程，作为一个有"德"的君子，必须"畏天命"和"知天命"。"畏天命"就是对自然界的必然性、目的性的敬畏，"知天命"就是对于这种"天命"的认知。在孔子看来，一旦人不按照天的运行规律或者天的意愿来活动，就会受到上天的惩罚。荀子也提出："天地者，生之本也。"（《荀子·礼论》）他认为，天地是万物之本，是创造的本身，因此他主张人的生命活动应该遵循大自然的演变秩序："万物各得其和以生，各得其养以

---

① 陈金清. 生态文明理论与实践研究［M］. 北京：人民出版社，2016：93.

成，不见其事而见其功，夫是之谓神。"（《荀子·天论》）

第三，"以时禁发"的实践准则。儒家文化强调要充分发挥万物之间各自不同的天赋和本性，凝聚着中国古代生态伦理的卓越智慧。在资源的开发利用上，儒家强调取用有节，物尽其用。早在春秋时期，管仲就提出"以时禁发"的开发原则，即"山林虽近，草木虽美，宫室必有度，禁发必有时"（《管子·八观》），并制定"毋征薮泽以时禁发"和"山林泽梁以时禁发而不税"的政策。此后，孟子、荀子则进一步继承和发展了管子的"以时禁发"思想。孟子告诫人们应该遵循自然规律，以合理的方式获得生产和生活资料，人们将会获得可持续的生存条件。孟子说："不违农时，谷不可胜食也……数口之家可以无饥饿矣。"（《孟子·梁惠王上》）《荀子·王制》中也显现出生态保护意识，《荀子·王制篇第九》写道："圣王之制也，草木荣华滋硕之时，则斧斤不入山林……而百姓有余材也。"

从这两段话的字面分析，中国古代就在强调物质资料的获取、社会物质财富的增加需要根据时令，以适度的方式来生产和获取，统治者对百姓的管理也不能违背时令。这种生态保护的伦理观念，仍然是以"仁"为价值诉求的仁爱之心的具体体现，表征出儒家伦理文化的现实关怀与用世之心。儒家提倡"取之有度""用之有节""量入为出"，这些促进了对自然的保护。上述思想用于获取自然资源时，儒家提出了"钓而不纲"的行动原则，这表明儒家已经注意到了生物资源的永续利用。人在自然中具有能动性，荀子提出利用自然、控制自然，顺应时节来使用自然的积极的人为态度。这种积极的人为态度转化为实践方式，就是积极发展生产、提高劳动能力来治理各种各样的自然物，充分合理地利用自然物，让自然为人类服务。在这里，荀子反对自然的静观态度，而强调了人能改变自然的认识论思想。

（二）"道法自然"蕴含的生态哲学意蕴

在道家思想体系中，"自然"是一个重要的概念，既是指天地自然，也是指没有外力干涉的、纯乎顺应自然本性的一种生存法则和生存状态。"道法自然"意指人类应该效法天地自然，从价值观的层面看，"道法自然"引导人们树立热爱自然、尊重自然规律的美好情操，引发人们亲近自然和尊重生命，指导人们正确地发挥主观能动性，协调人和动物的关系。"道法自然"显然是我国古代最早的自然主义观念，对后世影响深远。

与儒家文化一样，道家文化也是中国传统文化的重要组成部分。老子从宇宙整体性观点出发提出"道法自然"的生态思想，"道法自然"出自《老子》第二十五章："人法地，地法天，天法道，道法自然。"道家认为，"道"的师法对象就是"自然"——自然而然。而"自然"同时也可以作为"大自然"来解释。大自然本来就是自然而然的产物,它不是人为的创造,不因人类的意志而改变自身的发展、变化、运动规律。在道家看来,人是自然的产物,人的一切活动都不能违反自然规则,不能无视自然之理,更不应该凌驾于自然之上,而要顺应自然,遵守自然规律。"道法自然"蕴含丰富的生态哲学思想:人与万物一体的自然整体观、"人与自然"和谐共处的生态和谐观、"知止不殆"的生态发展观。

老子把"道"提升到自然总规则的高度。在老子的理解中,"道"主要包含三层含义。第一,"道"先于天地存在,是万物存在的基础。第二,"道"是事物运行的根本法则。清代哲学家王夫之将其解读为:"道,常,无为,而无不为。"意即道是自然规律,世间万物都离不开道。第三,"道"是人类所追求的最高境界。根据"为无为,则无不治"这一原则,在现实生活中,顺应自然是人的最高美德。

人与万物一体的自然整体观。道家认为人与天地万物是一个整体,其本原都是"道"。人只是天地万物的一部分,是自然有机整体的组成部分,并不是天地万物的主宰和统治者,人根源于自然也统一于自然,反对人类的妄自尊大,更反对将自然作为人类的征服对象。既然人与自然是一个统一的整体,那么就不能继续保持传统的"人类中心主义"的态度,不能对自然界横加开采、肆意破坏。

(三)"众生平等"蕴含的生态伦理意识

奥雷利奥·贝切伊指出,当今时代的不幸和危机是人类落入了自己设下的陷阱。我们常常被胜利冲昏了头脑,当人们依赖科学技术时,却忽略了哲学、道德、信仰等因素的支持,最终导致了人与自然关系的恶化。① 道德是调节人类行为最基本的手段,生态伦理是伴随工业社会发展而爆发的人类理性观念的一场革命。按照生态伦理学的阐释,自然有其内在的生命价值,在人与自然关系中,通过理性引导、道德育化和人格重构,规范、约束人类环境行为,使人的生产生活方式同自然资源的限度相适应。佛教的"众生平等"强调人与自然是一个有机整体,关爱自然是人类自我实现的必然要求。

"众生平等"的观念产生于公元前 6 世纪的印度佛教。从道德行为的基本准则来看,佛教伦理道德的宗旨是戒恶行善、普度众生。在中国流行最广的大乘佛教,强调"慈悲喜舍""自利利他""自觉觉人",以"救苦救难"为己任,

---

① 林红梅.生态伦理学概论 [M].北京:中央编译出版社,2008:182.

把"无我"作为最高理想。佛教教徒旗帜鲜明地主张平等观念，反对种姓制度和等级观念，认为人所出生时的阶层属性并不能决定其身份的高低贵贱，"众生平等"提倡不问身份和出身，主张人人平等，人人皆可以通过修行最终成为贤人。《别译杂阿含经》云："不应问生处，宜问其所行，微木能生火，卑贱生贤达。"

佛教认为，现实世界不是孤立存在的，而是相互依存、相互联系的。① 佛教生命伦理的核心是众生平等和生命轮回，主张将"众生平等"从现实世界扩展到自然界。从这一层面来看，"佛教的'众生平等'思想是一种最彻底的平等观，一种终极意义上的平等观"②。这与生态伦理所主张的，把道德关怀扩展到自然界、用道德规范调节人与自然关系有着共同之处。生态伦理从道德的角度确证了人对自然界和对自然存在物的道德义务和关怀，彰显着人与自然万物拥有相同道德地位的伦理价值，"这种实践指向必然生成一种新型的充分体现平等主义伦理精神的道德态度、道德责任和行为方式"③，为解决生态环境问题、推动中国生态文明建设提供一种新的思路。

进入新时代，生态文明建设应将平等的概念拓展到自然中，不仅要认识到人的价值，而且要认识到自然的内在价值，给予自然应有的生态关怀。从人与自然之间的道德伦理关系出发，引导全社会形成人与自然和谐共生的生态价值观，促进人与自然的共存共荣、人与社会的协调发展、环境与社会的良性互动。承认自然与人类的平等关系，给予自然平等的道德尊重和关怀，这种平等关系体现出的伦理精神就是习近平所提出的"尊重自然、顺应自然、保护自然"。尊重自然就要像爱护自己一样爱护自然界的一切生命实体，用道德关怀去改善人与生命和自然的关系。顺应自然意味着生态文明建设要遵循生态系统的内部演化规律，促进人的生产生活融入生态系统的良性循环中，维护好人与生态系统之间的物质、能量和信息交换。保护自然则是将人的活动限制在生态环境的承载范围内，保证生态环境的自我调节和修复能力。

二、西方生态学马克思主义对生态文明的理论探索

1962 年《寂静的春天》问世，向人们展现了滥用化学农药的后果，促使西

---

① 陈金清.生态文明理论与实践研究 [M].北京：人民出版社，2016：120.
② 陈金清.生态文明理论与实践研究 [M].北京：人民出版社，2016：121.
③ 曹孟勤，姜赟.关于人与自然和谐共生方略的哲学思考 [J].中州学刊，2019（2）：92-97.

方学术界开始将目光投向自然环境。1972 年，罗马俱乐部发表了《增长的极限》和《人类处在转折点》，引起了全世界对生态问题的关注。① 20 世纪以来，诸如资源枯竭、环境恶化、气候变化、温室效应等各种问题愈演愈烈，绿色危机成为世界各国、各民族面临最大的威胁。自然对于人类的不可抗拒的巨大形塑力量，使人类再也不能对人与自然之间的冲突漠然置之了。人类正面临生存发展危机，破解生态危机需要立足全球视野来考量，借鉴人类文明历史上的理论和文化资源，共同应对人类面对的环境问题。西方生态学马克思主义产生于20 世纪 60 年代，是国外马克思主义的主要流派之一，1979 年，本·阿格尔在《西方马克思主义概论》一书中提出"生态学马克思主义"。安德烈·高兹、威廉·莱易斯、戴维·佩珀等诸多生态学马克思主义学者，试图将现代生态学理论引入马克思主义研究，通过分析资本主义社会的环境问题，寻求生态危机破解之道。总体而言，生态学马克思主义对生态文明的探索，对中国生态建设具有重要的理论借鉴意义。

（一）生态学马克思主义的生态危机观

资本主义制度与生态危机的内在联系是生态学马克思主义生态危机观的基本主线。1976 年，莱斯在《满足的限度》中阐述了生态危机与马克思主义的联系，试图通过调整人与自然的关系来解决生态环境问题。本·阿格尔发展了莱易斯的思想，构建了资本主义的生态危机理论。根据生态学马克思主义的理解，资本主义制度及其生产方式是生态危机产生的根本原因，从根本上消除生态危机，就需要以生态社会主义社会取代资本主义社会。

首先，资本主义生产的扩张本性和逐利本性势必引发生态危机。科学技术的进步促使资本主义生产能力飞速发展，但是对人类的生存环境造成了严重破坏。技术的飞跃确实使人改造自然的手段发生了质的变化，但是人类影响环境系统的方式也更加多样化，他们不断向自然环境索取生活资料，开拓生存空间，改造生存环境。人类怀着对自然科学的无限信赖及自己对自然的强烈控制来获取自己的"生产结果"，价值理性黯然失色，工具理性高歌猛进。法兰克福学派的理论家马尔库塞看到了现代社会的技术异化，并对此进行了强烈的批判：在发达工业社会，掌握科学技术的工业社会是为了更有效地统治人和自然②，生产力在更大规模上的发展扩大了对自然的征服，最终使人彻底沦为技术的附庸。

---

① 刘希刚，徐民华. 马克思主义生态文明思想及其历史发展研究［M］. 北京：人民出版社，2017：166.

② 赫伯特·马尔库塞. 单向度的人：发达工业社会意识形态研究［M］. 刘继，译. 上海：上海译文出版社，2008：15.

因此，马克思认为，在他所处的时代，似乎每一种事物都隐含着自己的反面：机器在提高效率和减少劳动的同时引起了饥饿和过度疲劳；技术的胜利是以道德败坏为代价的；人类对自然的控制越多，它就越成为其他人或者他们自己卑鄙行为的奴隶。生态学马克思主义者认为，在资本主义条件下，生产社会化与生产资料私有制之间的矛盾日益严重，矛盾激化到一定程度将不可避免地导致经济危机。随着资本积累、再生产扩大，经济领域的矛盾必然会扩展到人与自然关系中，生态危机也将不可避免。莱易斯基于社会批判理论的视角，从"控制自然"的概念维度探讨了生态危机的根源。他认为，环境问题背后隐含着深刻的思想根源，在资本主义条件下，根植于资本主义经济社会的"控制自然"观念是造成生态环境问题的主要原因。①

在资本主义制度下，生产的目的是满足资本对利润的追求。在奥康纳看来，资本主义为提高剩余价值而扩大生产，生产规模扩大对资源的需求也不断增长，促使资本主义积累与自然的矛盾尖锐化。② 因此，奥康纳提出，要扩大资本主义生产条件，这样一来，生态环境问题就会纳入生产视野。福斯特探讨了资本主义生产的目的和模式，他指出，为了维系资本统治的合法性，资本主义并不会根据生态原则追求利润，资本的逐利性和反生态性，导致人类社会与自然之间的物质转换过程中断。由此，本·阿格尔强调，由资本主义高生产和高消费而导致的生态危机，将会严重威胁整个人类自身的生存。事实上，在人类与自然环境的关系中，人类创造环境，环境也塑造了人类。因为自然界是无法进行自我扩张的，人的劳动活动改变着自然，自然本身在人的作用下也在改变和重构自己。③ 卡逊曾说过，人对环境的污染很大程度上是不可恢复的，当污染扩散到全世界，人类将无法逃脱。过度强化人的生存斗争意识，使人对自然的干预超越了自然对人内在的约束和控制机制，最终只会招致意想不到的环境恶果。

其次，资本主义的异化消费促使经济危机转变成生态危机。本·阿格尔认为，当代资本主义社会，经济危机已经转移到消费领域，"即生态危机取代了经济危机"④。从本质上看，以追求利润和扩大生产、促进过度生产和过度消费来

---

① 郇庆治. 从批判理论到生态马克思主义：对马尔库塞、莱斯和阿格尔的分析 [J]. 江西师范大学学报（哲学社会科学版），2014（3）：42-50.

② 何畏. 资本主义生态批判与资本批判的统一何以可能？——奥康纳生态学马克思主义思想研究 [J]. 南京政治学院学报，2017（2）：9-13.

③ 詹姆斯·奥康纳. 自然的理由 [M]. 唐正东，臧俩洪，译. 南京：南京大学出版社，2003：63.

④ 本·阿格尔. 西方马克思主义概论 [M]. 慎之，译. 北京：中国人民大学出版社，1991：17.

维持资本合法性为基础的资本积累是导致生态危机的最终原因。但是，在资本主义社会中，生态危机与资本主义社会的异化消费紧密相关。当代资本主义以维持其统治的合法性和追求利润为目的，总是倾向于扩大生产规模，这就需要不断扩大消费。资本主义通过控制科学技术使之服务于商品生产，为了加强对无产阶级的政治控制，利用大众媒体不断创造"虚假需求"，在全社会宣扬消费主义文化的价值观和生活方式，不断提供各种奢侈品，刺激和引导无产阶级对奢侈品的消费，导致消费主义盛行。然而，这种消费是一种病态的奢侈品消费，是由资本创造的服务于追求利润的"虚假需求"。为了解释和解决这种病态的消费行为，生态学马克思主义者根据马克思的异化劳动理论构建了异化消费理论的概念，并试图通过分析资本主义的异化消费，探究生态危机的原因。

在本·阿格尔看来，异化消费就是"人们努力获取商品以补偿其乏味、无创造性、低报酬的劳动"①。异化消费的盛行是资本追求利润的必然结果，人们对商品的无止境追求和消费，形成了对商品消费的"虚假"意识和预期。"社会变革的驱动力植根于人类需求与商品之间的相互作用，这是由一个有限的生态系统所决定的。"② 人类需求的无限性与生态系统的有限性之间的矛盾导致了人与自然矛盾突出，最终造成了全球性的生态危机。因此，本·阿格尔认为，揭示资本主义生态危机，我们必须分析生产、消费、人类需求、商品和环境之间的关系。本·阿格尔根据马克思《1844 年经济学哲学手稿》，提出重建需求和危机理论是解决生态危机，实现"人的解放"的关键。在创造性的、非异化的劳动而不是在追求商品消费活动中获得满足，通过理顺需要、商品、满足和幸福之间的关系，最终确定"人的满足最终在于生产活动而不在于消费活动"③。

另一位生态学马克思主义学者休斯，他分析了"需要"和"欲望"的区别，提出人的真正"需要"是为了特定的必要的物品，而"欲望"是人们试图得到某些需求之外的意向性物品的心理状态。由此可见，就其自身内涵而言，"需要"与"欲望"有本质区别。休斯在详细研究了马克思的需要概念后，指出人的真实需要与欲望之间没有直接的联系。在马克思的理论视野中，动物的本能需要主要是为了满足人自身存在的需要，而人的需要具有社会性、丰富性

---

① 本·阿格尔. 西方马克思主义概论 [M]. 慎之，译. 北京：中国人民大学出版社，1991：494.

② 本·阿格尔. 西方马克思主义概论 [M]. 慎之，译. 北京：中国人民大学出版社，1991：486.

③ 本·阿格尔. 西方马克思主义概论 [M]. 慎之，译. 北京：中国人民大学出版社，1991：475.

和多样性的特征，不仅包括保持生命的生存需要，还包括不断发展的精神需要。① 然而，在资本主义制度下，"人的需要"被简化为动物对身体生存的需要，而不是人类充分发展的生存需要。②

最后，生态学马克思主义把全球生态危机看作是资本主义生产方式及其全球化的结果。现代以来，人为工程的推进一直是以对自然的侵入和劫掠为代价的，自然在这一过程中不可逆转地被人化和社会化了，人类对自然的劫掠越甚，自然对人的抗拒也越强。人类历史进入 20 世纪末，全球生态退化和环境衰竭使世界各国、各民族都无一例外地感受到自我安全面临最大的威胁——绿色威胁。马克思主义对资本主义危机的分析主要集中在生产领域，马克思认为，资本主义的基本矛盾随着资本积累和扩大再生产而发展，矛盾不断激化必然导致经济危机。③ 随着全球化日渐深入，资本主义呈现出进一步在全球发展的态势，这样一来，发达工业国家的环境后果也随之转嫁到发展中国家。为了从根本上解决或减轻本国或本地区的环境污染，发达国家利用其垄断的资金和技术优势以跨国公司为载体，通过直接投资、转让技术等在其他国家设立子公司或者入股当地企业成立中外合资企业，将那些淘汰的工艺和技术、落后的设备、对环境危害严重的产业和工程项目等转移到西北地区，或者直接向发展中国家出口"资源型废弃物"。

全球化是资本主义发展的新阶段。20 世纪 90 年代以来，随着资本主义的全球化，西方发达资本主义国家的生态危机，演变为全球性的生态危机。生态学马克思主义分析了资本主义生产方式的掠夺和扩张本质，他们认为，全球化背景下的生态危机也是全球性的。因而，生态学马克思主义者将批判的矛头转向了资本主义制度。福斯特通过分析资本的内在本质和资本主义生产方式的特点，揭示了资本主义制度下生态危机的必然性，在他看来，资本在追求利润的过程中，会以破坏环境为代价追求经济增长。福斯特指出，"在目前的体制下，如果不发生全球性的生态灾难，工业产业不可能翻一番。事实上，我们已经超过了一定的生态极限"④。马克思主义认为，资本主义的经济危机不仅对生产力造成

---

① 王雨辰. 生态学马克思主义与后发国家生态文明理论研究 [M]. 北京：人民出版社，2017：35.

② 乔纳森·休斯. 生态与历史唯物主义 [M]. 张晓琼，侯晓滨，译. 南京：江苏人民出版社，2011：259.

③ 王雨辰. 生态政治哲学何以可能？——论西方生态学马克思主义的生态政治哲学 [J]. 哲学研究，2007（11）：24-30.

④ 约翰·贝拉米·福斯特. 生态危机与资本主义 [M]. 耿建新，宋兴无，译. 上海：上海译文出版社，2006：38.

了严重损害，造成社会财富的巨大浪费，而且加剧了无产阶级和资产阶级之间的各种社会矛盾。奥康纳认为，马克思所揭示的两对基本矛盾仍然没有触及生态危机的核心问题，他根据马克思的理论逻辑，将生产条件与资本主义生产之间的矛盾视为资本主义社会的"第二矛盾"，为提出一种改良的生态社会主义作了理论铺垫。

（二）生态学马克思主义的生态社会主义观

在生态学马克思主义的理论视域中，生态危机实质上是资本主义现代性危机的表现。它发轫于西方社会现代性，标示了一种前所未有的社会进程，"不仅预示了形形色色宏伟的解放景观，带有不断自我纠正和扩张的伟大许诺，而且包含着各种毁灭的可能性：暴力、侵略、战争和种族灭绝"[1]，这些内在悖论和矛盾使西方现代性伊始就带着对抗性和野蛮主义。人与自然抗争的意念根植于西方思想和理论内核中，在这种意念的主导下，人的主体性逐渐觉醒，人的自然天性不断被张扬，但人类主体性的觉醒并没有对促进人与自然的和谐发挥积极作用。相反地，过于膨胀的主体性意识导致了人在自然中的狂妄自大，加深了人与自然关系的紧张和对立，最终促使人与自然的冲突陷入无可挽回的境遇。全球化的深入发展和社会的激烈剧变进一步推动了对现代性的深刻反省，提醒人们重新正视和反思现代性的复杂性及其中的问题和隐患。生态学马克思主义不仅从生态学角度对当代资本主义进行批判，而且描绘了未来生态社会主义的愿景。

生态社会主义继承了马克思关于未来社会的构想，试图将社会主义与生态运动结合起来，建立一种新的社会制度。从生产目的来看，在生态社会主义中，生产的目的是促使交换价值从属于使用价值，经济增长不再是单纯满足资本追求利润的需要，而是合理的、有计划的、人人平等的发展。因而，也是有益于生态的。从生产方式看，生态社会主义强调"分散化"和"非官僚化"，生产过程一方面要注重使用小规模的生态技术，另一方面，生态学马克思主义强调，在生态社会中，生产过程中要体现民主化，"吸纳工人参与决策和生产管理，激发劳动者的劳动积极性和创造性"[2]，使人们将劳动活动作为自我价值实现的源泉。生态马克思主义者还从人与自然关系、经济发展方式、社会生活方式等方面，详细阐释了未来生态社会主义的特征，更加丰富和发展了马克思主义生态

---

① 艾森斯塔特. 反思现代性 [M]. 旷新年，王爱松，译. 北京：生活·读书·新知三联书店，2006：67.

② 王雨辰. 论生态学马克思主义与我国的生态文明理论研究 [J]. 马克思主义研究，2011（3）：76-82.

思想。

在人与自然的关系方面，生态学马克思主义认为，在生态社会主义中，人与自然将处于一种新的和谐关系，从而达到马克思所说的自然主义与人文主义的高度统一。福斯特认为劳动工具表征着人同环境的协同进化。马克思和恩格斯的人与自然协同进化理论使我们认识到：人类不是完全根据他们的选择来改变他们的环境，而是在自然历史所提供的条件的基础上来改变他们的环境。① 在这里，福斯特阐明了他对社会与自然关系的理解和主张。他认为，马克思对人类和自然之间新陈代谢的讨论，既有特定的生态意义，也有广泛的社会意义。② 戴维·佩珀认为，"自然—社会的辩证法认为，当人类通过生产改变自然时，也改变人类，自然即他们自己"③。人类社会既要依赖于生产力的发展，同时又要依赖自然环境的制约。如果我们想要改变社会及自然和社会之间的关系，不仅要寻求人们思想的改变，而且要在他们的物质和经济生活中寻求变革，直到人们得到充分的物质保障时，人们才会创造一个生态健康的社会。奥康纳则把生态学马克思主义视为从生态角度来考察资本主义社会以及未来社会特征的新理论，把生态社会主义视为新的社会历史实践。奥康纳在肯定自然自主性和人的能动性的同时，也看到了自然本身的改变，他认为，"自然、生产劳动、文化是一个相互关联、协同发展的整体，人自身的力量与自然本身的力量是相互作用、协同发展的，在社会历史发展过程中，自然和文化因素起着非常重要的作用"④。因此，资本主义的各种产业和政治结构在空间分布上的不平衡状态与生态危机存在着内在的关联，劳动作为自然和文化之间的媒介，与二者是三位一体的。生态危机不能仅从资本维度上加以审视，还要看到国家（社会）与生态危机之间的内在联系。⑤

在经济发展模式方面，生态学马克思主义主张建立市场与计划相结合的"混合型"经济形式，注重产品分配和资源合理利用。在这种构想基础上，高兹

① 约翰·贝拉米·福斯特. 马克思的生态学——唯物主义和自然 ［M］. 刘仁胜，肖峰，译. 北京：高等教育出版社，2006：229.

② 约翰·贝拉米·福斯特. 马克思的生态学——唯物主义和自然 ［M］. 刘仁胜，肖峰，译. 北京：高等教育出版社，2006：175-176.

③ 戴维·佩珀. 生态社会主义：从深生态学到社会正义 ［M］. 刘颖，译. 济南：山东大学出版社，2005：160.

④ 陈红兵. 奥康纳生态学马克思主义与生态文化建设 ［J］. 深圳大学学报（人文社会科学版），2007（3）：127-132.

⑤ 詹姆斯·奥康纳. 自然的理由 ［M］. 唐正东，臧佩洪，译. 南京：南京大学出版社，2003：5-8.

提出了生态社会主义现代化的理论命题。他认为，在资本主义条件下，"经济理性"与"生态理性"相互矛盾，生态重建是解决这一矛盾的关键。在高兹眼中，发达工业社会是一个典型的消费社会，从而造就了异化消费这种新的异化形式，异化消费使人与自然关系扭曲，导致资源严重浪费、环境严重污染。他把消费与社会制度、社会文化、社会分层和不平等联系起来，探讨消费与环境危机的关系，提出消费是社会等级的一种表现方式，"对平等的追求是消费需求、不满和社会竞争的持续升级背后隐藏的动力"①，社会的不平等永远得不到解决。环境问题不仅仅是人类中心主义引起的，而且是人主宰人和人剥削人的社会制度的产物。在阐明了生产、消费、人的需求和环境之间的关系后，高兹提出了自己的社会构想，试图通过建立新的社会主义制度来实现人与自然的彻底解放。在高兹眼中，生态社会主义是一个真正实现人与自我、社会、自然和历史性统一的社会，人不是在消费中而是在对社会有用的生产活动中实现自己的价值，通过摆脱异化消费和唯利润性生产来消除生态危机。

总体而言，生态学马克思主义认为，当前的资本主义民主只是一种形式上的民主，生态社会主义社会应该实行一种新型的民主政治制度，以促进经济、政治和生态统一的实现。生态学马克思主义试图改变当代资本主义社会建立在高生产、高消费基础上的生存方式，通过替代的社会政策，创造新的满足方式，最终建立一个"较易于生存的生态社会"和一种"能够充分保证社会公正和民主权利"的经济制度。生态社会主义社会倡导经济发展要遵循生态理性，实现经济和自然、社会和自然的和谐发展，主张建立"以人与自然和谐统一为基础，以人的全面自由发展为目标"的新的社会文化和生活范式。然而，生态社会主义者对未来社会的构想不可避免地带有乌托邦性。

（三）生态学马克思主义的生态政治观

生态政治哲学是生态学马克思主义的理论成果，其核心课题是如何协调人类社会与保护自然之间的关系，以保障人类社会的可持续发展。生态学马克思主义通过分析当代西方生态危机的社会制度根源，明确提出了资本主义制度在本质上的反生态性，强调把社会结构的变革与价值观的变革结合起来，试图构建生态政治哲学所强调的社会制度和社会结构的价值基础。

生态学马克思主义理论家在分析西方环境主义和生态政治理论缺陷的基础上，提出了自己的生态政治战略。环境主义者把生态危机的根源归结为人口的过度增长，在商品生产中，生态环境不计入生产成本，导致人们对环境的忽视，

---

① GORZ A. Ecology as Politics ［M］. Boston：South End Press，1980：33.

人口的过度增长导致环境危机。因此，环境主义认为，解决当代生态危机，需要把环境转化为商品和生产成本，通过技术进步推进经济增长。生态学马克思主义认为，环境主义的生态危机理论与实际不符，主要表现在三个方面：第一，人口爆炸普遍出现在第三世界的发展中国家，但是全球性生态环境问题主要由发达工业国引起，环境破坏的后果更多地由发展中国家承担。因此，当代生态危机的真正根源在于以资本为基础的全球经济关系和权力关系。第二，环境主义提出技术进步是解决生态危机的有效途径，但在生态学马克思主义看来，脱离一定的社会结构及其价值观，抽象地谈论技术运用的后果毫无意义。在资本主义社会，"资本主义高度重视谋利及与此相随的效率、物欲、经济增长等价值观，并进而激发技术服务于这些价值观，甚至不惜毁损地球"①。因此，资本的逐利本性决定了技术的运用不可能按照生态原则进行，而只能沦为资本追求经济无限增长和利润无限扩大的工具。第三，环境主义提出按照市场原则运用生态环境根本无法实现。因为生态环境既具有外在价值，又具有内在价值，这种内在的价值是无法用市场价格来衡量的，"把环境质量问题归属于无所不包的经济核算问题，将成为陷阱的牺牲品。按照这种思路，结果是完全把自然的一切置于为了满足人的需要的纯粹对象的地位"②。诚然，环境主义的危机破解之道"只能在短期内缓解问题，但最终会破坏生活条件和生产条件，加剧人与自然之间的矛盾"③。

事实上，生态危机主要反映的是隐藏在人与自然关系背后人与人之间的利益关系。虽然生态价值观可以在一定程度上缓解生态危机，但解决生态危机要从根本上改变不合理的社会制度和生产方式。同时，要树立正确的需求观、消费观、劳动观、幸福观，使人们摆脱资本主义制度所造成的异化消费。生态运动与社会主义运动的有机结合，使生态运动成为一场激进的社会运动。生态学马克思主义理论家提出，我们必须克服只注重分析社会与自然关系，而忽视社会生产与社会权力关系对生态危机的影响。生态环境问题根源于"社会支配"，本质上是一个社会政治问题。④　因此，生态学马克思主义认为，虽然生态主义所

---

① 丹尼尔·A·科尔曼. 生态政治：建设一个绿色社会 [M]. 梅俊杰，译. 上海：上海译文出版社，2002：32.

② 威廉·莱斯. 自然的控制 [M]. 岳长龄，李建华，译. 重庆：重庆出版社，1993：3.

③ 约翰·贝拉米·福斯特. 生态危机与资本主义 [M]. 耿建新，宋兴无，译. 上海：上海译文出版社，2006：25.

④ 戴斯·贾丁斯. 环境伦理学 [M]. 林官明，杨爱民，译. 北京：北京大学出版社，2002：274-288.

倡导的生态自治对缓解当代生态危机具有一定的价值，但从根本上解决当代生态危机是不可能的。只有抓住生态问题的阶级根源，使生态运动实现保护劳动者生存权与保护生态的有机统一，才能从根本上解决生态问题。① 福斯特强调，应当摒弃资本主义制度以"支配自然"为核心的道德价值观，建立一种新的生态道德价值，实现人与自然的和谐发展。

第四节　新时代生态文明的基本内涵

生态文明涵盖了人与人之间的社会关系和人与自然之间的生态关系，是实现人类社会可持续发展所必然要求的社会进步状态。生态文明的出发点是要使人类摆脱资源环境生态危机，"解决经济社会发展与资源环境之间的矛盾，解构人与自然、社会之间的矛盾，追求人与自然、人与社会的和谐关系，最终实现自然解放、社会解放、人的解放的统一，实现对工业文明之物质性、个体性、自我中心性、排他性和非生态性的超越"②。党的十八大以来，习近平以努力走向社会主义生态文明新时代为分水岭，使生态文明建设的理论与实践呈现出阶段性与整体性的有机统一，使社会主义生态文明发生了由思潮到社会形态的根本性转变，昭示一个生态文明社会的全面到来。③ 进入新时代，生态环境在群众生活幸福指数中的地位不断凸显，生态问题与经济、社会、民生紧密结合起来。新时代生态文明不仅强调人与自然和谐共生，也更加注重人、自然、社会三者的协调发展，"人—自然—社会"和谐共生是新时代生态文明的核心要义。

一、人、自然、社会协调共进的核心理念

生态文明是人类文明发展的新形态，既表征着人与自然关系的进步状态，也反映了一个社会的文明状态。生态文明作为一种相对于工业文明的绿色转型范式，其伦理价值基础不是工业文明的功利主义，而是对自然和人的尊重。中国特色社会主义进入新时代，人和自然关系也将随之进入协调发展的新时代。人民群众对良好生态产品的需求越来越迫切，新时代生态文明的核心是处理好

①　詹姆斯·奥康纳. 自然的理由 [M]. 唐正东，臧佩法，译. 南京：南京大学出版社，2003：157.

②　杜明娥. 试论生态文明与现代化的耦合关系 [J]. 马克思主义与现实，2012（1）：181-186.

③　黄承梁. 新时代生态文明建设思想概论 [M]. 北京：人民出版社，2018：17-18.

人、自然和社会三者的关系。

人类社会的发展是人、自然和社会三者共同作用的结果，人类社会历史的发展也是三者相互融合、相互促进的过程。在马克思主义视野中，社会应是人与自然的完整统一，"社会是人同自然界的本质的统一"①。人与自然的和谐共生、人与人之间的和谐共处是生态文明的核心理念。自然界是人类赖以生存和发展的外部条件，人与自然的关系反映着人类文明的进步程度。自然是人类生存发展的物质前提、财富基础以及精神源泉。马克思早在 1884 年就明确指出："人是自然存在物""没有自然界，没有感性的外部世界，我们就什么也不能创造。"② 习近平在谈到生态文明时多次指出，人因自然而生，人与自然深度交融、相互依存。人类社会的发展是在人类认识、利用、改造和适应自然的过程中不断演进的，在社会发展过程中，人与自然的和谐是实现社会经济持续、稳定、协调发展的基本原则和根本保证，也是人类活动的共同价值选择。人与自然的关系首先是一种"实践的即以活动为基础的关系"，如同任何动物一样，人首先要通过积极地劳动来获取自然物以满足自身需要。与动物不同的是，"人是能够意识到自己主体性的主体"，人通过劳动使自然物发生形式变化，从而满足自身需求。正如马克思所说，人与自然的关系既存在着理论上的关系，也存在着实践上的关系。但是，无论人类的生产能力有多大，人都是现成地利用自然资源，从自然中猎取食物、获取资源、摄取能量，以满足自身生存需求。人类文明的发展就是一部人与自然的关系史，其发展与变化折射和反映着人类文明的更替和变迁。实践证明，环境问题的产生和加剧，与传统的经济发展模式和发展战略密切相关，环境问题的根源来自近代以来工业文明自身的缺陷。从本质上说，人本身就是自然的一分子，人作为自然存在物，在自然面前既有能动性也有受动性。工业文明充分展现了人在自然界中的主体地位和能动作用，但从根本上忽视了人的受动性，从而造成人与自然的冲突与对立。

无论是当今世界还是今日中国，生态危机愈演愈烈，资源枯竭、不断增长的人口压力和日益恶化的环境质量，促使人与自然、环境与社会的冲突频发。环境问题已经成为威胁人类社会发展的直接或潜在因素，生态文明成为破解环境问题的必然选择，实现人、自然、社会的全面和谐协调，是新时代生态文明的核心要义。从人与人之间的关系来说，"人与自然的关系直接表现为人与人的

① 中共中央马克思恩格斯列宁斯大林著作编译局．马克思恩格斯全集（第42卷）[M]．北京：人民出版社，1979：122．

② 中共中央马克思恩格斯列宁斯大林著作编译局．马克思恩格斯选集（第1卷）[M]．北京：人民出版社，2012：52．

关系，人与人的关系则又表现为人与自然的关系，人与自然之间是一种相互制约的关系"①。进入新时代，生态文明不仅仅局限于正确处理好人与自然、人与人的关系问题，更要注重人、自然、社会三者之间的良性互动。新时代生态文明建设强调人与自然、人与人、人与社会的和谐共生、良性循环、共同繁荣，注重共生意识的培养，这种共生意识已经不再局限于人与自然、人与人之间的共生，而是"人—自然—社会"之间的共生。从自然与社会的关系来说，社会是自然发展的重要作用因素，社会是人同自然界的本质的统一，是人与自然、人与人之间关系互构的结果。"只有在社会中，自然界对人来说才是人与人联系的纽带，……才是人的现实的生活要素。"②

新时代生态文明是在新的历史条件下，追求人与自然的共存共荣、人与社会的和谐发展、环境与社会的良性互动，实现生产发展、生活富裕、生态良好协调发展。"生产、生活、生态在时间和空间上的同步共赢，是新时代生态文明建设的基本途径和实践准则"③，其实质是在促进社会发展的过程中，追求人与自然、人与人、人与社会的和谐发展，"重构或转向一种人与自然、社会与自然和谐共生的新型经济、政治、社会和文化"④。

二、满足人民的美好生活需要的价值旨归

从价值论的角度看，一切理论都具有特定的价值归属和意义建构。"以人民为中心"是马克思主义的基本价值诉求，"人的发展是马克思主义总体性的也是根本性的价值取向，是马克思主义价值诉求最集中、最简洁的表达"⑤。党的十八大以来，习近平在各个场合，比如民主生活会、思想工作会议、文艺座谈会、食品安全会、新闻舆论工作座谈会、网络安全和信息化工作座谈会上等，都谈到"以人民为中心"的思想，十九大报告中更是四次提到"以人民为中心"。以人民为中心归根结底是以人民群众的根本利益为中心，站在人民的立场、顺

---

① 中共中央马克思恩格斯列宁斯大林著作编译局．马克思恩格斯全集（第42卷）[M]．北京：人民出版社，1979：119．

② 中共中央马克思恩格斯列宁斯大林著作编译局．马克思恩格斯选集（第3卷）[M]．北京：人民出版社，2012：358．

③ 闫坤，陈秋红．新时代生态文明建设：学理探讨、理论创新与实现路径 [J]．财贸经济，2018（11）：5-20．

④ 郇庆治．生态文明概念的四重意蕴：一种术语学阐释 [J]．江汉论坛，2014（11）：5-10．

⑤ 姜强强，张晓东．以人民为中心：习近平新时代中国特色社会主义思想的价值核心 [J]．江西社会科学，2018（12）：180-188．

应人民的期盼、满足人民的需求。① 习近平多次强调，"人民对美好生活的向往，就是我们的奋斗目标"②，生态文明建设归根到底是充分发挥人民群众的主体作用，实现人民群众对美好生活的诉求，回应人民的期盼，从而增强人民群众的认同感、获得感、幸福感。

党的十八大以来，中国经济和社会发展取得了巨大成就，人民群众不但要求更丰富的物质文化生活，而且追求美好的精神生活和享受。中国特色社会主义进入新时代，"包含生态环境问题在内的发展不平衡不充分成为满足人民日益增长的美好生活需要的重要制约因素"③。从这个意义上说，生态文明建设的关键是以生态环境质量提升为核心，解决生态环境供需矛盾，不断创造良好的生态环境，满足人民群众对美好生活的新要求。

生态良好是美好生活的重要元素，优美和谐的生态环境是美好生活的物质基础，人与自然是同呼吸共命运的生命共同体，自然始终是人类的物质基础。马克思曾在《1844 年经济学哲学手稿》中详细论述了人与自然共存共生的问题，他指出人依赖自然界主要表现为两个方面：一是自然界既为人类提供了维持生命的生活资料，也提供了生存发展的劳动资料。自然界是人的劳动对象和劳动资料，是"人生命活动的材料、对象和工具"。人一方面从自然中得到了现成的物质条件，另一方面也创造出了人类得以生存的物质环境。按照马克思的阐释，人与自然之间是互为一体的，"人直接的就是自然存在物"。二是自然界是人类生存的外部环境。气候条件、地质条件、地理条件、水文条件都是自然界的外部表征，人的劳动活动与这些外部环境密切相关，一旦丧失这些必需的自然界存在物，人的劳动就无法进行。

同时，人的需要具有层次性、差异性和整体性。马克思认为，"人以其需要的无限性和广泛性区别于其他一切动物"④，在任何情况下，人都是从自身出发，从人与人之间不发生联系的意义上来说，"他们的需要即他们的本性"⑤。

---

① 王萍. 五四时期社团推动马克思主义大众化的经验与启示——基于马克思学说研究会的考察［J］. 青海民族大学学报（社会科学版），2019（3）：89-94.

② 习近平. 决胜全面建成小康社会 夺取新时代中国特色社会主义伟大胜利——在中国共产党第十九次全国代表大会上的报告［M］. 北京：人民出版社，2017：21.

③ 郇庆治. 生态文明及其建设理论的十大基础范畴［J］. 中国特色社会主义研究，2018（4）：16-26.

④ 中共中央马克思恩格斯列宁斯大林著作编译局. 马克思恩格斯全集（第49卷）［M］. 北京：人民出版社，1982：130.

⑤ 中共中央马克思恩格斯列宁斯大林著作编译局. 马克思恩格斯全集（第22卷）［M］. 北京：人民出版社，1965：16.

根据马克思的理解，人的需要是人本性的体现，有人存在需要就存在，不同的人有着不同的需要。随着生产力的社会历史的深入发展，人的需要不断得到满足，新的需要也随之产生。当前，美好生活的需要不仅包含了人的基本生存需要，更强调人的发展需要和享受需要。"人们对于生态环境质量的需要不再是均一的、固定的、唯一的"①，除了满足基本生存需要之外，表现更多的诉求是差异化的、个性化的和不断变化的。这种多元化、个性化和动态化的需求特征，促使生态文明建设不断提升环境质量改善能力和服务水平，从而满足人民群众美好生活多层次、多样化的生态需求。

从最基本的生态需要看，自然界是"人生命活动的材料、对象和工具"。人一方面从自然中得到了现成的物质条件，另一方面也创造出了人类得以生存的物质环境。因此，生态环境直接关系着人的生存发展，新时代生态文明建设要提高生态环境质量，满足人民群众最基本的生存发展需求。总的来说，就是要把着力点放在"治气、净水、护土"等方面，坚持"防治并重、全民共治"的原则，持续实施大气污染防治行动。从整体着眼，统一规划并运用节能减排、优化产业结构、推广清洁能源等综合手段形成组合拳，控制和减少污染物排放。

从高层次的生态需要看，生态环境不仅关系到人民群众的生活质量，也是人们的精神家园，给人们提供休憩、生活、享受的美好空间。进入新时代，生态文明建设要努力提供生态环境审美产品，培养和发展人们的生态审美意识，创建一种人与自然和谐共生的新型价值观念，使人们在科学价值观的引导下与自然协调发展、互惠互利。这种新型的生态价值观以环境承载能力为基础，倡导"回到自然、依赖自然、亲近自然"的生态文化，"促使人们按照美的规律构造自己的栖息地，在美化自然的同时，也提升人的内在审美意识"②，从而实现海德格尔所提出的"诗意地栖居"。

就生活的本质而言，生活即是生命生产的活动，是人生命活动的展开。马克思认为，"生产生活就是类生活，是生产生命的活动"。生命活动的产生离不开自然环境，自然环境是人的生活场域，现实的经济生活、政治生活、精神文化生活和社会活动等，离开了自然环境这个具体的界域，生活只能是虚化的。人类生活与生态环境不断相互影响。一方面，自然环境直接影响着人类的生活方式的选择及生存质量的优劣；另一方面，人类的生活方式也直接影响着自然

---

① 秋缬滢．以大数据运用促生态环境供给侧改革 [J]．环境保护，2016 (13)：9-10.
② 董济杰．《1844 年经济学哲学手稿》中的马克思主义生态美学思想解读 [J]．学术论坛，2016 (5)：21-24.

环境。"生态生活是人们现实生活的一个重要领域或内容"①，良好的生态生活是美好生活的保障。回顾中国的发展历程，理论和实践表明，影响和制约社会发展的突出问题就是人与自然的不和谐、不协调。美好生活是人与自然、社会和谐共生的生活，新时代生态文明建设要推动形成绿色健康文明的生活方式和消费观念，为新时代生态文明建设夯实思想基础。

生态环境问题归根结底是发展模式和生活方式问题，解决生态环境问题离不开人的生活方式的转变。自然生态环境是人类赖以生存的基础，个人根据自己的需要和目的，通过利用和改造自然环境的生产实践来创造生活，"毫无节制、大量废弃的生活方式导致对人的资源需求超越了生态系统自身的承载能力，造成环境污染或生态破坏"②。而个人都生活在一定的自然和社会环境中，破坏的生态环境反过来又影响人们的生活质量和健康。进入新时代，人的需求多样化，人们的消费行为已经不再是为了满足基本的物质生活需要，而是为了满足个人的发展需要和享受需要。因此，新时代生态文明建设需要转变生活方式和消费观念，建构一种新的绿色生活方式和消费观念，"摆脱以宣传媒介为依托的消费主义的诱惑，以更符合生态规则的方式来生活"③。通过开展绿色教育和绿色实践活动，提高人民群众参与生态文明建设的积极性，增强人们的生态道德意识，自觉抵制环境破坏行为和不合理的消费行为，形成一种环境友好、可持续发展的消费模式，从而实现经济、社会和生态环境效益的有机统一。

三、建设美丽社会主义现代化强国的目标追求

建设美丽中国既是生态文明建设的落脚点和归宿，也是社会主义的基本要求和现代化建设的基本目标。在党在十九大报告中，习近平明确指出，我们的现代化建设奋斗目标，即"建成富强民主文明和谐美丽的社会主义现代化强国"④。回顾历史，在党的十七大报告中，富强、民主、文明、和谐是社会主义现代化国家的重要表征。党的十八大明确提出，我们要大力推进生态文明建设，努力建设美丽中国。党的十九大报告更加丰富了社会主义现代化国家的内涵，

---

① 张三元. 论美好生活的价值逻辑与实践指引 [J]. 马克思主义研究, 2018 (5): 83-92.
② 闫坤, 陈秋红. 新时代生态文明建设：学理探讨、理论创新与实现路径 [J]. 财贸经济, 2018 (11): 5-20.
③ 蒋谨慎. 论生态学马克思主义的美好生活观及其当代价值 [J]. 广西社会科学, 2018 (7): 75-80.
④ 习近平. 决胜全面建成小康社会 夺取新时代中国特色社会主义伟大胜利——在中国共产党第十九次全国代表大会上的报告 [M]. 北京：人民出版社, 2017: 29.

首次将"美丽"纳入社会主义现代化建设的目标,提出"将中国建成富强民主文明和谐美丽的社会主义现代化强国"的科学论断。"美丽中国"成为社会主义现代化建设的重要目标,既是社会历史发展的必然趋势,也是生态文明不断推动的时代应然,展现出了生态文明建设在实现中华民族伟大复兴进程中的应有目标和发展动力。"美丽中国是绿色经济、和谐社会、幸福生活、健康生态的总称"①,建设美丽中国是新时代中国改善民生的时代要求,也是新时代生态文明追求的阶段性目标。

首先,生态环境优美宜居是"美丽社会主义现代化强国"的显著标志,"美丽中国外在表现为中国山清水秀、环境优美的环境美"②,即自然之美。自然环境之美是"美丽中国"最重要的外部表征,生态环境是人生存发展的物质基础,与人民群众的生活质量和幸福指数紧密相关。习近平曾多次强调,"良好生态环境是最公平的公共产品,是最普惠的民生福祉"③。当前,我国生态环境恶化的情况严重,针对生态环境现状,解决资源瓶颈制约和环境污染问题,从根本上改善环境质量,把中国建设成为生态环境良好的国家。"让人民群众能够呼吸到清新空气,喝上干净放心的水,吃上天然无污染的生态食品,共享自然之美。"④ 建设美丽社会主义现代化强国,既需要雄厚的经济实力,也需要良好的生态支撑。美丽中国不仅是一个经济发达、政治民主、文化先进、社会和谐的社会,而且是一个生态良好的社会。从这个意义上来说,自然美和可持续发展是美丽社会主义现代化强国的基地,没有良好的生态环境,没有充足的生态安全,个人也将陷入生存危机,更何谈物质享受、政治享受和精神享受。美丽社会主义强国既享有高度发达的物质文明,也氤氲着自然环境优美、生活空间舒适宜居的生产生活环境。由此,建设美丽社会主义现代化强国,发展市场经济是物质条件,民主法治是制度保障,先进文化是精神支撑,优美的生态环境是自然基础。

其次,建设美丽社会主义现代化强国,在本质上是对生态文明提出了更高的要求,也为新时代生态文明的进一步发展指明了方向。建设美丽社会主义现代化强国,关键在于"推进生态文明建设,把生态文明建设融入经济建设、政

---

① 迈向建设美丽中国新时代 [J]. 环境保护, 2012 (23): 2.

② 方大春. 美丽中国战略路径:建设生态文明 [J]. 当代经济管理, 2014 (7): 26-31.

③ 中共中央文献研究室. 习近平关于全面深化改革论述摘编 [M]. 北京:中央文献出版社, 2014: 98.

④ 秦书生. 习近平关于建设美丽中国的理论阐释与实践要求 [J]. 党的文献, 2018 (5): 28-35.

治建设、文化建设、社会建设各方面和全过程"①。进入新时代，生态文明要求实现人、自然、社会三者的和谐发展，其实质就是促进经济、社会、人口、资源和环境的协调发展。在自然界中，人既是生产者也是消费者，自然资源是人类生存发展不可或缺的物质条件和生命依托，但人的生存和人类社会的发展也受到自然资源的制约。人与自然是深度交融、和合共生的，美丽中国梦只有建立在环境优美的生态梦的基础上才能实现，这就需要人能够自觉充当维护自然稳定与和谐的调节者，在人类与自然环境的相互作用中，保持一种应有的道德维度和情怀，达到人与自然相互协调、相互平衡的和谐状态。

最后，良好生态环境是建设美丽社会主义现代化强国的基础。习近平提出，本世纪中叶，要把中国建成富强、民主、文明、和谐、美丽的社会主义现代化强国。和谐稳定的生态环境是建设社会主义现代化强国的首要条件，生态失衡、环境恶劣的社会必然不可能建设出富强、民主、文明、和谐、美丽的国家，更何谈建设社会主义现代化强国。马克思曾指出："自然是人的无机身体。人在自然中生活，没有外部自然界，工人就什么也创造不了。工人在自然界中展开劳动，生产自己和社会所需要的产品。"② 显然，自然首先是人生存的基础，没有自然界提供的物质材料，社会主义建设事业根本无从谈起。从这一层面上来说，建设社会主义现代化强国，我们首先要有良好的生态环境基础。"良好生态环境是最普惠的民生福祉"，没有良好的生态环境，人们的身体健康和生命安全得不到保障，势必引发社会问题，社会主义现代化强国的目标也将遥遥无期。因此，不论是从近期目标还是长远利益考量，稳定的自然环境是我们建设社会主义现代化强国的物质基础，有了稳定的生态系统，才能为建设社会主义现代化强国的一切实践活动提供良好的自然环境。

总而言之，生态文明建设关系人民福祉，关乎民族未来，既是决胜全面建成小康社会的重要内容，也是我国经济社会长远发展的一项重大任务。建设美丽中国，是关系党的使命宗旨的重大政治问题，也是关系民生的重大社会问题。党的十九大明确提出，到2035年美丽中国目标基本实现。"美丽社会主义现代强国"是生态文明建设的目标指向。从生态文明的角度看，建设"美丽中国"就是要实现生产发展、生态良好和生活富裕，使人们在良好生态环境中生产生活。

---

① 中共中央文献研究室. 习近平关于全面深化改革论述摘编［M］. 北京：中央文献出版社，2014：98.

② 马克思.1844 年经济学哲学手稿［M］. 北京：人民出版社，2000：53.

第三章

新时代生态文明与农村生态扶贫的学理分析

　　"三农"问题一直是我国经济发展的重点和难点问题。全面建成小康社会，农村建设是个关键环节。生态环境问题是影响决胜全面建成小康社会的重要因素，生态环境质量是衡量小康社会的重要指标。中国特色社会主义进入新时代，为生态文明建设赋予了新内涵，提出了新的目标要求。在十九大报告中，习近平立足新时代生态文明建设实际，从产业结构调整、生产生活方式转变、生态文明制度完善、生态环境治理、人类命运共同体构建等方面勾勒出了新时代生态文明的现实图景。保护好农村的生态环境是实现小康社会的重要手段，是提高农民生活质量的一个重要前提。然而，"城乡生态环境二元化"现象明显。发达地区将污染严重产业向欠发达地区转移，欠发达地区将城市区域污染严重产业向周边农村地区转移，这种污染转移无疑给欠发达地区尤其是欠发达地区农村生态文明建设构成更加严峻的挑战。① 新时代我国扶贫开发已经从以解决温饱为主要任务的阶段转入巩固温饱成果、加快脱贫致富、改善生态环境、提高发展能力、缩小发展差距的新阶段。因此，加强生态建设和环境保护，着力破解制约发展的瓶颈问题，就成为当前农村扶贫开发的关键。

第一节　中国特色社会主义生态文明思想：
农村生态扶贫的根本遵循

　　我国的贫困面主要集中在农村，解决农村贫困问题是我国农村工作的重中之重。改革开放以来，特别是十多年来，我国进行了大规模农村扶贫行动。通过有组织、有计划、大规模扶贫开发，使农村贫困状况得到极大缓解，取得了

---

　　① 李锡炎，罗振宇. 生态文明领导力研究：现代生态城市建设中选人用人制度创新的南部县探索［M］. 北京：人民出版社，2014：55.

举世瞩目的成就。据统计，1978 年我国农村贫困人口达 2.5 亿人，至 2006 年减少到 2148 万人；贫困发生率也不断下降，由 1978 年的 30.7% 降低到 2006 年的 2.3%。从本质上说，我国改革开放以来的全部历史，就是一个有十几亿人口的发展中大国摆脱贫困、加快实现现代化的过程。我国农村的扶贫开发对于促进发展、缓解贫困、全面建成小康社会发挥了积极作用，是中国特色社会主义建设事业的重要组成部分。① 党的十八大以来，习近平立足实现中华民族永续发展的战略高度，把生态文明作为统筹推进"五位一体"总布局的重要内容，把推动形成绿色发展方式和生活方式摆在更加突出的位置，为推动农村生态扶贫和实现人与自然和谐发展提供了强大思想指引、根本遵循和实践动力。

一、改善生态环境就是发展生产力：农村生态扶贫的基本理念

生产力是人类利用自然、改造自然、从自然界获取物质资料的能力，生产力范畴反映的是人与自然之间的物质变换关系。人类的历史首先是生产劳动的历史，生产力发展推动人类社会的发展。马克思和恩格斯从人类社会基本矛盾的运动出发，在考察了人类社会发展过程的基础上，阐释了生产力是人类社会发展的根本动力。在《〈政治经济学批判〉序言》中，马克思指出：生产力决定社会关系、社会制度和社会形态的变化，是社会发展的最终决定力量。马克思主义关于生产力是人类社会发展根本动力的观点，为未来社会的发展指明了方向。发展社会主义生产，不仅要满足人民的物质需要，而且还要创造良好生态环境，生产出符合人类本性多样化的生态产品，保证满足人民的生态需要。当前，中国农村扶贫开发进入"攻坚拔寨"阶段，立足于农村脱贫攻坚的实际，农村脱贫"应坚持发展与保护并重，把经济增长速度控制在生态环境承载范围内，实现经济效益、社会效益和生态效益同步提高"②。

自然本身就是生产力的构成要素。在《资本论》中，马克思将生产力分为"社会生产力"和"自然生产力"。他认为，"自然生产力就是劳动在自然界中发现的生产力，也表现在劳动的社会生产力上"③。实际上，无论是"社会生产力"还是"自然生产力"，都是"归于自然"的，劳动生产力本身就是一种自然力。从生产力的内部结构来看，生产力是由诸多因素决定的，不仅包括工人

---

① 赵立雄. 农村扶贫开发新探 [M]. 北京：人民出版社，2008：1.

② 李艳芳，曲建武. 习近平新时代中国特色社会主义生态文明建设思想探析 [J]. 广西社会科学，2017 (12)：12-17.

③ 中共中央马克思恩格斯列宁斯大林著作编译局. 马克思恩格斯全集（第26卷）[M]. 北京：人民出版社，1974：122.

的平均熟练程度、科学技术发展水平及其在工艺上的应用、生产资料的规模等，还包括自然条件。工业文明时代，生产力被视为人类征服自然、改造自然的能力，这种生产力观并没有将自然纳入生产力的视野，而是将自然视为一种外来的力量，作为人类征服和统治的对象。在这种片面的、狭隘的生产力观指导下，人类片面强调人类对自然的征服与改造作用，忽视了生态环境的生产力属性，严重割裂了人类与自然的辩证关系，对自然造成了严重破坏。由此可见，生产力不仅包含社会经济生产力，而且包含自然生态生产力，是社会生产力和自然生产力的有机统一。

生态环境为人类提供了生产力三大基本要素中的多种自然要素，如劳动资料中的土地、劳动对象中的矿藏和森林等，这些自然要素为"劳动者"提供了生存与发展的基础条件，构成了生产力中最重要的因素。由于生态环境是影响生产力结构、布局和规模的一个决定性因素，直接影响着生产力系统的运行和效益，因此对生态环境的建设能更好地提升生产力。生态系统是社会经济可持续发展的基础，这就要求在生产力的运行中，注意保护和改善生态环境。因此，农村脱贫致富要以生态为重点，在调整生产力的同时，充分考虑生态系统的容量。在基础设施建设中，协调安排有利于生态环境保护和改善的工程，完善农村环保设施。在促进农村经济发展中，充分注意发展生态绿色产业，防止由建设和开发活动引起的生态环境破坏。① 从这个意义上说，保护和改善生态环境就是农村生态扶贫的根本出发点。

从社会主义本质论出发，解放和发展社会生产力，最终目的是体现人民群众的根本利益，促进人的全面发展。这是中国共产党长期执政的基本方略，也是以习近平同志为核心的党中央重要的执政理念。② 中国共产党的历代领导人站在不同的历史时期，针对我国的现实国情，深刻把握社会历史发展规律，形成了发展先进生产力的一系列重要思想，有力地推动了我国经济社会的进步。③ 理论创新是创新发展理念的先导。改革开放40年来，我们在促进生产力发展实践中，一味地、单纯地追求经济增长速度和物质财富，"而对生产力的绿色属性没有引起足够的重视，致使资源问题、环境问题和生态问题越来越突出"④，催生

---

① 廖福霖. 生态文明建设理论与实践（第2版）[M]. 北京：中国林业出版社，2003：41.

② 中共中央文献研究室. 习近平关于全面建成小康社会论述摘编 [M]. 北京：中央文献出版社，2016：63.

③ 陶火生. 生态实践论 [M]. 北京：人民出版社，2012：267-268.

④ 黄承梁. 系统把握生态文明建设若干科学论断——学习习近平同志关于生态文明建设重要论述的哲学思考 [J]. 东岳论丛，2017，38（9）：12-17.

出科学发展观、可持续发展等新的发展理念。从根本上来说，生产力与生产关系背后隐藏着人与自然的关系。马克思认为，人类生存发展依赖自然界的物质资源，人类生存发展的生产生活资料都是从自然界获取。当今时代，环境的破坏和生态的加速退化已经对人类的生存发展构成了威胁，从这个意义上说，忽视生态环境保护的生产力并不是先进生产力。可持续发展要求改善生产和消费造成的环境污染和资源枯竭等社会问题，推行生态经济运行模式，改变以"高投入，高消耗，高污染"为特征的粗放式的经济增长模式，降低消耗、节约资源、减少废物、提高效率、增进效益，实现集约式的经济增长，真正把经济建设与生态建设结合起来，从而保证经济社会持续、稳定、协调发展。科学发展观强调将"以人为本"与全面、协调、可持续的发展统一起来，把人的生存质量及自然和人文环境的全面优化纳入社会发展的考量中，不仅充分保障了人民群众的经济、政治、文化和环境权益，而且凸显了善待自然、促进人与自然和谐相处的价值目标。

党的十八大以来，习近平立足我国基本国情，理性反思我国发展中遇到的实际问题，准确把握时代脉搏和经济社会发展阶段性特征，把资源环境作为社会发展的内在要素，深刻认识生态文明建设规律而形成绿色发展理念。2013 年 4 月，习近平在海南考察时提出，"保护生态环境就是保护生产力，改善生态环境就是发展生产力"[1]。这种生态生产力植根于生态文明，促进了经济社会和生态环境的空间优化，最终实现人与自然之间的和谐稳定和可持续发展。在习近平看来，生态环境就是生产力，这里所讲的生产力的实质就是绿色生产力，绿色生产力是一种可持续的生产力，不仅要求经济社会的发展，也强调生态环境的可持续发展。由此可见，习近平深刻认识到自然条件本身就是生产力的要素，提出了绿色生产力的概念，从解放和发展生产力扩展到保护生产力。发展生产力是社会主义发展的本质要求，是满足人民根本利益的根本动力，中国共产党始终代表先进生产力的发展方向。进入新时代，习近平关于保护生产环境与保护生产力关系的科学论断，极大地丰富和发展了马克思主义自然观，"深刻揭示了生态环境也具有生产力的属性"[2]，彰显着中国共产党在生态文明建设的实践探索中，始终遵循马克思主义生产力决定生产关系的哲学逻辑，始终坚持以生产力发展为导向。新时代，绿色发展就是维持生产力的可持续性发展，是保护和发展生产力的具体实现。新时代中国特色生态文明建设之路，就是实现"绿

---

① 习近平. 习近平谈治国理政（第 2 卷）[M]. 北京：外文出版社，2017：209.
② 黄承梁. 新时代生态文明建设思想概论 [M]. 北京：人民出版社，2018：42-43.

水青山就是金山银山"的绿色发展之路。①

习近平曾指出："良好生态环境是人民美好生活的重要组成部分，也是我们发展要实现的重要目标。"② 党执政为民的最终目标就是要不断满足人民群众对美好生活的需求，使人民群众过上幸福美好的生活。新时代，"人们对优质生态产品的需求越来越迫切，经济社会发展要顺应人民群众对生态良好环境的期待，创新绿色、低碳、循环的经济发展方式"③，促进经济发展与生态文明建设协调共进。生态生产力是人与自然高度和谐统一的体现，充分体现了人与自然进行物质和能量交换的过程，人类尊重自然、保护自然的生态意识和与自然和谐共处的能力。④ 生态扶贫正是从保护和改善农村生态环境出发，在推动农村脱贫致富的过程中促进生态文明建设，从而着力改善民生，使人民群众拥有更优质的水源、更清新的空气、更放心的食品、更舒适的居住条件、更优美的环境、更幸福的生活。⑤ 党的十九大报告指出，要坚持解放和发展社会主义生产力，不断提高人民生活水平，实现中华民族伟大复兴的中国梦。新时代，解放和发展生产力的重点是构建经济、社会、生态的全面协调可持续发展，最终将会实现全人类社会经济福祉以及生态福祉的最大化。

二、"绿水青山"就是"金山银山"：农村生态扶贫的根本原则⑥

进入新时代，习近平在继承中国传统文化辩证智慧的基础上，运用马克思主义对立统一的辩证思维提出生态文明建设的"两山论"，为正确处理生态文明建设与经济社会发展的关系提供了根本遵循。

首先，"既要绿水青山，也要金山银山"，从辩证的角度把生态环境保护与加快经济发展统一起来。"自然是人的无机身体"⑦，人和动物都是靠自然界生存。绿水青山是宝贵的自然资源，充分发挥其经济社会效益，并不是意味着要

① 黄承梁．新时代生态文明建设思想概论［M］．北京：人民出版社，2018：44-45.
② 中共中央文献研究室．十八大以来重要文献选编（上）［M］．北京：中央文献出版社，2014：629.
③ 李艳芳．习近平生态文明建设思想研究［D］．大连：大连海事大学，2018.
④ 廖福霖．生态文明建设理论与实践（第2版）［M］．北京：中国林业出版社，2003：39-40.
⑤ 王萍．新时代多民族地区生态扶贫：现实意蕴、基本路径与困境溯因——基于生态文明视角［J］．新疆社会科学，2019（3）：123-130.
⑥ 王萍．新时代多民族地区生态扶贫：现实意蕴、基本路径与困境溯因——基于生态文明视角［J］．新疆社会科学，2019（3）：123-130.
⑦ 马克思．1844年经济学哲学手稿［M］．北京：人民出版社，2000：53.

破坏绿水青山，而是要将绿水青山转化为金山银山。换言之，绿水青山与金山银山两者并非水火不容，而是辩证统一的，加强生态环境保护就是要为经济发展提供良好的基础条件。但是这并不意味着我们就要放弃金山银山，放弃经济发展，我们追求的是"既要绿水青山，也要金山银山"。正如习近平所说，我们不仅要推进经济发展，还要保护生态环境。生态环境是经济发展的重要依托，良好的生态环境能够有效地提高产品的竞争力，从而增强经济持续健康发展的能力。在传统的经济发展方式中，绿水青山的基础性作用被忽视了，经济社会也就不可能实现可持续发展。因此，只有将生态文明建设与经济发展统一起来，在保护绿水青山的同时培育好金山银山，才能实现加快发展和保护生态的双赢目标。

其次，"宁要绿水青山，不要金山银山"。"宁要"与"不要"揭示了在当下的发展阶段，维护绿水青山已成为主要矛盾，当经济发展与生态环境出现矛盾时，习近平"宁要"与"不要"的科学论断是最有力的回答，深刻阐明了生态建设与经济发展在更高层次上的统一。从全局和长期来看，"绿水青山"可以转化为经济优势，但从地方和短期来看，加强环境保护会在一定程度上制约地方经济的发展，面对可能出现的经济发展与环境保护之间的矛盾和冲突，我们必须善于把握主要矛盾。毛泽东曾指出，"过程发展的各个阶段中，只有一种主要矛盾起着领导的作用，我们要着重于捉住主要的矛盾"[1]。在处理绿水青山与金山银山的关系问题时，我们绝不能为了眼前的利益牺牲长远利益，为了今天的经济效益牺牲明天的生态效益，最终只会陷入"破坏环境—治理环境—破坏环境"的恶性循环。马克思主义经典作家早就向人类描绘了为了眼前利益而牺牲生态环境的后果，美索不达米亚、希腊和小亚细亚等地区的人们，通过砍伐大片森林来获得土地，但出乎人们意料的是他们的居住地也因此成为不毛之地。英国的自然科学家在考察了人类历史上各种文明的兴衰后指出，历史上消失的43种文明无外乎是环境毁损、气候变化、依赖远距离必需资源的贸易、因资源争夺引发的战争和对环境问题的社会反应这五类因素。据史料记载，丝绸之路、河西走廊一带曾经水草丰茂。但由于人们毁林开荒、乱砍滥伐等不符合自然规律的"改造活动"，破坏了生态环境，致使这些地方环境恶化，甚至沦为荒漠。诚然，古今中外的深刻教训都表明，牺牲绿水青山促进经济发展，不可能实现资源环境的可持续发展。面对经济发展与生态环境保护的矛盾时，我们必须坚持"宁要绿水青山，不要金山银山"的原则。

---

[1]　毛泽东. 毛泽东选集（第1卷）[M]. 北京：人民出版社，1991：322.

最后，"绿水青山就是金山银山"。矛盾双方既存在斗争性又具有统一性。我们既要看到两者的斗争性，把握好主要矛盾，也要看到两者的统一性。世界各国的发展实践充分确证了人类社会的生存发展对良好生态环境的高度依赖，生态环境已经越来越显示出其"内部自然要素"的属性，绿水青山与金山银山的关系愈加紧密。如何将生态环境转化为生产力，做到经济发展与环境保护的良性互动，关键取决于发展思路和人的思想观念能否随着时代发展的趋势及时转变。只要思想对路，正确处理好两者的关系，绿水青山就能够产生巨大的生态效益、经济效益、社会效益。进入新时代，传统发展模式显然难以为继，这就要求我们坚决摒弃破坏生态环境的发展模式和做法，坚持"绿水青山就是金山银山"的根本理念，推动自然资本大量增值，使社会经济发展与资源、能源、环境的承载能力相符合，推动形成绿色低碳循环发展新方式，并从中创造新的增长点，从而探索环境保护与经济发展双赢的新模式。

三、最严格制度最严密法治保护环境：农村生态扶贫的重要保障

"生态文明制度体系在中国特色社会主义制度和国家治理体系中具有重要地位"[①]。从国家层面上来看，推动生态文明建设应不断建立健全相关体制机制，为生态文明建设提供良好的制度环境和政策导向。只有实行最严格的制度，才能保证生态文明建设各项工作有序进行。生态文明制度建设要从环境与社会的相互作用出发，处理好环境与社会之间的关系，协调各个个体的行为，实现经济社会整体发展的成本最小化或收益最大化。就这个意义而言，生态文明制度建设旨在推动自然环境与经济社会发展之间的良性互动，从而实现"既要绿水青山，又要金山银山"的共赢目标。

从环境问题的本质成因来说，个人的行为植根于自身所处社会的政治、经济、文化模式中，个人环境行为背后的社会因素是造成环境问题的深层原因。当代中国，政治、经济、文化结构的更替与重构，传统、现代等各种因素错综复杂、相互交织，社会个体的文化价值观念日益多元化，对社会规范的遵从、价值判断的选择、行为方式的把握等都容易受到多元文化的冲击。有学者深入剖析了环境问题的社会根源后指出，环境问题与特定的社会结构和过程、人的行为模式密切相关，有私无公的传统文化惯性、当代价值观念分化、选择标准的多元化、社会转型期的制度变迁造成了个体理性与集体理性之间的矛盾和冲

---

① 钟寰平. 坚持和完善生态文明制度体系 [N]. 中国环境报, 2019-11-12 (1).

突，从而导致社会行动者的环境行为失当引发环境问题。① 随着我国发展步伐加快，环境与社会的矛盾凸显，社会结构转型、社会体制转轨、价值观念变化等加剧了环境问题和环境管理的难度。工业化发展、城市化快速推进和区域发展的不平衡加剧了环境问题；市场经济体制转轨、政府放权让利对环境行为的失控对环境破坏有着较为直接的影响；道德滑坡、消费主义、行为短期化和社会流动变化也与环境问题紧密相关。② 因此，解决生态环境问题，推动生态文明建设不能仅仅依靠技术手段，"通过文化、法律法规、社会规范的重建破解治理困境才是关键"③。

法律是国家最大的规矩，法治是国家治理最基本的手段。改革开放以来，中国经济发展突飞猛进，但伴随着经济快速增长，不平衡、不充分、不可持续的矛盾也日益凸显。随着经济社会的发展，危害生态环境的因素逐渐增多，一些深层次的制度问题日益突出，法治是整合各种张力、化解矛盾冲突的有效途径。生态文明建设是一个复杂的系统工程，强有力的组织领导和完善的制度安排是生态文明建设的重要保证。新时代，在习近平生态文明思想的引领下，生态补偿制度、生态问责制度、生态红线制度、"河长制""湖长制"等一系列严密的制度设计使生态文明建设更加规范化和法治化。针对当前环境保护碎片化的现状，党的十九大指出，"建立统一的管理监督机构，整合相关部门现有职能，设立国有自然资源资产管理和自然生态监管机构，完善生态环境管理体制"④。近年来，我们在保护矿产资源、改善大气质量、防治水污染、保护海洋生态环境等方面相继颁布和实施了一系列相关的法律法规，如矿产资源法、水污染防治法、大气污染防治法、海洋环境保护法等，使生态文明建设更加法治化。2018 年 6 月 4 日，最高人民法院发布《关于深入学习贯彻习近平生态文明思想为新时代生态环境保护提供司法服务和保障的意见》（法发〔2018〕7），这一举措势必进一步推动我国生态文明法治建设进程。

---

① 王芳. 理性的困境：转型期环境问题的社会根源探析——环境行为的一种视角 [J]. 华东理工大学学报（社会科学版），2007（1）：6-10.

② 洪大用. 社会变迁与环境问题：当代中国环境问题的社会学阐释 [M]. 北京：首都师范大学出版社，2001：95.

③ 卢春燕. 中日环境社会学理论综述及其比较 [J]. 南京工业大学学报（社会科学版），2017，16（3）：72-80.

④ 习近平. 决胜全面建成小康社会 夺取新时代中国特色社会主义伟大胜利——在中国共产党第十九次全国代表大会上的报告 [M]. 北京：人民出版社，2017：52.

第二节 扶贫开发与生态保护良性互动：
农村生态扶贫的核心要义

习近平指出，全面建成小康社会，最困难和最繁重的任务是在农村，特别是在贫困地区。[①] 当前农村环境迅速恶化，环境污染事件频发，农村的环境承载力不断削弱，直接影响到农民的生活环境和农业的可持续发展。在新时代背景下，如何提高农村环境质量，合理开发农业资源，注重扶贫开发与环境保护并重，建立绿色化、生态化经济增长方式，是促进农村实现可持续的高质量发展的重点。

一、以生态文明建设带动脱贫减贫：农村生态扶贫的关键途径

20世纪90年代以来，中国共产党从战略层面对如何统筹人口、经济、资源、环境和生态关系进行了思考，陆续提出了促进经济、资源和环境协调发展的诸多思想。诚如，经济增长方式的转变，循环经济、低碳经济和绿色经济，人与自然相谐的和谐社会，资源节约型和环境友好型社会，全面协调可持续的科学发展观等。"生态文明是在人类正确处理人与自然关系的基础上，促使经济社会协调正向发展，建设一个相互依存、相互促进、共处共融的生态社会。"[②] 生态文明建设的提出，集中反映了中国共产党从整个文明形态转变的角度，全方面审视人类社会和自然界演化的规律，深刻把握人与自然协同发展规律，从而谋求中华民族的永续发展。

党的十六大报告把实施可持续发展战略，实现经济发展和人口、资源、环境相协调写入了中国共产党领导人民建设中国特色社会主义必须坚持的基本经验。同时，报告强调：实现全面小康，我们必须不断增强可持续发展能力，提高资源利用效率，促进生态环境显著改善，推动形成人与自然和谐发展的局面。[③] 在这里，我们可以看到，生态文明的理念已经初步显现。在新的历史条件下，面对我国经济社会发展的生态环境约束，生态文明建设的需求越来越迫切。

---

① 中共中央办公厅，国务院办公厅.关于创新机制扎实推进农村扶贫开发工作的意见 [M].北京：人民出版社，2014：1.
② 黄承梁.生态文明建设的重要意义和战略任务 [N].人民日报，2012-08-20 (19).
③ 中共中央文献研究室.十六大以来重要文献选编（上）[M].北京：中央文献出版社，2005：15.

鉴于此，党的十七大报告中明确提出，生态文明建设是社会发展的新要求之一。这是中国共产党第一次把生态文明建设作为一项战略任务明确提出来，并简要阐述了生态文明的实践路线，生态文明成为中国特色社会主义现代化建设的题中之意。在这一语境下，生态文明是一种遵循人与自然和谐发展规律，以推进人与自然、人与人和谐共生为根本宗旨的文明形态，这是中国共产党从中国实际出发，在深入探索和全面把握我国发展规律基础上确定的重要战略任务。

党的十八大着眼于社会主义初级阶段总依据、实现社会主义现代化和中华民族伟大复兴总任务的有机统一，把生态文明建设纳入中国特色社会主义事业总体布局，由"四位一体"拓展为包括生态文明在内的"五位一体"①。在十八大报告中，生态文明一词出现了15次，使得生态文明建设的重要性更加凸显出来。"五位一体"总布局蕴含着富强民主文明和谐美丽的总目标，"经济建设是根本，政治建设是保障，文化建设是灵魂，社会建设是条件，生态文明建设是基础。只有全面推进"五位一体"综合发展，才能把我国建设成为经济繁荣、政治民主、文化繁荣、社会公平、生态良好的社会主义现代化强国"②。党的十八大报告全面阐释了生态文明建设的地位、目标和具体部署，标志着中国共产党对生态文明的认识逐步成熟。2012年11月，中国共产党第十八次代表大会关于《中国共产党章程（修正案）》的决议首次将生态文明建设这一概念写入党章，明确指出：中国共产党领导人民建设社会主义生态文明。……为人民创造良好生产生活环境，实现中华民族永续发展。这一表述确立了生态文明在社会主义建设中的地位，提出了生态文明建设的基本理念、基本思路、基本目标和推进措施。

生态文明建设是农村全面建成小康社会的重要内容，经济建设与生态建设相辅相成。习近平曾指出：要实现经济发展和民生改善良性循环。只有实现了这两方面的良性循环，才能实现人与人、人与经济活动、人与环境和谐共存的良好局面，从而让老百姓真正感受到我国民生改善的红利。这充分说明了经济发展、民生改善与环境治理之间的有机统一关系，要把改善民生和生态环境纳入经济发展中。只有实现人与环境的和谐共处，才能充分发挥生态环境对民生建设的红利。由此，农村生态扶贫必须把推进经济社会发展与生态环境保护统一起来，走可持续发展的道路。

---

① 黄承梁. 新时代生态文明建设思想概论［M］. 北京：人民出版社，2018：27.
② 刘建伟. 新中国成立后中国共产党认识和解决环境问题研究［M］. 北京：人民出版社，217：278.

毋庸置疑，贫困问题是一个复杂的社会经济问题，农村脱贫必须促进农村的经济发展。长期以来，农村的经济发展方式是粗放的、不可持续的，贫困人口为了增加收入，在有限的资源和环境中，以牺牲生态环境为代价促进经济增长。随着生态环境恶化，环境污染加剧，自然灾害加剧，生态环境问题严重影响经济社会发展。对此，我国在提出全面建成小康社会的奋斗目标后，又提出了"建设生态文明"的新目标。当前，我国扶贫开发已经进入攻坚拔寨阶段，农村扶贫开发的关键是以生态建设带动脱贫减贫。

贫困有其内在的自然根源。多年来，中国的扶贫活动受传统发展观的影响，把扶贫活动仅仅看作一种单纯的经济现象，把经济指标作为发展的唯一目标和根本宗旨，使扶贫战略的制定忽视了贫困地区生态环境等社会发展方面的要求，造成扶贫战略的短期行为，致使对资源的掠夺式开发损害了后代人的利益，不利于从根本上帮助贫困地区脱贫致富。进入新时代，面对生态文明建设的新要求，在农村生态扶贫中要坚持可持续发展理念，综合考虑经济效益、社会效益和生态环境，促进贫困地区经济、社会、人口、环境的协调发展。

二、人与自然和谐共生的生态文化：农村生态扶贫的思想引领

在社会历史进程中，"人与自然的关系是人类生存与发展的基本关系"[①]，也是生态文明和人类社会可持续发展的核心问题。原始文明时期，自然为人的生存提供必要的物质基础，人首先依赖于自然，利用现成的自然资源，从自然中猎取食物、获取资源、摄取能量。人类对自然资本的获取还处于较低的水平，人的生存发展都受到自然生产力的支配。但在原始社会晚期，随着生产力发展、资源争夺的加剧，人与自然的关系也进入一个新的时期。在农业文明时期，人类在改造自然的能力方面发生了质的飞跃。大规模的农业生产，使人类获得了比较丰富的赖以生存的物质财富，但生态的自然平衡被打破。工业社会的出现标志着自然界历史新纪元的到来，人与自然的关系发生了根本改变，社会的人文系统与自然系统的构成格局被彻底打破，造成人与自然关系的严重对立。那么，如何科学把握人与自然的关系，就成为人类社会不懈探究的永恒主题。人与自然的和谐发展既是生态文明的题中应有之义，又符合生态伦理的主张。自然界是人的无机身体，人是自然的一部分。在全面建成小康社会后，实现人与自然和谐发展是贯穿生态文明建设始终的主线，新时代生态文明要统筹人与自然关系的和谐发展，尊重自然、善待自然。

---

① 刘海霞，王宗礼．习近平生态思想探析［J］．贵州社会科学，2015（3）：29-33.

早在一百多年以前，马克思恩格斯在研究人类社会发展规律、思考人类前途和命运时，就已经开始了对人与自然之间关系的研究。马克思和恩格斯揭示了人与自然的对立统一关系，阐明了自然具有先在性，人类社会是自然长期演化的产物。马克思指出，"自然界是人为了不致死亡而必须与之不断交往的、人的身体。"人是自然之子，是自然界发展到一定阶段的产物。人靠自然界生活，人类在同自然的互动中生产、生活、发展，自然为人类生存发展提供了空间和物质，遵循和顺应自然界的客观规律是实现人与自然和谐共存的前提条件。作为人类遵循人和自然和谐发展客观规律而取得的物质与精神成果总和的生态文明，其核心就是人与自然和谐共生、良性循环。中国共产党深刻洞察人口、环境、资源问题带来的生态危机，不断深化对人与自然关系的认识，促进中国的生态文明建设与时俱进。习近平深刻地认识到了人与自然关系是生态文明的核心，多次强调，"人与自然是相互依存、相互联系的整体，对自然界不能只讲索取不讲投入、只讲利用不讲建设。保护自然环境就是保护人类，建设生态文明就是造福人类。"①

马克思在《1844年经济学哲学手稿》中指出，"社会是人同自然界的本质的统一"②，在生态文明语境下，人与自然之间和谐共处，在美好的理想社会中完成相互作用、相互依存的有机统一。进入新时代，生态文明建设首先要更新观念，牢固树立起"以人为本""可持续发展""人与自然平等、和谐、共生""自然有价""资源节约、环境友好""人是主体不是主宰""环境保护人人有责""绿色GDP""人与自然是伙伴不是敌人""生活要讲品位和质量"等全新观念。在人改造自然的过程中，要能动地遵循自然规律，与自然界互利互惠，共生共荣，最终到达"人同自然界的完成了的本质的统一"及"人的实现了的自然主义和自然界的实现了的人道主义"臻于至善的境界。

法国生态伦理学家史怀泽把人与自然的关系看成是一种文化关系，主张道德的对象不应该仅仅是人，还应当包括一切生命之物，对所有生命存在物给予道德关怀。生态文化是人与自然和谐共存、协调发展的文化。它是人类面对气候变化、环境污染、荒漠化加剧、自然灾害频发、生物多样性减少等环境问题，形成的一种新的生存方式和价值取向。广义的生态文化是指以人为本、与自然密切相关的文化，而狭义的生态文化是指人与自然和谐共存的生态意识和社会

---

① 刘海霞，王宗礼. 习近平生态思想探析［J］. 贵州社会科学，2015（03）：29-33.

② 中共中央马克思恩格斯列宁斯大林著作编译局. 马克思恩格斯全集（第42卷）［M］. 北京：人民出版社，1979：122.

适应。从生态文化的内涵来看，生态文化主张建立与经济社会可持续发展相适应的思维方式、生产生活方式，正确认识和处理人与自然的关系是生态文化的核心价值理念，实现人与自然的和谐发展、共生共荣是生态文化所追求的目标。①

在人与自然交往过程中，生态文化对于维护生态平衡、改善生态环境、实现自然价值发挥着重要作用。农村生态扶贫需要在生态文明理念的引导下，加强生态文化建设，彻底转变的人们的思想观念。习近平在《之江新语》中指出："生态文化的核心是一种行为准则，一种价值观念。我们衡量生态文化是否植根于整个社会，就要看这种行为准则和价值观是否自觉体现在社会生产生活的方方面面。"②

生态文化中不仅提倡尊重自然，而且更注重调适人类与自然环境的关系，使人与自然环境达到和谐共生的良好状态。就人与自然的关系而言，生态文化强调人的生存发展要适应自然。只有适应自然，按照自然规律不断修正自己的思想和行为，加强自然生态系统和环境保护，人类才能实现可持续发展。③

人与自然是一个有机整体，关爱自然是人类自我实现的必然要求。生态文明建设要在坚持自然对人的价值前提下，把道德关怀扩展到自然界，用道德规范调节人与自然关系。承认自然与人类的平等关系，给予自然平等的道德尊重和关怀，这种平等关系体现出的伦理精神就是习近平所提出的"尊重自然、顺应自然、保护自然"。尊重自然就要像爱护自己一样爱护自然界的一切生命实体，用道德关怀去改善人与生命和自然的关系。顺应自然意味着生态文明建设要遵循生态系统的内部演化规律，促进人的生产生活融入生态系统的良性循环中，维护好人与生态系统之间的物质、能量和信息交换。保护自然则是将人的活动限制在生态环境的承载范围内，保证生态环境的自我调节和修复能力。

价值观是人们作为主体对客体价值的评价和认识，直接决定和指导人们的实践活动。生态马克思主义学派的理论家们在论述生态问题时有一个共识，生态文明建设不是项目问题、技术问题、资金问题，而是价值观问题。传统的人类中心主义认为，人是自然的主人，自然环境只有对人类表现出来有用性的工

① 江泽慧. 生态文明时代的主流文化：中国生态文化体系研究总论［M］. 北京：人民出版社，2013：26-27.
② 习近平. 之江新语［M］. 杭州：浙江人民出版社，2007：48.
③ 江泽慧. 生态文明时代的主流文化：中国生态文化体系研究总论［M］. 北京：人民出版社，2013：31-32.

具价值。受到这种观念的影响，人类只重视自然的工具价值，支配自然的观念更是根深蒂固。习近平在党的十九大报告中指出，人与自然是生命共同体，人类必须尊重自然、顺应自然、保护自然。价值观念对人的动机和行为有着重大的影响作用，对人的行为起着规范和导向作用，是人们社会生活和行为的指南针。农村扶贫不能只讲发展不保护生态环境，而要把这些绿色脱贫变成农民的自觉要求和行动，这就需要价值观的引领和指导。生态价值观是人们对生态环境自身价值及其在人类社会发展中的地位和作用的总看法，对人的环境行为起着规范和导向作用。

进入新时代，推动农村生态扶贫，促进人与自然的协调与和谐，就必须正确处理人与自然的关系，保护自然环境与生态平衡，为国家与地区经济社会发展提供一个良好的生态环境。同时，限制对自然环境的过度开发，保持与自然环境的生态平衡，积极改善和优化人与自然的关系。一言以蔽之，农村生态扶贫要注重调整人们的价值观，创建一种人与自然和谐共生的新型价值观念，将生态文明理念化为人们的自觉行为，使人们在科学价值观的引导下与自然协调发展、互惠互利。①

三、促进人口、经济、社会可持续发展：农村生态扶贫的归宿

马克思主义哲学认为，人民群众既是历史的"剧中人"，同时也是"剧作者"，是推动社会历史发展的主体力量。从主体的角度来讲，人民群众是物质财富的创造者，孕育着推动社会发展的巨大物质力量，在历史发展中起着决定性作用。与此同时，人民群众还参与社会精神财富的创造，为精神财富的产生和发展提供条件和保障。人民群众是历史的创造者和终极评判者，"人民对美好生活的向往，就是我们的奋斗目标"②，人民群众是否真正得到实惠是立党为公、执政为民的本质要求，也是检验中国共产党一切工作成效的最终标准。人民群众对环境问题高度关注，生态环境关系着人民群众的生活幸福指数，满足人民群众的生态需要凸显生态文明建设的民生导向，把生态文明建设放到更加突出的位置也是民意所在。③

---

① 王萍．新时代多民族地区生态扶贫：现实意蕴、基本路径与困境溯因——基于生态文明视角［J］．新疆社会科学，2019（3）：123-130.

② 中共中央文献研究室．习近平关于全面建成小康社会论述摘编［M］．北京：中央文献出版社，2016：129.

③ 王萍．五四时期社团推动马克思主义大众化的经验与启示——基于马克思学说研究会的考察［J］．青海民族大学学报（社会科学版），2019，45（3）：89-94.

进入新时代，随着中国经济社会的发展，人民群众物质生活得到极大丰富，人民群众在物质文化方面的需要不断得到满足，人民群众的需求已然发生重大变化，"从生存性需求转变为发展性需求，从自然性需求转变为社会性需求，从物质性需求转变为精神性需求"①，优质的教育、稳定的工作、可靠的社会保障、良好的医疗卫生服务、舒适的生存环境等都成为人民群众美好生活需要不可或缺的内容。然而，生态产品的匮乏、生态环境的破坏在一定程度上抵消了人们物质生活条件改善所带来的幸福感。② 当前形势表明，中国生态文明建设仍然面临资源约束、环境污染、生态退化等现实的突出问题，生态产品短缺已成为限制民生建设的"短板"。由此，新时代生态文明逐渐成为社会建设中不可或缺的角色，生态文明建设的根本诉求就是不断改善人民群众生产生活环境，满足人民日益增长的对美好生活的需要。中国共产党始终坚持以人为本、环保为民，从提升人民群众幸福指数、厚实民生之基的角度出来，把生态文明建设放到更加突出的位置，着力解决影响群众健康的突出问题，为人民群众营造良好的生活环境，③"让人们喝干净的水、呼吸新鲜的空气、享受绿色的植被、吃放心的食物、生活在宜居的环境中"④。

2020 年，我国全面建成小康社会，基本消除农村贫困的目标随之实现。全面小康是"五位一体"的小康，消除贫困不仅要考虑经济发展问题，而且更要考虑生态环境建设问题，即必须是一种生态、社会与经济协调发展的扶贫战略。贫困问题首先是经济问题，同时又是发展问题和环境问题，只有将可持续发展纳入扶贫战略，采取综合配套措施，才能从根本上消除贫困。农村生态扶贫就是一种既考虑贫困人口脱贫，又考虑贫困地区社会和生态发展的扶贫模式，实现社会、经济、自然生态的协调发展既是消除贫困的出发点，也是农村扶贫开发的归宿。

贫困与自然生态环境脆弱紧密相关。目前，中国贫困地区绝大部分分布在高寒荒漠的高原、缺水少土的山地，以及盐碱地、戈壁滩等生态环境脆弱地区。

---

① 张帆. 科学认识新时代我国社会主要矛盾的三个维度 [J]. 科学社会主义，2018（6）：32-37.
② 黄承梁. 系统把握生态文明建设若干科学论断——学习习近平同志关于生态文明建设重要论述的哲学思考 [J]. 东岳论丛，2017，38（9）：12-17.
③ 李锡炎，罗振宇. 生态文明领导力研究：现代城市建设中选人用人制度创新的南部县探索 [M]. 北京：人民出版社，2014：55.
④ 秦书生. 习近平关于建设美丽中国的理论阐释与实践要求 [J]. 党的文献，2018（5）：28-35.

研究人员对生态敏感地带①与贫困地区的分布进行深入分析后发现，中国生态敏感地带的分布与贫困地区的分布呈现出明显的相关性：第一，全国约76%的贫困县分布在生态敏感地带，生态敏感地带的贫困县比重达到该地区贫困县总数的74%；第二，在划入生态敏感地带的土地面积中，约43%的土地分布于贫困县内，划入生态敏感地带的贫困县的土地面积约占这些省区贫困县土地总面积的47%；第三，在生态敏感地带的耕地面积中，约68%的耕地面积在贫困县内，划入生态敏感地带的耕地约占这些省区贫困县耕地面积的74%；第四，在划入生态敏感地带的人口中，约有74%的人口生活在贫困县内，划入生态敏感地带的贫困人口约占这些省区贫困县总人口的81%。②通过这些数据分析可以看出，贫困问题是与生态环境脆弱问题密切相关的。因此，贫困治理和扶贫开发不能单纯地促进经济增长，而应是经济、社会和环境的协调发展。

可持续发展是农村扶贫战略制定的科学理论基础。"可持续发展是建立在人与自然的和谐关系基础上的社会、经济、自然生态的协调发展，可持续发展观强调以保护自然资源和环境为基础，以经济社会发展为条件，以改善和提高人类生活质量为目的。经济可持续发展是以自然和社会的可持续发展为前提条件，自然可持续发展从根本上决定着经济和社会的可持续发展，社会可持续发展又为经济和自然可持续发展提供了动力。需要强调的是，自然的可持续发展是实现可持续发展的根本前提，自然即资源环境的持续发展制约经济的持续增长，从而制约着社会进步和人的生存发展。因为社会是由自然系统和人文系统所构成的人类生存共同体，任何社会都立存于自然之上。自然是人类获得生产资料和生活资料的源泉，在自然和人类之间反复交往互动中，自然不断被人化、人又不断被自然化，在自然人化与人自然化的辩证统一中，推动人类社会向前发展。可持续发展归根到底是为了人的发展，只有自然的可持续性和经济的可持续性相互适应、相互促进，才能更好地满足人类的物质需要和精神文化需要，实现社会的全面可持续发展。"③

从生态扶贫的出发点和落脚点来看，生态扶贫不仅有助于贫困人口的经济

---

① 生态敏感地带：学术研究者把具有气候年际变率较大、生态环境稳定性较差、生态环境恢复原状功能较低的地区称为生态边缘地带。生态边缘地带显著的特征是对环境因子变动的敏感性强，据此将生态边缘地带看作生态敏感地带。

② 张京辉，韩亚珠. 贫困地区可持续发展道路抉择 [M]. 北京：人民出版社，2000：103-104.

③ 王萍，杨敏. 新时代农村生态扶贫的现实困境及其应对策略 [J]. 农村经济，2020 (04)：34-42.

和社会地位的全面改善及贫困地区社会结构的优化和社会进步，而且更有助于协调贫困地区"人—社会—自然"三者的关系，农村生态扶贫的目的是实现农村的可持续发展。① 对贫困地区来说，消除贫困和可持续发展是有机统一的两方面，两者不可割裂。不消除贫困就难以持续发展，不有效改善贫困地区的基础设施条件、提高人的素质、生态环境，促进可持续开发利用资源，也不可能从根本上消除贫困。因为贫困问题往往带有一系列社会和环境特征，如文化教育落后、医疗卫生状况差、生存环境和生活环境恶劣、生态退化且破坏严重等。② 因此，从根本上消除贫困，不仅要促使贫困人口的收入提高，而且也应该使贫困区域的生态环境和社会环境逐步改善。在可持续发展战略指导下，从经济、社会、生态环境等方面着手，采取综合配套措施，尤其应从改变贫困地区的生态环境，实现生态环境与人口增长、资源开发和经济发展之间的协调着手，才能实现稳定的脱贫致富。

第三节　生态文明建设与脱贫减贫双赢： 农村生态扶贫的现实意义

中国特色社会主义进入新时代，美好生活已经成为各族人民共同的期盼，面对全面建成小康社会中脱贫和环保两个突出短板，中国共产党积极探索创新减贫方式，提出了生态扶贫的新模式。生态扶贫是一种符合生态文明发展、实现绿色增长和发展新方式的减贫新理念。农村生态扶贫既是实现绿色减贫和可持续发展的迫切需求，也是新时代实现脱贫攻坚与生态文明建设"双赢"的现实要求，坚持扶贫开发与生态建设并重是农村脱贫致富、可持续发展的必由之路。

一、破解农村脱贫攻坚难题为全面建成小康社会筑牢基础

党的十六大首次提出全面建设小康社会，党的十八大报告提出了全面建成小康社会，并从经济、政治、文化、社会、生态五方面对全面小康提出了更明

---

① 张京辉，韩亚珠. 贫困地区可持续发展道路抉择［M］. 北京：人民出版社，2000：103-104.

② 张京辉，韩亚珠. 贫困地区可持续发展道路抉择［M］. 北京：人民出版社，2000：98-100.

确的要求。农村贫困地区是全面建成小康社会的重中之重,"小康不小康,关键看老乡"。2012 年 12 月,习近平在广东考察时指出,"没有农村的全面小康和欠发达地区的全面小康,就没有全国的全面小康"①。2012 年 12 月,习近平在河北省阜平县考察扶贫开发工作时又再次强调,"全面建成小康社会,最艰巨最繁重的任务在农村、特别是在贫困地区"②。由此可见,生态环境和农村脱贫关系全面建成小康社会的全局,农村的生态文明建设和脱贫减贫是全面建成小康社会的题中之义,是检验全面建成小康社会的重要表征。农村生态扶贫是破解农村脱贫攻坚难题、顺应社会发展需要、实现人民美好生活期盼的现实要求。在全面建成小康社会的进程中,我们要把农村生态文明建设和扶贫开发放在突出位置。

第一,全面建成小康社会是人民群众一直以来对美好生活的追求,也是中国共产党领导全国人民不断奋斗的目标。改革开放以后,邓小平强调,"贫穷不是社会主义,社会主义要消灭贫穷,社会主义的本质,是解放生产力,发展生产力,消灭剥削,消除两极分化,最终达到共同富裕"③。邓小平曾经提出我国"三步走"的战略部署,第一步是解决温饱问题,第二步是进入小康社会,第三步是人民生活水平达到中等发达国家水平。在邓小平同志设计的小康社会的基础上,国务院扶贫办提出了"两不愁、三保障"的概念,即到 2020 年,稳定实现扶贫对象不愁吃、不愁穿,保障其义务教育、基本医疗和住房。

党的十二大正式确定了全面小康的奋斗目标,即从 1981 年到 2000 年工农业年总产值翻两番,人民群众物质文化生活达到小康水平。基于党的十六大、十七大确立的全面小康目标,党的十八大进一步提出,"确保到 2020 年全面建成小康社会"。党的十九大明确提出,"决胜全面建成小康社会,开启全面建设社会主义现代化国家新征程"。全面建成小康社会顺应了人民的新要求,标志着全面建成小康社会建设进入最后的冲刺阶段。

第二,全面小康覆盖的领域要全面。要建立经济建设、政治建设、文化建设、社会建设、生态文明建设全面推进的社会。生态环境关系民生福祉,是民生建设的重要保障。生态环境质量是全面建成小康社会的重要指标,全面建成

---

① 习近平. 习近平关于协调推进"四个全面"战略布局论述摘编 [M]. 北京:中央文献出版社,2015:24.

② 习近平. 习近平关于协调推进"四个全面"战略布局论述摘编 [M]. 北京:中央文献出版社,2015:25.

③ 习近平. 在纪念邓小平同志诞辰 110 周年座谈会上的讲话 [M]. 北京:人民出版社,2014:24.

小康社会，我们不仅要确保人民群众物质生活水平，也要确保他们都能拥有新鲜的空气、清洁的水源、安全的食品和美丽的环境。当前，我国经济社会发展总体上已达到小康水平，但小康水平低、不全面、不平衡问题日益突出，城乡之间、地区之间、不同收入阶层之间经济发展和生活水平仍存在明显差距，生态建设滞后于经济发展和社会发展。

进入新时代，人民群众对良好生态环境的需求强烈，扭转我国当前的环境恶化趋势，从根本上改善环境质量，这是关系全面建成小康社会的一项紧迫而重要的任务。生态环境的改善是中国经济社会可持续发展的前提，党的十八大以来，中国共产党对全面建成小康社会提出了新的目标和要求，并规划和设计了未来美好生活的宏伟蓝图和实践路线。全面建成小康社会，生态环境质量将得到明显改善，人民群众生产生活方式更加绿色化，经济发展方式更加低碳，能源资源开发利用效率大幅提高，主要污染物排放总量大幅减少。

第三，中国作为历史悠久、幅员广大、地区发展不平衡的统一多民族国家，在全面建成小康社会中面临多重任务，既要促进沿海地区快速发展，又要促进内地与民族地区跨越式发展。习近平曾指出，民族地区既是我国的资源富集区、水系源头区、生态屏障区，又是我国的边疆地区和贫困地区。集"多区"于一身，既表明了民族地区的独特优势，也充分说明其复杂性和艰巨性，补齐民族地区生态环境短板是脱贫攻坚的重要内容。中国国土总面积的 64%，其空间分布与生态脆弱地区高度重合。有学者研究表明："全国贫困人口的 1/3，贫困村的 1/3 基本上都在民族地区。2017 年，民族 8 省区农村贫困人口达 1411 万人，占全国农村贫困人口比重的 46%。"[1] 全面建成小康社会，我国民族地区贫困问题仍然非常突出，当前脱贫攻坚的关键主要集中于"三州三区"[2] 深度贫困地区。民族地区贫困发生率高、贫困人口规模大，对中国的经济社会发展影响深远。譬如，"临夏州是全国贫困程度最深、扶贫攻坚难度最大的地区，是 30 个自治州中发展严重滞后的地区之一。全州有贫困人口 41.6 万人、贫困面达 24%"[3]。习近平多次强调，"全面实现小康少数民族一个都不能少，一个都不

---

① 陈辉. 社会主要矛盾转化视角下民族地区扶贫攻坚路径研究 [J]. 宏观经济管理，2018 (10)：82-87.

② "三区"是指西藏自治区，青海、四川、甘肃、云南四省藏区，新疆南疆和田、阿克苏、喀什、克孜勒苏柯尔克孜四地区；"三州"是指四川凉山州、云南怒江州、甘肃临夏州.

③ 杨元忠. 抓好精准扶贫精准脱贫最大任务　全力加快民族地区全面小康社会建设进程 [N]. 民族日报，2015-07-23 (1).

能掉队"①，这一论断明确揭示了民族地区扶贫开发的重要性和全局性。

从理论方面来看，实现各民族共同富裕是社会主义的本质要求。中国坚持民族平等、民族团结和各民族共同繁荣发展的基本原则。党和国家历来十分重视各民族共同繁荣发展，消灭贫困是各民族共同繁荣的前提条件。早在 1981年，《关于建国以来党的若干历史问题的决议》中就指出，"要切实帮助少数民族地区发展经济文化"②。习近平认为，"没有民族地区的全面小康和现代化，就没有中国的全面小康和现代化"③。民族地区脱贫是一块突出的短板，全面建成小康社会，任何地区、任何民族都不能留下，这既是中国共产党"以人民为中心"工作导向的深刻体现，也是马克思主义唯物史观的时代反映。

就实践发展而言，各民族共同繁荣发展是中华民族伟大复兴的题中之义。中国是一个统一多民族国家，在长期的历史发展进程中，形成了多元一体的命运共同体，一体中包含多元的民族文化，多元化的民族构成了中华民族。改革开放以来，民族地区经济总体保持高速增长态势，地区发展取得了成就显著，但民族地区经济增速与发达地区差距仍然较大，自我发展能力仍然薄弱，发展面临的生态制约相当明显。全面建成小康社会关乎每一个民族，增进民族团结、实现共同富裕是"中国梦"的重要内容。因此，在全面建成小康社会中，既要促进沿海地区快速发展，又要促进内地与民族地区跨越式发展。④

二、补齐农村生态环境短板促进人与自然和谐共生的现代化

十九大报告指出，近年来，我国生态保护和生态建设取得了令人瞩目的成就，全国环境状况正在由环境质量总体恶化、部分好转，向环境污染加剧趋势得到基本控制、环境质量明显改善转变。我国环境治理取得的成绩不容否认，但国际形势复杂多变，环境风险不断凸显，生态环境仍然是我们发展的突出短板和亟待解决的重大问题。现代化建设是一个长期的过程，全面建成小康社会是现代化建设的重要阶段。我国现已进入中国特色社会主义新时代，建设生态文明发展道路，需要补齐农村生态环境短板，长期坚持绿色发展。农村生态扶贫必须遵循人与自然的和谐共生的规律，不断夯实经济社会发展的生态基础地

---

① 张璁. 全面小康，一个民族都不能少 [N]. 人民日报，2015-08-05（17）.
② 中共中央文献研究室. 改革开放三十年重要文献选编（上）[M]. 北京：人民出版社，2008：214.
③ 习近平. 在全国民族团结进步表彰大会上的讲话 [M]. 北京：人民出版社，2019：8.
④ 王萍. 新时代多民族地区生态扶贫：现实意蕴、基本路径与困境溯因——基于生态文明视角 [J]. 新疆社会科学，2019（3）：123-130.

位，构筑现代化绿色文明的生产与生活方式，才能实现绿色永续发展之路的全面建设，以形成人与自然和谐发展的现代化建设新格局。

生态环境是人类生存发展的物质基础，与人民群众的生活质量和幸福指数紧密相关。新时代，人民群众对有形和无形生态产品的需求空前强烈，对其环境权益维护的诉求也越来越强烈，新鲜空气、清洁水源、食品安全等成为人们评价生态文明建设成果的基本诉求。① 但是，我国生态环境面临的形势依然不容乐观，生态文明建设就是立足新时代的具体情况，解决我国经济社会发展中遇到的资源约束和环境污染问题，打造绿水青山的生态环境，"让人民群众能够呼吸到清新空气，喝上干净放心的水，吃上天然无污染的生态食品，共享自然之美"②。生态文明建设的实质是实现经济、社会、人口、资源、环境的协调发展，关键是要处理好经济发展与环境保护的关系。新时代生态文明对农村贫困地区生态环境提出了更高的要求，当前农村脱贫减贫，既要以经济建设为中心加快经济增长，又要重视生态文明建设，实现经济建设、政治建设、社会建设、文化建设、生态建设同步协调推进。③

长期以来，农村生态环境恶化趋势明显，大气、水、重金属污染加剧，严重影响和危害人民健康，生态环境、自然资源与经济社会发展的矛盾日益突出。目前，农村生态环境问题主要表现在三方面：一是农业生产造成的环境问题。在农村生产中，为了增加农产品产出过量施用农药和化肥，残留的化肥直接排入河湖，滥用饲料添加剂，严重影响到了禽类食品的安全，大量畜禽养殖排泄物未能得到有效处理，相当一部分直接排到周边水体，造成农村自然水体污染、水质下降，破坏了生态防护功能，最终危害人体健康。农用塑料膜大幅增加，导致废弃或破损农膜不仅对土壤造成污染，也严重危害了周边农村人居环境。边远地区的农村，焚烧秸秆施肥的方法仍然存在，粗放的处理不仅污染了大气，而且造成了资源的浪费。二是农民日常生活造成的环境问题。随着农民生活水平的提高，农民急于改善居住环境，但很多房屋缺乏统一规划、布局分散，造成农村居住环境参差不齐，村容村貌脏乱差现象明显。同时，农民的集体观念淡薄，往往只追求个人居住环境的卫生整洁，"屋内现代化、屋外脏乱差"的现象突出。三是农村普遍存在的生态环境问题。近年来，不科学的生产、生活方

---

① 黄承梁. 系统把握生态文明建设若干科学论断——学习习近平同志关于生态文明建设重要论述的哲学思考 [J]. 东岳论丛，2017，38（9）：12-17.

② 秦书生. 习近平关于建设美丽中国的理论阐释与实践要求 [J]. 党的文献，2018（5）：28-35.

③ 王延中. 新时代中国民族地区发展调查研究 [M]. 北京：社会科学文献出版社，2018：1.

式对农村生态的破坏严重，这在一定程度上削弱了自然的生态修复功能。草原过度放牧现象普遍存在，导致许多优良草场退化，加剧了土地沙漠化。过度垦荒、过度耕种导致土地肥力降低，不同程度的植被破坏，森林覆盖率降低，导致一些地区水土流失严重。农药等杀虫剂过度使用，导致生物链遭受破坏，对病虫害的抵抗力减弱。①

与此同时，环境问题还是一个社会问题。生态环境关系社会和谐稳定，环境问题往往最容易引起公众不满，处理不当就会导致群体性事件。环境问题之所以受到越来越多的关注，主要是因为生态环境恶化直接影响人民群众的生命健康。同时，环境污染影响的广泛性和长期性很容易影响大范围的群众，导致他们对未来生存环境的担忧，进而引发群体性事件。习近平提出，我们要建设的现代化是人与自然和谐共生的现代化，"和谐"的理念是现代建设过程中的价值取向，人与自然和谐相处是其主要内容。面对我国的生态环境制约，现代化建设既要加强农村生态文明建设，又要把生态文明建设纳入农村经济社会发展的各个方面。农村生态扶贫是我国在推动农村经济发展、促使贫困人口脱贫的实践中，探索出的扶贫新模式，旨在保证农村经济发展与生态建设协调共进，促使农村走向社会主义生态文明新时代。

三、实现生态、生产、生活的有机统一推动乡村振兴发展

2018 年，中央"一号文件"提出产业兴旺、生态宜居、乡风文明、治理有效、生活富裕是乡村振兴的总要求。产业兴旺是乡村振兴的重点，旨在促进农村经济发展。生态宜居是乡村振兴的关键，强调人与自然和谐发展。乡风文明是乡村振兴的保障，有效治理是乡村振兴的基础，保证乡村社会和谐有序。生活富裕是乡村振兴的根本，是实现共同富裕的必然要求。由此可见，乡村振兴是要统筹推进农村经济、生态、政治、文化、社会协调共进。从这一层面来说，生态文明建设是乡村振兴不可或缺的内容，将生态文明融入乡村建设的全过程，贯穿乡村振兴的始终。农村生态扶贫旨在实现生产、生活、生态有机统一，从而推动乡村振兴发展，实现人民群众对美好生活的向往。

生态环境是农村最大优势和宝贵财富。绿色发展引领乡村振兴，要从根本上转变思想观念，改变"竭泽而渔、焚薮而田"粗放的农业生产方式，处理好经济发展和生态环境保护之间的关系。习近平曾多次强调，如何将生态环境转

---

① 陶良虎，陈为，卢继传. 美丽乡村：生态乡村建设的理论实践与案例［M］. 北京：人民出版社，2014：124.

化为生产力，做到经济发展与环境保护的良性互动，取决于发展思路和人的思想观念能否随着时代发展的趋势及时转变。只要思想对路，正确处理好两者的关系，绿水青山就能够产生巨大的生态效益、经济效益、社会效益。在乡村振兴的过程中，生态环境也面临挑战。"随着工业化、城镇化和农业产业化进程的加快，农村不仅获得了经济效益，生态环境的挑战也日益突出。"① 一方面，工业发展对自然资源进行大规模开采，生产中排放出大量废弃物；另一方面，村民自身缺乏环保意识，导致当前农村生活垃圾"粗放"处理、生产中过度使用化工产品等问题突出。农村的粗放发展导致部分地方土壤硬化板结、重金属含量超标等，生态环境恶化影响农业的可持续发展能力，促使农村生态环境陷入恶性循环。② 因此，实现乡村振兴最重要的是聚焦生态环境建设。

良好生态环境是乡村振兴的基础。生态环境是乡村振兴发展的重要依托，良好的生态环境状况是农村可持续发展的前提条件和内在要求。一方面，生态环境为经济发展提供拓展空间和基本原料，是生产的基本条件。没有自然的发展，社会的发展就失去了物的基础。马克思早在《德意志意识形态》中就肯定了自然环境在社会发展中的作用。他指出，"任何历史记载都应当从这些自然基础，以及它们在历史进程中由于人们的活动而产生的变更出发"③。另一方面，作为自然的一部分，良好的生存环境是人活动的基本前提。随着生活水平不断提升，生态环境在群众生活幸福指数中的地位不断凸显。乡村振兴不仅是单纯促进经济发展，提高人民生活水平，也要创造良好的生活环境，在天蓝、地绿、水清的环境中生产生活，充分享受到生活质量改善的同时，感受精神的愉悦和满足。生态环境本身就是生产力，在马克思自然观的理论视野中，"生态环境不仅是一种自然生产力，而且是生产力增进与完善的重要推动力量，人类文明进程越是进入现代，这种自然生产力在生产中所占的分量越重"④。世界各国的发展实践也充分确证了人类社会的生存发展对良好生态环境的高度依赖，生态环境已经越来越显示出其"内部自然要素"的属性，绿水青山与金山银山的关系愈加紧密。良好的生态环境能够有效地提高产品的竞争力。乡村振兴就是要充分利用改革开放积累的坚实物质基础，提高乡村生产高品质、多样化的生态产品的能力。

---

① 佛秀芳. 乡村振兴，生态考量必不可少 [J]. 人民论坛，2018 (26)：72-73.

② 陈锡文，罗丹，张征. 中国农村改革 40 年 [M]. 北京：人民出版社，2018：516.

③ 彭坤，秦书生. 马克思恩格斯可持续发展思想及其当代价值 [J]. 理论月刊，2012 (2)：20-23.

④ 陈锡文，罗丹，张征. 中国农村改革 40 年 [M]. 北京：人民出版社，2018：81.

　　乡村振兴的关键是促进经济振兴和发展。促进经济快速增长是传统乡村建设与发展的主要目标，为了追求短期的经济效益，人们往往会采取开垦荒地、乱砍滥伐等粗放式发展方式，"导致乡村自然环境变得极为脆弱，以及水土流失、山体滑坡、泥石流、土地肥力流失等问题层出不穷"①。传统的粗放式发展方式忽视了生态环境的基础性作用，为了眼前的利益牺牲长远利益，为了今天的经济效益牺牲明天的生态效益，最终陷入"破坏环境—治理环境—破坏环境"的恶性循环中。中国特色社会主义进入新时代，传统发展模式显然难以为继，实现乡村振兴需要正确处理开发与保护的关系，坚决摒弃破坏生态环境的发展模式和做法，将乡村经济建设与新时代生态文明建设有效协调融合。在乡村建设过程中，坚持"绿水青山就是金山银山"的根本理念，推动自然资本大量增值，使社会经济发展与资源、能源、环境的承载能力相符合，既促进乡村生态环境保护，又推动乡村经济振兴发展。

　　生态产业发展是实现乡村振兴、推动乡村可持续发展的必由之路。改革开放以来，以乡镇企业为龙头带动了乡村经济的快速发展，"'村村点火，家家冒烟'是乡镇企业发展初期的真实写照，其经营范围从最初的农副产品加工逐渐扩大到机械、纺织、印染、塑料、家电等产业"②。与此同时，随着产业结构调整的要求和城市居民环境意识增强，城市环境管理工作不断加强，特别是自我国实行严格的工业污染物排放标准以来，一些污染比较严重的企业和建设项目纷纷转移到城市郊区和更偏远的农村地区③。由于农村环境监管不力、农民环境意识不强，乡镇企业随意排放未经处理的"三废"，城市环境污染的转嫁，导致乡村环境污染不断加剧。生态产业是生态经济的产业化形态，它体现了生态资源环境的客观形势，同时也关注生态环境的承载能力，将产业的发展限定其中，实现产业与环境之间的协调发展。④从根本上说，乡村振兴的关键是推动生态农业发展，运用现代科技来装备农业，用现代经济科学来管理农业，创造一个高产、优质、低耗的农业生产体系和一个合理利用资源、绿色环保可持续、有较高转化效率的农业生态系统，提供更多更好的绿色生态产品和服务供给。⑤

---

①　邓小玲．生态文明建设是我国乡村振兴的题中之义［J］．人民论坛，2018（26）：74-75.

②　陈占江．乡村振兴的生态之维：逻辑与路径——基于浙江经验的观察与思考［J］．中央民族大学学报（哲学社会科学版），2018，45（6）：55-62.

③　张剑．论中国生态文明建设的社会主义性质［J］．探索，2010（1）：158-160.

④　何思妤．甘青川藏区生态产业发展及实现路径［J］．农村经济，2016（10）：63-66.

⑤　中共中央文献研究室编．十八大以来重要文献选编（上）［M］．北京：中共中央文献出版社，2014：595.

第四章

新时代生态文明与农村生态扶贫的实践分析

党的十八大以来，中国进行了大规模农村扶贫行动，贫困人口大幅减少。习近平在党的二十大会议上指出，"我们坚持精准扶贫、尽锐出战，打赢了人类历史上规模最大的脱贫攻坚战，全国八百三十二个贫困县全部摘帽，近一亿农村贫困人口实现脱贫，九百六十多万贫困人口实现易地搬迁，历史性地解决了绝对贫困问题，为全球减贫事业作出了重大贡献"[①]。贫困问题是历史、经济、地理、自然等诸多因素综合影响的结果，当前，中国很多贫困区往往是生态严重损坏的地区，同时又是中国整个生态系统的维持地区，生态环境脆弱、贫困程度深、社会经济发展滞后，社会发展与环境保护之间的现实矛盾一直阻碍着社会进步，成为脱贫攻坚最难啃的"硬骨头"。党的十八届五中全会提出，要把生态扶贫作为精准扶贫的重要手段之一，在生态特别重要和脆弱的贫困地区实施生态扶贫，将生态优势转化为发展优势。农村生态扶贫需要从生态文明视角出发，坚持"绿水青山就是金山银山"的发展理念，生态效益扶贫、生态工程扶贫和生态产业扶贫三管齐下，实现生态改善和贫困群众脱贫的双赢目标。[②]

第一节　新时代生态文明引领下农村生态扶贫的主要模式[③]

根据不同地区的具体情况，中国贫困地区的生态资源可以分为资源匮乏地区

---

① 习近平. 高举中国特色社会主义伟大旗帜　为全面建设社会主义现代化国家而团结奋斗——在中国共产党第二十次全国代表大会上的报告 [N]. 人民日报，2022-10-17 (2).

② 王萍. 新时代多民族地区生态扶贫：现实意蕴、基本路径与困境溯因——基于生态文明视角 [J]. 新疆社会科学，2019 (3)：123.

③ 王萍. 新时代多民族地区生态扶贫：现实意蕴、基本路径与困境溯因——基于生态文明视角 [J]. 新疆社会科学，2019 (3)：125-126.

和资源富足区。所谓资源匮乏区即当地生态极为脆弱，基本不能满足人民群众生产生活基本需求的地区，在生态脆弱和贫困地区，人类活动对当地生态资源造成了严重破坏，但通过有效的生态治理可以恢复，这种现象在中西部地区，特别是西部地区尤为明显。资源富足区则是当地生态资源丰富，但由于国家或区域生态功能定位，当地生态资源开发利用有限，导致这些地区贫困现象发生。由此，生态扶贫要根据不同的情形采取不同措施。近年来，在全面建成小康社会的背景下，面对我国农村扶贫开发的实践需要和现实要求，中国共产党充分发展马克思主义反贫困理论和中国共产党扶贫开发思想，不断深化和创新扶贫方式，形成了扶贫开发与生态保护相协调的脱贫思路。农村扶贫开发要立足新时代生态文明理念，注重把绿色资源变为发展动力，将生态文明建设与脱贫攻坚有机结合，探索出了生态工程建设、生态保护补偿、生态产业发展、生态移民搬迁等生态扶贫模式。

一、"生态工程建设"扶贫模式

生态工程建设扶贫，是将生态环境保护与建设和农村脱贫有机结合，促使生态红利惠及贫困人口。我国贫困地区和生态环境退化区存在较高重叠，生态建设与扶贫开发在目标上具有一致性，生态建设扶贫是贫困地区实施力度最大、涉及面最广的生态扶贫项目。从扶贫方式来看，生态建设扶贫主要以政府为引导、贫困户为主体，通过退耕还林还草、自然保护区、水土保持、森林管护等重点生态工程建设，将政府与贫困主体联结起来，引入社会资本创新市场机制，挖掘生态建设与保护就业岗位，增加贫困人口的财产性收入。从更深层次来看，重点工程建设对民族地区人民群众传统生产生活方式、产业结构调整和优化等产生着深刻影响，可以有效增加农民收入，推动解决生态环境可持续发展问题。政府投资实施重大生态工程，组织贫困人口参与生态工程建设，政府部门支付给贫困人口合理的劳动报酬，在加强贫困地区生态保护的同时，精准带动贫困人口稳定增收脱贫。总体来说，生态工程建设形成了退牧还草工程、退耕还林、综合治理等几种模式，内蒙古、宁夏、新疆、甘南等民族聚居区符合条件的贫困县实施了退牧还草工程，退耕农户能够从退耕还林项目中得到直接补贴和后续支持项目，保证贫困人口的切身利益。"青海深入推进三江源地区森林、草原、荒漠、湿地与湖泊生态系统保护和建设，通过组织动员贫困人口参与重大生态工程建设，提高贫困人口受益程度。"[1]

在贫困地区实施的各项项目中，保护生态环境、注重生态环境修复是基础

---

① 生态扶贫工作方案［EB/OL］.中国政府网，2018-01-24.

性工程，为改善贫困地区的生态环境，我国实施了退牧还草工程、退耕还林工程、三北防护林工程、天然防护林工程等一系列综合性措施，这些项目涉及领域广泛，对我国生态环境的恢复和保护发挥了积极作用。当前，中国实施规模大、面积广、种类最多的生态修复和保护工程是西部大开发中的相关生态工程，根据 2016 年制定实施的《西部大开发"十三五"规划》，提出在"十三五"西部大开发中，国家针对西部实施 12 个生态工程，具体是退耕还林还草工程、退牧还草工程、天然林保护工程、自然保护区体系建设工程、湿地保护和恢复工程、石漠化治理工程、水土保持工程、濒危野生动植物抢救性保护工程、三江源生态保护和建设二期工程、祁连山生态保护与综合治理工程、柴达木地区生态环境综合治理工程、农牧交错带已垦草原治理工程等。2016 年，国家加强生态环境保护，为了统筹西部大开发和 14 个集中连片特困地区的扶贫开发，我国在《"十三五"脱贫攻坚规划》中提出了"11 个重大生态扶贫建设项目"①。这些政策主要向贫困地区和贫困人口倾斜，成为新时代农村生态扶贫的基本内容，既有利于改善贫困地区生态环境，遏制生态退化趋势，也能够有效提高贫困人口收入，实现贫困地区可持续发展。

进入新时代，一方面，农村生态扶贫要加强实施新一轮退耕还林还草工程，促进环境治理与扶贫开发的衔接。继续推动"三北"防护林建设、天然林资源保护、水土保持等重点工程实施，改善西南山区和西北黄土高原水土流失状况，加强林草植被保护和建设。在重点区域推进岩溶地区石漠化治理、三江源生态保护等综合治理工程，"加强贫困地区荒漠化、石漠化治理，组织贫困人口参与生态建设，使生态保护和发展红利惠及贫困地区和贫困人口"②。另一方面，农业是贫困地区的基础产业，农村生态扶贫要加强对贫困地区耕地和基本农田的保护，建立健全耕地和基本农田保护补偿机制，促进耕地质量保护和改善。开展耕地轮作休耕试点，在全国范围内推广土壤检测与配方施肥技术，水肥一体化技术，加强农膜残留回收，促进农膜生物降解。加强源头和水源涵养区保护，推进重点流域水环境综合整治，禁止工农业污染物超量排放。③

---

① "11 个重大生态建设扶贫工程"主要包括：退耕还林还草工程、退牧还草工程、青海三江源生态保护与建设二期工程、京津风沙源治理工程、天然林资源保护工程、三北等防护林体系建设工程、水土保持重点工程、岩溶地区石漠化综合治理工程、沙化土地封禁保护区建设工程、湿地保护与恢复工程、农牧交错带已垦草原综合治理工程。

② 国务院. 国务院关于印发"十三五"脱贫攻坚规划的通知［EB/OL］. 中国政府网，2016-11-23.

③ 胡兴东，杨林. 中国扶贫模式研究［M］. 北京：人民出版社，2018：143.

在少数民族集中的贫困地区，如内蒙古、新疆、宁夏等地区推进沙化土地封禁保护区建设，实行严格的封禁保护，改善民族地区的生态环境，提升贫困地区的环境承载力。林业工程的实施带动了就业机会，实现了对生态资源的更好保护，使得资源增量日益丰富，为后期的生态服务消费市场的发展和开发提供了有利条件。天然林保护工程不但加强了对天然林的保护，而且有效解决了森林生态效益等问题。譬如，宁夏启动了退耕还林、天然林保护、"三北"防护林建设、自然保护区及野生动植物保护等生态保护和建设重点工程，创造了沙坡头模式等国际公认的治沙经验。"国家和自治区累计投入林业建设资金 74.39 亿元，宁夏全区累计治理沙化土地 700 万亩，森林覆盖率提高 11.4%，退耕还林工程惠及 30 多万退耕农户、153 万退耕农民，人均直接受益 2746 元。"①

二、"生态产业发展"扶贫模式

产业扶贫模式作为最可持续、最有效的扶贫开发模式，在我国贫困治理中发挥着非常重要的作用。发展生态产业是生态扶贫的关键路径，依靠科技走绿色发展之路是生态扶贫的根本途径，最终目标是让良好生态环境成为人民生活质量的增长点。2015 年，在党的十八届五中全会上，产业扶贫确定为基本的扶贫路径之一。2016 年 4 月，习近平在安徽省金寨县考察时指出，贫困地区脱贫，产业扶贫至关重要。我们要因地制宜，发挥贫困地区特色产业优势，助力农村脱贫致富。

从理论层面看，生态产业扶贫的关键是以生态化产业发展带动脱贫减贫。生态产业是生态经济的产业化形态，它体现了生态资源环境的客观形势，同时也关注生态环境的承载能力，将产业的发展限定其中，实现产业与环境之间的协调发展。在典型的生态环境脆弱区和全国集中连片特困地区，生态环境成为制约社会经济发展的重大问题，"生态保护与产业扶贫具有高度互动性，脱贫工作的关键在于精准选择扶贫产业"②。贫困地区依托良好生态环境，将贫困地区现有的生态资源转化成生态产品，促进贫困地区生态可持续产业的形成，培育生态可持续产业，实现贫困人口的自我发展。从实践层面看，生态产业扶贫的关键是必须有地区特色、市场竞争力、可持续发展的功能，把贫困人口与生态

---

① 张丽君，吴本健，王润球，等. 中国少数民族地区扶贫进展报告（2016）[M]. 北京：中国经济出版社，2017：67.

② 陈绪敖. 秦巴山区生态环境保护与产业精准扶贫互动发展研究 [J]. 甘肃社会科学，2016（6）：184-190.

产业发展衔接起来，使他们成为产业的参与者和受益者。

在脱贫攻击的过程中，全国各地形成了种类繁多的镶嵌模式，如"公司+合作组织+农户"模式、"公司+农户"模式、"扶贫项目+合作社+贫困农户"模式、"公司+基地+农户"模式、"企业+合作社+基地+农户"模式等几十种扶贫模式。① 贵州省黔东南苗族侗族自治州依托丰富的原生态民族文化资源，发展民族村寨旅游，形成了深度文化体验型乡村旅游②，不同程度地吸纳当地贫困人口以各种方式入股分红就业等，从而增加贫困人口收入。云南省民族资源丰富、生态资源禀赋高，借助先天优势与独特的地理位置开发生态旅游扶贫，云南木老元布朗族彝族乡在多年扶贫开发的过程中立足本土，探索出了"政府+金融机构+外来企业+基地+建档立卡贫困户"③ 的生态产业扶贫模式。

三、"生态保护补偿"扶贫模式

生态保护补偿扶贫是对保护生态资源、维护生物多样性、减少环境破坏做出贡献的农民，进行一定程度的经济补偿，以弥补他们在生态保护中的损失，从而保证促进经济增长和保护生态环境"双赢"。大多数贫困地区都是生态环境脆弱区，生态保护补偿扶贫旨在保障贫困人口利益。从贫困地区的生态角色定位来说，大多数贫困地区承担着生态保障、资源储备和风景建设的功能，为了国家整体良好的生态功能而让渡了自身的经济利益。这就要求贫困地区坚持脱贫与生态保护补偿的统筹发展，在贫困地区开展生态补偿试点，通过多样化的生态补偿途径，让贫困人口在生态建设和环境保护中获得经济效益。生态保护补偿扶贫具有两个基本功能：一是保障和恢复贫困地区生态资源，二是实现贫困地区经济脱贫发展。④

为了保护贫困地区的森林资源，应该对生活在林区的贫困农户给予适当补偿，以减少贫困人口对森林资源的破坏，促进贫困地区生态环境的可持续发展。2001 年，我国设立了"森林生态效益补助资金"，对全国 11 个省（区）658 个县和 24 个国家级自然保护区，实施森林生态效益补助资金试点。2004 年，"森

---

① 胡兴东，杨林. 中国扶贫模式研究 [M]. 北京：人民出版社，2018：78.

② 雷明. 绿色发展下生态扶贫 [J]. 中国农业大学学报（社会科学版），2017, 34（5）：87-94.

③ 戴波，张邬. 人口较少民族整乡脱贫的生态模式解读——以施甸县木老元布朗族彝族乡为例 [J]. 云南民族大学学报（哲学社会科学版），2017, 34（5）：55-61.

④ 耿翔燕，葛颜祥. 生态补偿式扶贫及其运行机制研究 [J]. 贵州社会科学，2017（4）：149-153.

林生态效益补助资金"项目在全国范围内启动，中央每年向 4 亿亩重点公益林安排专项拨款，用于补偿森林生态效益。2016 年，为了有效地促进生态补偿的实施，我国颁布了《关于健全生态保护补偿机制的意见》，提出生态补偿机制和贫困治理深入结合，健全生态保护补偿机制。按照精准扶贫的要求，将生态补偿资金更多地向生态环境恶劣、生态功能区、生态修复区等贫困地区倾斜，探索生态保护补偿扶贫的新途径，促进形成横向生态补偿机制，逐步提升贫困地区的生态保护成效。加大新一轮贫困地区退耕还林还草力度，全面实施流域补偿、草原奖补、海洋生态补偿等工程，加强对扶贫目标确定、资金筹集管理、扶贫方式选择、生态补偿扶贫评价等方面的监督。

同时，为了实现生态保护和贫困治理的有机结合，"我国不断扩大政策实施范围，健全转移支付方式，中央财政对重点生态功能区中贫困县的转移支付力度不断增加"[①]。2016 年，我国在《"十三五"脱贫攻坚规划》颁布了"4 个生态保护补偿机制"[②]，按照不同的补偿标准，提高森林生态效益补偿，积极开展跨流域生态补偿试点。在内蒙古、新疆、青海、甘肃、宁夏等 13 个省（自治区）开展草原生态保护补助和奖励，对这些地区的禁牧、禁育农牧民给予补助。通过购买服务、专项补贴等其他方法，为贫困人口提供就业岗位，利用生态保护补偿使贫困地区有劳动能力的贫困人口转为生态保护人员，提高贫困人口的收入，以实现脱贫的目的。近年来，随着生态扶贫的深入推进，生态管护和生态公益岗位设置规模逐步扩大，2016 年，中央财政投入 20 亿元，安排贫困群众从事生态护林员工作。2017 年，中央财政投资资金 25 亿元，安排 37 万贫困人员通过生态管护岗位就业。2018 年 1 月，我国正式出台了《生态扶贫工作方案》，22 个省（自治区、直辖市）在贫困人口中选聘 50 多万生态护林员。根据生态扶贫的工作规划，2019 年，我国新增 20 万生态护林员，10 万草原管理员。[③] 从脱贫成效看，生态公益岗位的大规模设置，对于推进生态扶贫具有重要作用。

生态补偿式扶贫为扶贫解困实践开拓了新的途径和手段，采取多种措施建立和完善生态补偿扶贫制度，有利于贫困地区经济社会的可持续发展。从长远来看，生态补偿要坚持"政府干预与市场机制有机结合"、多策并举、社会协同

---

① 国务院. 国务院关于印发"十三五"脱贫攻坚规划的通知［EB/OL］. 中国政府网，2016-11-23.

② "4 个生态保护补偿机制"主要包括：森林生态效益补偿、草原生态保护补偿奖励、跨省流域生态保护补偿试点、生态公益岗位脱贫行动。

③ 俞海. 生态公益岗实现生态保护与精准扶贫双赢［N］. 中国环境报，2019-11-26（3）.

参与，不断创新生态补偿方式，对生态系统服务进行赋值，综合运用经济补偿、智力补偿、碳排放补偿等方式，保障贫困地区生态效益与经济效益共赢，有效预防返贫现象出现①。

四、"生态移民搬迁"扶贫模式

生态移民是把生态脆弱区的贫困人口撤离原有居住地，在其他自然环境较好的地方定居，并重建家园，从而全面缓解并最终解决生态脆弱地区群众生活与生态之间的矛盾。因此，要把移民迁出区生态环境的修复渗透到各个领域和各个角落，把生态移民作为生态建设的主要措施之一，适当扩大生态移民的范围和规模。易地扶贫搬迁最初是在西北"三西地区"② 实施，经过西北和西南地区的具体实践，成为 21 世纪我国重要的扶贫模式。党的十八大以来，生态移民已经成为我国基本的扶贫模式，旨在解决由于生态环境恶劣造成的贫困问题。生态移民扶贫是指在人民群众无法满足正常生产生活需求的自然条件恶劣地区，实施贫困人口居住迁移，从根本上改变特定生态区域内贫困人口的生存和发展环境，打破"贫困—环境恶化—贫困加剧"的恶性循环。

生态移民搬迁不但是为了解决贫困问题，还要解决生态问题。贫困人口主要集中在生态环境恶劣和脆弱的地区，扶贫不仅要发展产业，更要改善贫困人口的生活环境，促进农村的可持续发展。2010 年，我国在《中国农村扶贫开发纲要（2011—2020 年）》中提出，要对生存条件恶劣地区扶贫对象实行易地扶贫搬迁。我国的贫困分布与生态环境高度相关，在对贫困群体的分布进行分析后，研究人员发现，绝大多数的贫穷户生活在相对偏远、基础设施落后、环境极其脆弱、自然灾害频繁的地区。在分布区域上，主要集中在青藏高原地区、西北部黄土高原地区、高寒凉地区、西南石漠化地区等。③ 根据生态环境的特点和贫困治理的自然条件需求，生态移民大致可以分为两类：一是"生存型"生态移民。"生存型"生态移民的贫困人口基本来自环境恶劣和地质灾害高发区，恶劣的生活环境是致贫的主要原因，即"一方水土养不起一方人"，这就需要把生态环境脆弱地区的人口搬迁到其他生态环境较好的地区。二是"发展型"生态移民。这类生态移民主要是因为贫困人口生活在生态环境脆弱区、限制开发

---

① 耿翔燕，葛颜祥. 生态补偿式扶贫及其运行机制研究 [J]. 贵州社会科学，2017（4）：149-153.

② "三西地区"是指甘肃的河西、定西和宁夏的西海固，是全国第一个区域性扶贫开发实验点。

③ 胡兴东，杨林. 中国扶贫模式研究 [M]. 北京：人民出版社，2018：153.

区等，贫困人口的生存发展受到限制，需要将原来居住于生态环境脆弱地区高分散的人口，通过移民的方式形成新的聚集区或村镇。2015 年 12 月，《"十三五"时期易地扶贫搬迁工作方案》提出，在易地扶贫搬迁对象上，进一步明确了建档立卡贫困户中的生态移民搬迁对象，主要包括生活在偏远山区、沙漠化、地方病多发等恶劣生存环境的贫困户；不具备基本的发展条件，生态环境脆弱、开发禁区的贫困户；地震活动区或受泥石流、滑坡等地质灾害影响的贫困户。确保到 2020 年，搬迁的贫困人口收入明显提升，迁出区生态环境有效改善，同步迈入全面小康社会。

从效果来看，生态移民搬迁有效地改善了贫困人口的生产生活条件。贫困人口迁出不具备基本发展条件的地区，迁入移民安置区后，既可进行农业生产，又方便了就近务工，保障了良好的生产条件和生活需要，子女享受到了优质教育。"贫困人口集中安置到搬迁后的新居，公共服务体系基本建成，运营成本有效降低，服务质量明显提高，为脱贫致富奠定了坚实基础。"① 同时，生态移民有效地遏制了生态环境的恶化。生态移民搬迁后，迁出区破坏生态环境的行为明显减少，大大减轻生态环境压力，不仅巩固了退耕还林的成果，也达到了生态修复的目标，实现了扶贫开发和生态建设的"双赢"。截至 2013 年年底，宁夏实施退耕还林、封山禁牧等生态移民工程，全区森林面积 1060 万亩，森林覆盖率达到 13.6%。沙漠化土地减少至 17 745 万亩，成为全国第一个实现荒漠化治理的省（区），湿地保护面积达 310 万亩，是我国少数几个湿地面积没有减少反而增加的省（区、市）之一。②

第二节　新时代生态文明引领下农村生态扶贫现实境遇

在中国扶贫工作中，生态扶贫逐渐成为整个扶贫开发的重点。理论学习的目的在于指导实践，生态扶贫是一个现实问题，需要在实践中不断探索。随着扶贫开发的深入发展，农村生态扶贫也积累了丰富的经验，基于实践要求，本书选取农村生态扶贫的几个典型案例样本进行深入剖析，回顾和总结了党的十八大以来，农村生态扶贫的形成背景、取得成就、成功经验，并对巩固拓展生

---

① 李淑萍. 宁夏生态移民的经验及启示 [J]. 中共银川市委党校学报，2012，14（6）：27-29.

② 胡兴东，杨林. 中国扶贫模式研究 [M]. 北京：人民出版社，2018：152.

态扶贫成果中存在的突出问题进行了分析，以期为农村的绿色发展和生态振兴提供基础性支撑。需要说明的是，在本节选取的贫困村案例分析中，涉及的贫困群众的姓名采取匿名形式，只保留原来的姓氏。

一、山西省岚县"购买式合作社造林"生态工程建设扶贫模式

（一）岚县"购买式合作社造林"生态工程建设扶贫模式基本情况

岚县隶属山西省吕梁市，位于吕梁山北段，是山西省典型的生态脆弱区。岚县森林覆盖率低，全县宜林荒山面积大，林业用地 128.01 万亩，超过全县土地面积的 1/2。岚县是一个国家级贫困县，贫困人口达到 4.02 万，"贫困人口多、贫困发生率高、贫困面积大、贫困程度深"①，贫困人口多集中在沟壑纵横、土壤贫瘠、生产条件落后的生态脆弱地区。生态脆弱与深度贫困相互交织，促使岚县面临着生态脆弱与脱贫攻坚的双重压力。近年来，随着生态文明建设的深入推进，岚县坚持绿色发展理念，结合宜林荒山多、贫困人口多、积存苗木多的实际②，充分利用林地资源，在荒山治理和绿化造林过程中，将扶贫开发与生态治理相结合，探索出了"购买式合作社造林"生态工程建设扶贫模式，将资源优势转变为发展优势，带动贫困人口脱贫致富，实现群众增收与环境改善互促"双赢"。

2015 年，岚县率先开展购买式造林试点工作，组建扶贫攻坚造林专业合作社。政府制订造林规划、验收标准并提供专业的技术服务，合作社为贫困人口先行垫资造林，新造林地所有权仍然归属贫困人口。林木成活后，经检查验收合格，政府在科学评估造林所投入的资金、技术、劳动力等综合成本和合理利润的基础上进行购买。同时，为确保苗木的后期成活率，岚县制订了《建档立卡贫困人口生态护林员选聘实施方案》，将贫困人口吸纳到生态林业工程建设中，成立了专业管护合作社，实现了全县林木管护全覆盖。为了加强对生态护林员的管理考核，岚县还出台了《护林员管理办法》，对护林人员实施动态管理，造林管护体系日渐成熟。由于造林收益与贫困人员直接挂钩，岚县"购买式合作社造林"模式极大地提高了贫困人口的积极性，"为农民发展水产养殖业、种植业和旅游服务业提供了广阔空间，有效拓宽贫困人口的增收渠道"③。

---

① 媛媛. 生态扶贫的岚县实践 [N]. 山西经济日报，2018-05-12（3）.

② 刘少伟. 岚县："购买式"造林构建生态扶贫产业新体系 [N]. 吕梁日报，2017-03-18（A2）.

③ 刘少伟. 岚县："购买式"造林构建生态扶贫产业新体系 [N]. 吕梁日报，2017-03-18（A2）.

　　岚县专业合作社造林明确要求，在扶贫攻坚合作社成员中，80%以上的成员必须是建档立卡贫困户，至少有20%以上的宜林贫困农户参与造林绿化工程，造林效益的60%作为合作红利分配给贫困农户，确保贫困人口真正受益。据统计，2016年，岚县引导贫困人口成立了47个扶贫攻坚造林合作社，其中31个合作社承担了3.3万亩造林任务，带动贫困户629户，贫困人口1858人脱贫。2017年，岚县专业合作社造林模式全面推进，岚县共成立102个造林合作社，其中47个合作社有造林资质，涵盖了12个乡镇121个村，1751户贫困户、5155名贫困人口，完成造林13.87万亩，贫困户累计收入2000多万元，极大地改善了贫困户的收入状况。① 岚县重点推进森林生态管理与养护体系建设，创新采购管理和养护合作社，重点建立贫困农户参与森林生态管理与养护工作。近年来，岚县累计选聘护林员570名，其中215名生态护林员为建档立卡的贫困人口，有效实现了生态建设和扶贫开发的"双赢"。"十三五"期间，岚县林业资产收益与生态造林、苗木销售一起形成脱贫攻坚的"新武器"，共获得收益6亿元，使1.2万贫困群众实现增收脱贫。②

　　岚县依托实施新一轮退耕还林的政策契机，把改善生态与富民增收有机结合，组织贫困人口参与生态建设，探索出扶贫攻坚造林专业合作社造林模式。在购买式合作造林扶贫模式中，由于林木所有权不变，贫困人口既可以通过造林获得育苗、劳务、林地管护、合作社分红等收益，也可以获得"国家生态补偿、退耕还林、林权流转等其他不同类型的资产性收益"③。通过生态建设推进扶贫开发的绿色发展道路，"既改善了生态环境质量，又提高了贫困人口的收入水平，实现了生态建设与扶贫开发的互利共赢"④。岚县坚守"绿色发展"理念，切实加强森林资源保护，2018年，岚县在加强生态修复的过程中，完成造林工程项目10.475万亩，其中退耕还林7万亩，吕梁山脉的生态脆弱区1.775万亩，全县森林覆盖率达30%，生态环境明显好转。"绿水青山就是金山银山"在岚县得到了真正的体现，这种集生态效益、社会效益、经济效益为一体的新型造林收购机制，已成为岚县生态扶贫的重点模式，在脱贫致富方面彰显出了

---

① 刘少伟.岚县："购买式"造林构建生态扶贫产业新体系［N］.吕梁日报，2017-03-18（A2）.

② 刘少伟.岚县林业资产收益扶贫新模式实现"五赢"［N］.吕梁日报，2017-12-18（1）.

③ 梁海珍.岚县趟出生态扶贫新路子［N］.吕梁日报，2016-10-14（B4）.

④ 刘少伟.岚县："购买式"造林构建生态扶贫产业新体系［N］.吕梁日报，2017-03-18（A2）.

持久的引领价值。① 岚县购买式合作社造林扶贫模式大大提高了贫困人口参与造林的积极性，有效解决了多年来造林用地的协调管理问题，实现了生态治理、群众增收、生态富民的目标。当前，岚县的合作化造林模式在山西省吕梁市广泛推广，有 7.6 万人依托合作化造林脱贫，直接受益贫困人口 40 万以上，占全市脱贫人口的 1/3。

（二）岚县东口子村"购买式合作社造林"生态工程建设扶贫模式的具体实践

岚县界河口镇东口子村位于岚县西北部界河口镇，地处岚县、兴县、岢岚三县交界处，全村共有 386 户 1253 人，其中建档立卡贫困户 221 户 683 人，贫困人口占全村总人口的一半以上。② 东口子村总耕地面积 2300 亩，传统农业是其主导产业，虽然东口子村耕地面积总量大，但村里耕地地处偏远，大多数为坡梁地，土地质量不高，种植收益较低，导致大多数坡梁地闲置，脱贫任务十分艰巨。东口子村把生态造林与脱贫攻坚有机结合，以大力发展林业经济为突破口，让贫困户参与造林实现增收，开创出脱贫工作新局面。

在岚县"生态建设与增收致富并进"的思路下，2016 年，东口子村结合生态脆弱的实际情况，组织村内有劳动能力的贫困人口成立岚县森生财扶贫攻坚造林专业合作社，取得了造林资质，承接 1350 公顷造林任务，当年有 33 户贫困户加入合作社，通过造林，33 户贫困户人均收入 5000 元。③ 51 岁的村民闫××是该村建档立卡的贫困户之一，因为生活极度贫困导致妻子携子离去，现家中有四口人，家中父母年迈且身体患病，需要有人常年照料，导致他不能外出务工。2016 年，闫××退耕还林 8 亩地，领取退耕补助 4000 元，加入森生财扶贫攻坚造林专业合作社，每年收入 1.5 万余元，林业资产性收益工程的实施彻底改变了闫××一家的生活状况。

2017 年，东口子村开展了林业资产收益扶贫新模式。由东口子村村委会牵头广泛征求群众的意见，以农户委托村委进行流转退耕林地承包经营权的方式，与 219 户退耕农户签订为期 20 年的土地委托流转协议，流转土地面积 1671.9 亩（占全村退耕地的 94.8%）。通过村委会招标方式，将流转的土地经营权委以承包、入股的方式转让于岚县晋森园绿化有限公司，由该公司实施内蒙古大果沙

① 梁海珍. 岚县趟出生态扶贫新路子 [N]. 吕梁日报，2016-10-14（B4）.
② 何玉梅. 山西岚县创新模式打造生态扶贫"岚县样板" [EB/OL]. 国家林业和草原局网，2019-01-04.
③ 马建生，梁海珍，梁瑞霞. 收获"美丽"与"富裕"——岚县扎实推进生态扶贫工作纪实 [N]. 吕梁日报，2018-05-22（1）.

棘种植。森生财扶贫攻坚造林专业合作社承接了该公司1671.9亩的沙棘栽植工程，由合作社组织贫困人口实施沙棘的日常管理和采摘，促使贫困人口获得持续稳定的收入。通过"村委会+公司+合作社+农户"的模式，通过退耕还林补贴、劳务收入、股金分红等多种方式，实现多方合作共赢、贫困人口增收脱贫。在一系列生态扶贫政策的推动下，东口子村的荒山已成为"金山银山"，2017年该村实现了整村脱贫。①

（三）岚县"购买式合作社造林"生态工程建设扶贫模式的主要经验

1. 做好制度设计，确保贫困人口受益

生态扶贫是将宏观的制度理念投放到微观的基层贫困治理中的实践行为。在具体实施过程中，制度设计起着基础性的指导作用。岚县位于吕梁山生态脆弱的地区，依据该县的具体情形，岚县编制了一系列生态造林的制度文件②，为购买式造林提供了科学规范的实施依据。为确保贫困人口从合作社造林工程中受益，"岚县出台了岚县生态扶贫实施意见和岚县扶贫攻坚造林专业合作社管理办法"③，明确规定承接造林工程的专业合作社中，贫困户需占80%以上，并将造林工程所获利润的60%作为红利分配于贫困人口。在购买式造林具体实施过程中，为杜绝"人情"工程和"关系"工程，岚县还制定了购买式造林议标办法。该办法中明确规定了造林项目的议标方式，"优先考虑绩效评价很好、吸收贫困户多、造林质量高和信誉良好的专业合作社承接造林扶贫项目"④，确保购买式造林取得的红利惠及贫困人口。

2. 因地制宜，拓宽贫困人口增收渠道

岚县是我国少有的沙棘集中分布区，野生沙棘分布广泛，土壤和气候特征非常适合大规模种植沙棘。沙棘是岚县自然生长繁衍的乡土树种，岚县坚持因地制宜，探索实施沙棘林扶贫新机制，使沙棘成为岚县扶贫致富的"生态果"。目前，岚县在王狮乡、界河口镇、河口乡、社科乡四个乡镇开展沙棘产业资产收入扶贫试点项目，参与沙棘产业的贫困户既能获得国家退耕还林的政策补贴，五年后还能按照利润的6%进行分红。沙棘产业发展极大地激发了贫困人口的积

---

① 何玉梅. 山西岚县创新模式打造生态扶贫"岚县样板"［EB/OL］. 国家林业和草原局网，2019-01-04.

② 岚县出台的生态造林制度文件主要包括《生态造林五年规划》《生态造林三年行动计划》《购买式造林实施意见》《生态扶贫实施方案》。

③ 荒山增绿　群众增收——生态扶贫的吕梁实践［N］. 山西日报，2018-04-09（6）.

④ 刘少伟. 岚县："购买式"造林构建生态扶贫产业新体系［N］. 吕梁日报，2017-03-18（A2）.

极性，实现了"资源变资产、资金变股金、农民变股东、收益有分红"①。岚县野生沙棘分布面积广，为了保证贫困农户稳定增收，岚县通过多种渠道在沙棘产业上持续发力。该县加大野生沙棘林的改造力度，对野生沙棘区进行高效改造，在适宜区域种植沙棘，建立高标准沙棘原料林。在王狮乡、界河口镇、河口乡、社科乡四个乡镇流转土地5万亩，建立了4个沙棘资产收益扶贫试点区，完成沙棘林改造3万亩，带动周边农户实现了稳定脱贫。

3. 提供专业指导，保证生态扶贫成果

岚县森林覆盖率低，宜林荒山面积大，在政府出台的关于生态扶贫的政策文件的基础上，林业部门组织专业林业技术人员，对全县宜林荒山荒坡逐一进行实地调查，根据不同的立地条件和地貌特征编制造林规划，以确保购买式造林的科学性、可操作性。同时，借助黑茶山林业局专业优势、队伍优势和技术优势。黑茶林局选派47名技术人员，进行操作设计和技术指导，对造林合作社的负责人、技术人员和造林工人进行专业的理论和实践培训。② 此外，以中国工程院院士肖培根牵头的专家工作站为岚县沙棘种植提供全程跟踪技术指导，支持沙棘产业发展，促进岚县贫困人口脱贫。

4. "村委会+公司+合作社+农户"四方共赢的生态扶贫运营模式

岚县购买式造林模式是在村委会的带动下，以退耕还林工程为依托，充分尊重群众意愿，与农户签订土地流转协议和资产收益造林合同，引进资产雄厚、市场前景好的企业承担林业资产收益项目，打造具有岚县地方特色的沙棘林业生态品牌，广泛吸纳当地贫困人口就业，持续拓宽农民增收渠道。岚县通过"村委会+公司+合作社+农户"的生态扶贫模式，造林项目要优先考虑贫困人口，引导有能力的贫困人口建立专业造林合作社，积极开展造林工程，培育和经营新造林地。村委会与造林贫困户签订合同，政府部门根据国家、省、市造林项目投资标的，确定新造林木的收购价格，并通过购买社会服务提供资金支持。合作造林模式下，贫困人口可以就地转为护林员，按时获取工资收入，从而摆脱贫困现状。总体来看，在岚县购买式合作造林模式中，"政府购买社会服务，动员社会力量参与造林，实现了政府主导与市场配置资源的有机结合"③。

---

① 王佳丽. 岚县：沙棘产业"充实"脱贫"钱袋子"［N］. 山西经济日报，2018-12-10 (2).
② 梁海珍. 岚县趟出生态扶贫新路子［N］. 吕梁日报，2016-10-14 (B04).
③ 岳旭强. 岚县购买式造林拓宽精准扶贫路［N］. 吕梁日报，2016-05-30 (A01).

二、贵州省晴隆县"种草养畜"生态产业扶贫模式

（一）晴隆县"种草养畜"生态产业扶贫模式基本情况

晴隆县位于贵州省西南部，总人口 33.5 万，其中少数民族人口占 56%。晴隆县地处滇桂黔石漠化集中连片特困地区，喀斯特面积占晴隆县面积的 70%，石漠化面积占总面积的 47.6%，人均耕地仅 0.77 亩，其中坡耕地占 65%，"是贵州省 50 个重点贫困县之一。晴隆县生态脆弱，由于山高、坡陡、谷深的自然条件限制，传统农业生产造成了严重的水土流失"①。晴隆贫困程度深，扶贫任务较重，2017 年，晴隆县贫困农户达到 20 000 多户。随着扶贫开发深入推进，晴隆县开展了石漠化地区的扶贫开发与生态环境建设相结合的试点，创造了集生态效益、社会效益和经济效益为一体的生态畜牧业"晴隆模式"。

晴隆模式是以科技为依托，以项目为载体，以扶贫开发和改善生态环境为宗旨，以农业产业化为方向，以公司建基地带农户的喀斯特山区生态草原畜牧业为发展模式。通过种草防治石漠化，养羊促进产业化，科技投入促进产业高效化，以政府主导，利益倾斜，推动农民生活小康化。进入新时代，我国进入扶贫开发新阶段，晴隆县在探索中形成了具有地方特色的生态产业扶贫模式，从而实现地区发展，带动农民脱贫致富。晴隆县生态产业扶贫模式主要有三种：一是草地畜牧基地带动模式。政府以农民粮食产量折算价租赁土地，农民可以在基地就业，从而获得工资报酬。或者将土地、技术等资本化，基地农民共同投资，进行利润分成。二是"中心+农户"的模式。在晴隆县成立草地畜牧中心，由草地畜牧中心向农户提供草种、羊羔，并对农民进行相应的技术培训，最后负责收购农民的商品羊。三是退耕还草养牛。在适合种草的地带，政府推动退耕还草，同时草地中心带动农户转产，发展肉羊养殖。

从资金来源来看，在晴隆县生态畜牧养殖模式中，一方面，农户可以向银行贷款来购买种羊，修建羊舍；另一方面，畜牧中心贷款购买种羊，并无偿发放给农户，农户以羊羔作为交换。此外，农户还可以个人名义加入草地中心，将个体经销商、农户和草地中心相结合，形成利益联结机制。这样一来，既能保障晴隆县"种草养畜"模式的顺利实施，提高草地畜牧中心的效益，也能引

---

① 贵州"晴隆模式"：扶贫开发和生态建设并重拓宽致富路［EB/OL］. 央视网，2017-03-01.

导贫困农户参与进来，最大限度让利于民。① 2013 年，晴隆县深化草地生态畜牧业，投资了近 11 亿元，延长肉羊产业链，建成了以生态养羊为核心，集科研培训、科技示范、技术创新、辐射带动、加工流通、旅游休闲娱乐等为一体的现代化、生态化、综合化的农业示范园区。②

晴隆县"种草养畜"生态产业扶贫模式，对贫困人口形成了更广的覆盖，在贫困人口脱贫致富中发挥了十分积极的作用。晴隆县生态产业扶贫模式取得的成效得到国家的关注与肯定，成为全国草地畜牧业的典范，并在石漠化集中连片特困地区，因地制宜地推广晴隆模式。当前，晴隆模式已带动 14 个乡镇 96 个村，1.68 万农户 70 000 多人参与种草养牛，农户年均收入 30 000 元左右，推动贫困人口脱贫致富。

（二）晴隆县三合村"种草养畜"生态工程建设扶贫模式具体实践

三合村位于晴隆县沙子镇西南部，辖 16 个村民组 945 户 3429 人，世居汉、苗、黎、布依等民族，耕地面积 2014 亩，退耕还林 225 亩。截至 2016 年，三合村有贫困户 152 户 463 人，脱贫攻坚任务艰巨。三合村耕地面积少，基础设施薄弱，水土流失严重，农民生产生活环境恶劣。从这个意义上看，脱贫致富与生态治理是三合村的村民脱贫致富面临的主要难题，生态投入是获得长期收益的关键。近年来，三合村围绕"生态治理与富民增收协同推进"的思路，积极推进基础设施建设和美丽乡村建设，种草养羊成为村里的重要产业，三合村也由此成为晴隆县生态草地畜牧园区核心区，2014 年人均可支配收入 6800 元。

三合村以抓生态草地畜牧园区核心区建设为抓手，紧扣养羊种草、茶叶、薏仁米三大产业，以期扩宽农民增收渠道。通过发展种草养羊，不仅改善了生态环境，也增加了贫困人口经济收入。三合村生态草地畜牧园区针对不同的农户设计不同的务工形式：为保证销路，对于养殖户，"当地的羊肉加工公司将以每只 2000 元的合同价收购；对于那些不愿意养羊和种草的农民，他们可以在公园里做一些零工，每天工资 80 元"③。三合村孙×是当地一个普通农民，三个孩子高额的学费曾让孙×不堪重负。2015 年初，晴隆县实行山地畜牧产业扶贫项目，给孙×免费发放了 25 只山羊，并鼓励他将部分耕地用于牧草种植。孙×积极响应政府号召，加强学习养殖技术，两年时间里，他养殖的羊由 25 只增加至 75

① 洪名勇. 扶贫开发战略、政策演变及实施研究［M］. 北京：中国社会科学出版社，2017：181-182.

② 晴隆：突破项目建设 推动经济发展［N］. 黔西南日报，2015-04-20（2）.

③ 贵州"晴隆模式"：扶贫开发和生态建设并重拓宽致富路［EB/OL］. 央视网，2017-03-01.

只，仅卖羊的收入就有 7 万元，养殖成为孙×家庭最大的收入来源。三合村在倡导发展养殖业的同时，也鼓励村民发展种植业。政府还免费为养殖户提供草种技术培训，成熟后的青草既可作为羊的口粮，也可提供给村里的"晴隆羊"育种场，确保他们"种有其粮""销有去处"。当前三合村种植散户有二十多户。罗×是三合村的种草大户，从 2015 年开始，他种植了 12 亩牧草，每亩收入 5000元，每年能收入近 6 万元。① 除种草养畜外，三合村壮大茶产业，成立沙子镇第一家茶叶专业合作社，吸收 136 户 578 人入社、入股，实现村庄公司化、合作化。全村茶园 2560 余亩，半数农户种茶。几大产业让村民实现了收入倍增，人均可支配收入达 6850 元。

目前，三合村共建成种羊场 3 个，标准化养殖场 8 个，全村养羊有 12000 余只、草地有 4000 余亩，三合村农田生产力是原来的 3 倍以上。② 三合村的发展充分说明了生态产业发展在农村扶贫开发中的突出作用，三合村依托多家龙头企业和专业合作社，促进生态畜牧业发展，大力发展山区特色农业，开发特色农产品，增加农民收入。龙头企业、合作社与人民群众的利益相联结，使贫困人口在整个农业产业链中获得更多红利。

（三）晴隆县"种草养畜"生态产业扶贫模式主要经验

1. 坚持政府、市场、产业"三位一体"的扶贫模式

以政府为主导部门参与引导支持产业发展，缩短产业发展进程。产业扶贫，完善多方利益机制，促使贫困群体都能积极参与，避免少数人受益的情况。以市场为导向，按市场规律办事，提高农民进入市场的组织化程度，培育龙头企业。帮助农民发挥市场主体作用，活跃畜牧市场，促进农民增收。

2. 坚持"技术部门+乡镇政府+基地+农户"的综合发展方式

科技带动羊养殖优化品种，探索实用型养殖技术扶贫开发，结合生态建设，提高贫困地区可持续发展能力。整合扶贫资源，扩大资金使用效率，同时扩大扶贫的覆盖面，创新多种发展模式，有能力的贫困农户得到参与，给予农户精准帮扶，提高农户的收益。

---

① 贵州"晴隆模式"：扶贫开发和生态建设并重拓宽致富路［EB/OL］. 央视网，2017-03-01.

② 贵州"晴隆模式"：扶贫开发和生态建设并重拓宽致富路［EB/OL］. 央视网，2017-03-01.

三、陕西省镇巴县"三结合"生态保护补偿扶贫模式

（一）陕西省镇巴县"三结合"生态保护补偿扶贫模式发展情况

秦巴山区地跨陕西、四川、重庆、河南、湖北、甘肃等多个省、市，是全国14个集中连片贫困地区中贫困程度深、贫困人口多、贫困发生率高、脱贫任务重的地区之一，曾被称为全国除"三区三州"外的"贫中之贫""困中之困"。镇巴县地处秦巴山区，是国家扶贫开发重点县。全县森林覆盖率达66.2%，被确定为全国首批、陕南唯一的国家生态保护与建设示范区。"山大石头多，出门就爬坡；土无三寸厚，地无百亩平。"这是镇巴县人民群众生产生活环境的真实写照。[①] 生态环境是镇巴县最大的优势，贫困群众脱贫致富，"绿色"是镇巴县最大的潜力。近年来，镇巴县坚持"三结合"[②] 原则，把扶贫开发与生态工程结合起来，将生态优势转化为发展优势，走生态扶贫、生态富民之路，促进生态保护与扶贫开发的良性互动。"镇巴县全面实施国家公益林生态效益补偿项目，为全县25262户农户提供176.4万元生态补偿资金，使贫困户年平均收入增加465.3元。"[③] 2014—2018年，镇巴县共实施退耕还林面积5.7万亩，涉及20镇（街道办）68个村74家造林主体，带动贫困户1129户3816人，贫困户通过补助资金或土地流转费用直接增收689.1万元。

近年来，镇巴县以新一轮退耕还林为契机，充分发挥退耕还林在生态扶贫中的支撑作用，全面落实"双倾斜"[④] 要求，加大贫困地区退耕还林力度，助推贫困人口脱贫致富。在项目规划方面，镇巴县优先将深度贫困村纳入规划范围，根据退耕还林需要调整基本农田保护指标，实现应退尽退。在制度设计方面，镇巴县加强政策宣传，全面落实补贴资金，增加退耕农民政策性收入。在产业发展方面，镇巴县坚持发展特色果林和林下种植养殖业，增加贫困农户的经营收入。2017年，镇巴县安排1.5万亩退耕还林工程任务，向贫困乡、贫困村和贫困户重点倾斜，要求退耕还林实施主体重点吸纳贫困户，其中，参与工程建设的贫困户数不得低于项目区贫困户总数的70%。[⑤] 2018年，全县贫困村

---

① 杨建平. 盯紧青山"聚宝盆"［N］. 汉中日报，2017-05-19（A1）.

② "三结合"：与脱贫攻坚相结合，全面实行"双倾斜"；与产业发展相结合，确保退耕后"能增收"；与工程化实施相结合，务求造林成效"高标准"。

③ 杨建平. 盯紧青山"聚宝盆"［N］. 汉中日报，2017-05-19（A1）.

④ "双倾斜"：退耕还林计划任务向深度贫困镇（村）、向贫困户和贫困人口集中区域倾斜。

⑤ 汉中市林业局. 镇巴新一轮退耕还林推动绿色发展助力脱贫攻坚［EB/OL］. 镇巴县政府网，2017-11-30.

退耕还林1万亩，累计获得中央专项投入7200万元（含种苗费1560万元），惠及贫困户2236户，贫困人口7274人，贫困人口户均补助资金直接收益7013元，人均2156元。① 截至2018年年底，镇巴县累计实施新一轮退耕还林5.7万亩，覆盖85个贫困村，占建档立卡贫困村的67%，发放补助资金5060万元，发展茶叶、核桃、银杏等种植产业，贫困户利用退耕还林实现稳定增收。

镇巴县林业局充分发挥行业优势，结合退耕还林工程、生态公益林建设，按照"县建、镇聘、站管、村用"的原则，从建档立卡贫困户中选（续）聘生态护林员，深入推进林业生态扶贫工作。在生态护林员选（续）聘过程中，镇巴县严格按照"公告、申报、审批、考察、评定、公示、聘用"的程序，严格按照选（续）聘条件进行选聘。在建档立卡的贫困户中，选聘1030多名生态护林员，每人每年补助6000元。"中央和省级发放公益林生态效益补偿金206万元，覆盖贫困户3457户。实施新一轮退耕还林工程1.5万亩，发放补助资金257万元，对1116户贫困户进行政策性补助。"② 2019年，全县共选（续）聘出生态护林员1700名，涉及20个镇（办）、177个村（社区），管护森林面积347万余亩。通过系统培训后，上岗承担森林防火灭火、涉林等法律法规宣传、病虫害防治、生态环境保护方面的工作，每年可稳定增收6000元，年增加建档立卡贫困户经济收入1020万元，受益人口6577人，为实现贫困山区生态良好、林区和谐、森林资源增长、群众增收脱贫奠定了良好基础。③

（二）镇巴县三湾村"三结合"生态保护补偿扶贫模式具体实践

"三湾村位于镇巴县杨家河镇的最北端，共有232户，其中贫困人口118户。村内交通不畅通，基础设施落后，60%的人口饮水困难，被列为重点帮扶贫困村。"④ 杨家河镇立足镇域内深度贫困村多、贫困度深、基础条件差、扶贫任务重的实际，在破解深度贫困村发展难题上，探索出生态扶贫的路子。杨家河镇提出生态护林员精准到人、生态效益补偿精准到户、产业发展精准到村，着力提高建档立卡贫困户的生态效益收入、生态工程建设收入和生态产业发展收入"三精准三提高"生态扶贫工作思路，打好政策、项目、资金、人才、技术等组合拳，不断探索生态扶贫新途径，确保生态扶贫落到实处，取得实效。作为深度贫困村，

① 汉中市林业局. 镇巴新一轮退耕还林推动绿色发展助力脱贫攻坚 [EB/OL]. 镇巴县政府网, 2017-11-30.
② 李昇. 镇巴加快绿色发展推进生态扶贫 [N]. 汉中日报, 2019-07-27 (1).
③ 张富荣, 符正林. 镇巴新增1700名生态护林员助力脱贫攻坚 [EB/OL]. 镇巴县政府网, 2019-10-14.
④ 王伟. 凝心聚力促发展 誓将山村换新颜 [N]. 汉中日报, 2017-09-30 (1).

为了带动当地贫困人口脱贫，三合村以林业改革为契机，切实引领退耕还林工程、天保工程、荒山造林、森林抚育等林业项目政策，探索出扶贫互助合作社带动盈利模式，全村 65 户贫困户个人申请加入村互助资金协会。

2017 年，陕西省康裕农业开发有限公司落户三湾村，流转贫困户及周边群众闲散土地和荒废坡地，让贫困户和当地群众在家门口实现务工增收，现已带动该村 78 户贫困户及农户每户收益 2600 元以上。三湾村以带资入企的方式入股陕西省康裕农业开发有限公司，实现贫困户按比例分红 4.8 万元，村民洪×× 将 10 多亩山坡地租给了茶厂种茶，每年能得到 2000 多元租金，在茶园里上班，全年下来收入近 3 万元，极大地调动了当地群众增收脱贫、支持参与落户企业发展的积极性。①

（三）镇巴县"三结合"生态保护补偿扶贫模式的主要经验

1. 森林生态效益补偿助推脱贫

镇巴县地处大巴山腹地，是重要的水源涵养区。通过实施公益林工程，有效推进了镇巴县的生态建设，不仅促进了镇巴县经济社会可持续发展，而且增加了贫困人口的经济收入。截至 2017 年，全县有国家级公益林 50.55 万亩，地方公益林 13.95 万亩，其中集体及个人 64.5 万亩，国有林场 3.07 万公顷，涉及全县 117 个村，3 个国有林场和 25262 户农户，其中在册贫困户 3700 余户，生态补偿金 176.4 万，贫困户年均增收 465.3 元。② 据统计，镇巴县全面落实国家级公益林补偿面积 64.52 万亩，补偿资金 951.67 万元；地方公益林生态效益补偿兑付面积 15.7 万亩，补偿资金 74.58 万元，涉及农户 19 215 户 65 409 人，其中贫困户 3457 户 11 376 人，增收 174.46 万元。

2. 退耕还林项目助推脱贫

在新一轮退耕还林工程中，镇巴县充分尊重农民意愿，把扶贫开发和退耕还林结合起来，以退耕还林政策助推脱贫攻坚。2014 年，镇巴县退耕还林 2.5 万亩，1154 户贫困户完成退耕还林 7755 万亩，占退耕还林总面积的 30%。2014 年，发放补助资金 1550 万元，发放给贫困家庭 387.6 万元。2018 年，实施新一轮退耕还林面积 1.5 万亩，涉及贫困人口 1116 户，补助资金 257 万元。

---

① 王伟. 凝心聚力促发展 誓将山村换新颜——镇巴县杨家河镇三湾村脱贫攻坚纪事 [EB/OL]. 镇巴县政府网，2017-09-30.

② 国亮，石春娜，张弘，等. 陕西省精准扶贫对策研究 [M]. 北京：中国农业出版社，2018：184.

3. 森林抚育项目补贴助推脱贫

"森林抚育工程是林业生产经营管理的一项配套政策"①，能够针对中幼林进行生产、抚育等，以实现对林木结构的合理调整，获得最佳生态效益和经济效益。2016年，镇巴县优先实施中央森林抚育补助项目，通过安排中央财政森林抚育补贴项目，带动全县17个村1100名贫困群众参加森林抚育活动，促进贫困群众收入的提高。

4. 森林资源资产入股收益助推脱贫

"镇巴县结合资源、股权资金、股东的三变改革"②，引导和鼓励农民特别是贫困农民自愿转让森林资源资产，进一步深化集体林权制度改革。2017年，镇巴县林农流转林地915亩，贫困农户利用荒坡荒山入股林业管理机构，发展生态种养殖业、森林旅游业、林下经济产业等，以便实现森林资源资产变现，促使贫困农户得到稳定的入股分红。

5. 生态护林员工资收入助推脱贫

自2017年以来，为落实生态补偿扶贫要求，"镇巴县林业局拓宽了贫困人口就业和收入渠道，扩大了生态护林员队伍，允许有管理能力的贫困人口就地转为生态护林员"③。根据镇巴县的实际情形，林业局适时调整生态林保护人员的选聘原则，从建档立卡贫困户中选聘生态护林员1030余名，每人每年获补助6000元。其中，深度贫困村生态护林员47名，共发放工资11.75万元，切实保障生态护林人员的管理，提高贫困户经济收入。

四、宁夏红寺堡区"脱贫与生态修复共赢"生态移民搬迁扶贫模式

(一) 宁夏红寺堡区"脱贫与生态修复共赢"生态移民搬迁扶贫模式的基本情况

宁夏中南部地区是我国11个集中连片特殊困难地区之一，2015年，宁夏中南部山区有近70万的贫困人口，贫困人口规模大，贫困程度深，发展基础薄弱，生存条件恶劣，生态环境脆弱等状况还没有从根本上得到改变。④ 因此，宁

---

① 国亮，石春娜，张弘，等. 陕西省精准扶贫对策研究 [M]. 北京：中国农业出版社，2018：184.

② 国亮，石春娜，张弘，等. 陕西省精准扶贫对策研究 [M]. 北京：中国农业出版社，2018：184.

③ 国亮，石春娜，张弘，等. 陕西省精准扶贫对策研究 [M]. 北京：中国农业出版社，2018：185.

④ 王全祥，杨进波. 宁夏生态移民发展研究 [M]. 银川：阳光出版社，2015：61.

夏中南部地区的扶贫攻坚任务十分艰巨，关系着宁夏回族自治区全面建成小康社会的全局，为了改善宁夏南部山区贫困人口的生产生活条件，有效解决贫困问题，遏制生态环境恶化的趋势，对生活在自然条件恶化、资源贫乏、生态环境脆弱地区的贫困人口，实行移民搬迁。生态移民作为生态建设的主要措施之一，党的十九大报告为宁夏实施生态立区战略、保护生态环境指明了方向，也为宁夏生态移民迁出区生态修复提供了政治保障。红寺堡区位于毛乌素沙漠边缘，地处宁夏中部干旱带中心，是从根本上解决宁夏南部山区群众脱贫的主战场。红寺堡区实现经济社会的跨越式发展就必须以改善生态为前提，坚持抓生态就是抓发展的原则，把生态建设摆在突出位置，通过实施退耕还林、退牧还草、禁牧封育、防沙治沙、湿地保护等重大生态建设工程，实现生态环境的显著改善。自 2009 年设立吴忠市红寺堡区以来，该区累计搬迁安置移民 23.3 万，贫困人口 13 167 户 51 285 人，减贫 10 484 户 43 261 人，目前还剩 5 个贫困村，2319 户 8024 人未脱贫。

党的十八大以来，红寺堡区坚持"脱贫致富与生态修复共赢"的目标，实施生态移民工程，把培育产业作为增强群众自我发展能力、实现稳定脱贫致富的根本出路，探索资产收益扶贫，形成多元产业支撑的长效脱贫机制。红寺堡区把产业结构调整与摆脱贫困相结合，大力发展特色产业，提升造血功能。葡萄产业是红寺堡区规模最大的特色产业，红寺堡打造酿酒葡萄全产业链，培育形成 40 多个葡萄酒品牌，葡萄酒年加工能力达 3.5 万吨、产值达 4 亿元，每年解决农民就业 40 万人次，带动葡萄种植农户亩均收入 4000 元，到 2012 年，红寺堡生态移民区已建成 6 个葡萄种植基地，面积达到 9 万亩。当前，红寺堡区超过 90% 的贫困户拥有增收致富的产业支撑，经济快速增长，扶贫开发成效显著，2010—2018 年，红寺堡区农民人均纯收入增长了 2.9 倍。此外，红寺堡区还在当地建立了就业基地，依托弘德慈善产业园区引进 23 家企业，吸纳贫困劳动力 400 人。在贫困村建立服装加工、冷链包装等"扶贫作坊"，解决了 284 名贫困人口的家庭生计和就业问题。①

红寺堡区先后实施了天然林保护工程、绿色通道绿化工程，到 2012 年，红寺堡区累计人工造林 167 万亩，草原围栏封育 80 万亩，全区森林覆盖率提高到 10.9%。"2014 年，全区生态移民人均可支配收入达 5084 元，其中县内移民人均可支配收入 4933 元，县外移民人均可支配收入 5253 元。"② 到 2017 年，15 个

---

① 周庆华. 宁夏红寺堡：做好易地扶贫搬迁答卷 [EB/OL]. 新华网，2019-10-01.
② 徐运平. 宁夏：生态移民拔穷根 [N]. 人民日报，2016-01-03（1）.

贫困村脱贫销号，减贫 8 358 户 31 437 人，贫困发生率下降到 14.7%。2019 年，贫困率下降到 4.8%，探索出一条"扬黄调水、易地搬迁、生态和产业扶贫"的红寺堡区扶贫新路。2017 年，红寺堡区地方生产总值达到 19.34 亿元，增长 9.1%；农民人均可支配收入达 7 896 元，是搬迁前（不足 500 元）的 15 倍多。累计造林 124 万亩，森林覆盖率提高到 10.35%，切实改善了宁夏南部山区人民群众生产、生活条件，有助于从根本上解决农村贫困人口的温饱问题（见表 1）。

表 1　2013 年宁夏各县区移民人均收入与当地农民人均收入比较表

县（区）	移民人均纯收入（元）	农民人均纯收入（元）	移民人均收入占所在县（区）农民人均纯收入比重（%）	搬迁途径和安置方式
兴庆区	4800	9876	48.60	县外移民、生态移民
西夏区	6000	6830	87.80	县外移民、生态移民
金凤区	6000	8826	68.00	县外移民、生态移民
贺兰县	5500	9147	60.10	县外移民、生态移民
永宁县	4666	8706	53.60	县外移民、生态移民和劳务移民
灵武市	3873	9652	40.10	县外移民、生态移民和劳务移民
大武口区	6562	7255	90.50	县外移民、劳务移民
惠农区	8000	9393	85.20	县外移民、劳务移民
平罗县	3623	9172	39.50	县外移民、生态移民
利通区	5649	9861	57.30	县外移民、生态移民和劳务移民
红寺堡区	3929	5305	74.10	县外移民、生态移民

数据来源：《生存与发展：宁夏红寺堡区大河村生态移民经济社会变迁考察》。

（二）红寺堡区大河村"脱贫与生态修复共赢"生态移民搬迁扶贫模式的具体实践

大河村位于红寺堡西南方向，是红寺堡区搬迁安置移民最早的乡，移民主要来自西吉、彭阳两县的农村。大河村行政区域面积为 10 平方公里。大河村是典型的生态移民村，它的形成、发展与扬黄灌溉移民工程息息相关，截至 2012 年，大河村共有村民 1105 户 4125 人，占计划安置人口的 98.87%，共有耕地 147 591 亩。总户数 1105 户，人口 4125 人。搬迁初期，平均每户分得耕地 8 亩，其中一小部分属于盐碱地，尽管后期耕地面积有所增加，但由于迁入移民增多，人均耕地面积呈下降趋势。

大河村是一个以传统农业为主的移民村。自移民村试点建设以来，大河村始终坚持调整和优化农业产业结构，因地制宜，培养地方特色农业产业，实现跨越式发展，拓宽农民创收渠道。实现跨越式发展必须依靠外在的资本、土地、劳动力及技术等投资，但是，大河村作为一个贫困村，最缺乏的就是资金，加之发展环境差、自我发展能力弱，在市场竞争中处于不利地位，单纯依靠自身进行生产要素的优化组合和提高生产要素质量来脱贫致富是根本行不通的。

党的十八大以来，大河村加快产业结构调整，围绕"3211"① 发展思路，深入贯彻落实新发展理念，大力调整产业结构，针对不同地域条件，形成以"大阿"（含开元、香园、乌沙塘）为中心、以"两沟"（麻黄沟村以西合红崖、龙泉、龙兴、河西，石炭沟村以东含平岭子、石坡子）为两翼的产业发展布局，全力做大做强葡萄、枸杞、红枣等经济果林、设施农业和黄牛养殖三大主导产业，积极扶持和壮大枸杞种植和劳务输出两大特色优势产业，着力打造"两纵"（盐兴、红九路）"两横"（恩红、大碱路）两大林果产业带和盐兴、大碱、红九公路设施农业产业景观带"生态绿化美化"工程建设，促使中部快速提升，南北两翼齐飞，实现全乡经济社会跨越式发展，把大河乡打造成"设施农业之乡"和"黄牛养殖之乡"。

调查显示，2012 年，移民平均收入为 4206.75 元，是搬迁前（368.71 元）的 11.41 倍，大部分移民已实现了总体脱贫。其中，56.25% 的移民个人收入在 10 000 元以下，32% 的被访移民个人收入在 10 000 元至 20 000 元之间，9% 的被访移民个人收入在 20 000 元至 30 000 元之间，2.756% 的被访移民个人收入在 30 000元以上。相比搬迁前，被访移民个人收入在 10 000 元以下的群体比例减少了 30%。② 大河乡完成国民生产总值 9417 万元，农民人均收入达 4250 元。生态环境明显改善，植树造林累计达到 1.6 万亩，荒山造林 11 万亩，封山青林 3 万亩，植被覆盖率达到 20%。

（三）宁夏红寺堡区"脱贫与生态修复共赢"生态移民搬迁扶贫模式的主要经验

1. 正确的发展思路是生态移民成功的前提

生态移民的动因是自然环境恶化，原生地的人口超过了生态环境的承载能

---

① "3211"是指大河乡产业发展思路，即形成设施农业、黄牛养殖、经果林种植三大主导产业，枸杞种植和劳务输出两大特色优势产业，打造出一个林果产业带和一个设施农业产业景观带。

② 束锡红. 生存与发展：宁夏红寺堡区大河村生态移民经济社会变迁考察 [M]. 银川：阳光出版社，2014：87.

力，其目的是保护和改善生态环境，使移民迁出地的生态环境得到保护，移民迁入地的生态环境不受损害，移民迁入地的原住户不受损害，移民能稳定地解决温饱，又能逐步走向富裕。宁夏红寺堡在多年的扶贫开发工作中，不断深化对区情和贫困发生原因的认识，在新时代生态文明思想的引领下，始终坚持"生态、生产、生活"有机统一的思路，不断开拓创新，促进生态环境持续好转，促进了生态移民目标即"生态得以恢复、生产得以改善、生活得以提高"的实现。

2. 良好的机制是扶贫成功的助推器

按照《中国农村扶贫开发纲要（2011—2020年）》确定的集中连片特困地区，宁夏六盘山集中连片特困地区包括原州区、西吉县、彭阳县、隆德县、泾源县、同心县（含红寺堡区、海原县）等国家扶贫开发工作重点县，覆盖98个乡镇1354个行政村7038个自然村，贫困人口89.4万人，占宁夏贫困人口总数的88.1%。近年来，国家对宁夏给予了大量的政策扶持和资金倾斜，从项目、资金、技术、人力等方面给予贫困地区大力支持，帮助贫困村、贫困群众解决了大量的生产、生活的实际问题，加快了宁夏中南部地区脱贫致富的步伐。宁夏红寺堡区不断创新资金投入机制，充分发挥市场的主导作用，鼓励贫困人口参与产业发展项目，并积极吸引国内企业参与扶贫开发，逐步建立多渠道、多元化扶贫资金投入机制，为贫困地区的发展发挥了有效的助推器作用。

3. 合理开发资源，发展特色产业是生态移民的关键

宁夏红寺堡区从大力培育发展特色产业入手，逐步培育形成了以葡萄、圆枣、枸杞、苹果为主的经济果林、设施农业以及黄牛养殖为主导产业的新格局，移民人均纯收入持续增加。[①] 在贫困地区资源的开发利用上，坚持自然资源开发利用和人力资源开发利用并重发展，是扶贫开发成功的基础。在自然资源开发利用方面，重点依据贫困地区的气候、土壤条件，因地制宜地发展区域优势特色产业，以产业发展促进贫困农户增收。在人力资源开发方面，"扶贫先扶智"，宁夏始终把提高贫困人口的整体素质作为扶贫开发的一项长效措施，按照以市场为导向的培训思路，促进贫困人口的专业能力和就业技能培训。各级政府和扶贫部门重点扶持贫困地区发展基础教育和对农村富余劳动力进行职业技能培训、农业先进实用技术培训和基层干部、驻村指导员、社会帮扶工作人员的培训。同时，利用闽宁对口帮扶资金实施的"万名劳务输出培训工程"，对重点村有组织输出人员进行系统培训。

---

① 姜羽. 宁夏实施生态移民工程的经验与启示 [N]. 中国民族报，2019-07-19 (011).

第三节　全面小康后农村生态扶贫成果巩固中的返贫风险[①]

生态扶贫脱贫成果是检验农村生态扶贫效果的重要指标。当前，我国区域性整体贫困得到解决，进入巩固拓展脱贫攻坚成果的"后扶贫"时代，但农村生态扶贫脱贫成果巩固总是受到各种因素的影响，导致脱贫成果巩固困难，巩固拓展生态扶贫脱贫成果，促进乡村生态振兴，仍然面临着诸多返贫风险。

一、基础设施滞后阻碍脱贫成果巩固拓展

基础设施是农村发展必不可少的基础性条件，良好的基础设施能够推动经济的发展。改革开放 40 年的发展，国家逐步加大对农业和农村的投入力度，农村基础设施建设得到明显改善，但是贫困地区农村基础设施建设仍然存在许多问题。与全国平均水平相比，我国脱贫地区以及低收入地区的基础设施还极不完善，更值得关注的是，农村的粗放发展导致部分地方土壤硬化板结、重金属含量超标等，生态环境恶化影响农业的可持续发展能力，农业资源危机和农村生态环境恶化不断加剧。乡村生态环境基础设施欠账多、需求大，资金投入不足，管理运行不到位，导致乡村生态环境基础设施缺口明显，难以发挥治理效果。贫困人口过分追求经济增长，从而忽视了生态环境的可持续性，造成脱贫地区的环境退化，不但成为制约农村可持续发展的经济问题，而且成为严重影响人民群众身体健康的民生问题。

二、环境风险引发的突发环境事件导致返贫

近年来，我国各类环境风险突出，已经进入突发环境事件高发期。2016 年，环境保护部部长陈吉宁在全国环境保护工作会议中指出："当前和今后一段时期是我国环境高风险期，环境安全形势不容乐观。有的是环境自身的问题，有的是衍生出来的问题，区域性、布局性、结构性环境风险更加突出，环境事故呈高发频发态势。"[②] 统计数据显示（见图 1），我国每年发生突发环境事件虽然呈

---

①　王萍. 新发展阶段生态扶贫脱贫成果巩固中的返贫风险及其防控机制构建 [J]. 重庆社会科学，2021, 323 (10)：30-40.

②　陈吉宁. 以改善环境质量为核心全力打好补齐环保短板攻坚战——在 2016 年全国环境保护工作会议上的讲话 [EB/OL]. 中国政府网，2016-01-15.

现逐年下降的态势，但对社会经济可持续发展造成巨大损失，直接危害人民群众的生命安全。四川、贵州、云南、陕西、青海、甘肃、宁夏、新疆八省区既是我国主要的贫困发生地，也是突发环境事件频发地区，环境突发事件发生率约占全国的三分之一（见表2）。这些省区已脱贫地区与少数民族、革命老区、边区等高度叠加，在国家整体生态功能方面承担着重要责任。然而，在推动经济社会发展过程中，这些省区化工产业结构和布局不合理，总体上呈现出"近水靠城"的分布特征。一些危险化工企业邻近饮用水水源保护区、重要生态功能区等生态敏感区域，污染物排放、生产安全事故等因素极易诱发环境突发事件，危及人民群众身体健康和财产安全，造成大规模脱贫人口返贫现象。

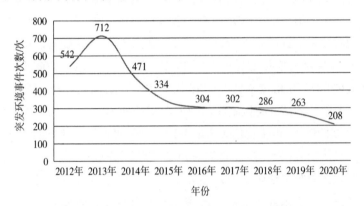

图1　2012—2020 年全国环境突发事件次数统计图

数据来源：2012—2020 年环境统计公报。

表2　八省区 2012—2019 年突发环境事件统计表　　　　　单位：次

年份\地区	2012 年	2013 年	2014 年	2015 年	2016 年	2017 年	2018 年	2019 年
四川	16	14	7	14	20	16	20	25
贵州	4	9	3	9	12	11	8	8
云南	1	2	3	4	1	4	0	0
陕西	23	118	82	58	45	32	27	25
青海	8	11	22	12	9	5	5	4
甘肃	4	2	6	3	3	3	1	2
宁夏	0	3	7	2	4	11	23	5
新疆	13	10	5	4	11	8	1	4

数据来源：2012—2020 年中国环境统计年鉴。

三、自然灾害频发导致返贫

近年来，我国返贫人口逐年减少，从 2016 年的 60 多万下降到 2017 年的 20 多万，但在诸多返贫诱因中，自然灾害仍然是脱贫人口返贫的直接因素。贫困与特定的异质性较高的生态系统在空间分布上高度重合，"我国约 76% 的贫困县分布在生态脆弱地带，占全国贫困县总数的 73%"①。脱贫地区多数都位于山区、边区等偏远地带，尤其是一些已经脱贫的深度贫困地区和集中连片贫困地区大都地处生态结构异质性极强的西北、西南地区，这些地区贫困人口的刚性地理分布与生态环境具有高度的相关性，自然环境脆弱、生态环境恶劣导致洪涝、沙尘暴、山体滑坡等自然灾害和生态危机不断，因灾致贫、因灾返贫成为生态扶贫脱贫成果巩固的主要障碍。根据 2020 年环境统计数据，2019 年全国发生自然灾害 6181 起。农作物受灾面积 19 257 千公顷，绝收 2802 千公顷，造成直接经济损失 3271 万元（见表 3）。其中，四川、贵州、云南、陕西、青海、甘肃、宁夏、新疆、西藏 9 省区农作物受灾面积共计 3529 千公顷，约占全国农作物受灾面积的 57%。"由于自然灾害的突发性和不可控性，在短期内会造成相对集中的重大经济损失"②，导致脱贫农户即使暂时摆脱贫困，也很容易因灾返贫。同时，大部分脱贫地区交通设施处于劣势，资源开发极易对环境造成负面影响，脱贫人口收入来源拓宽的空间被压缩，自然灾害频发，进一步加剧了因灾返贫的风险。

表 3　2010—2019 年全国自然灾害及损失情况统计表

年份 ＼ 自然灾害及损失情况	农作物受灾面积（千公顷）	绝收面积（千公顷）	受灾人口（万人次）	直接经济损失（亿元）
2010 年	37426	4863	42610	5340
2011 年	32471	2892	43290	3096
2012 年	24962	1826	29412	4186
2013 年	31350	3844	38819	5908
2014 年	24891	3090	24354	3374

---

① 李周. 资源、环境与贫困关系的研究［J］. 云南民族学院学报（哲学社会科学版），2000（5）：8-14.

② 林木西，白晰. 因灾返贫政府干预的基本逻辑和作用机制［J］. 政治经济学评论，2021（4）：109-120.

续表

年份 \\ 自然灾害及损失情况	农作物受灾面积（千公顷）	绝收面积（千公顷）	受灾人口（万人次）	直接经济损失（亿元）
2015 年	21770	2233	18620	2704
2017 年	18478	1827	14448	3019
2018 年	20814	2585	13554	2645
2019 年	19257	2802	13759	3271

数据来源：2010—2020 年中国环境统计年鉴。

四、后续生态产业发展动力不足导致返贫

生态产业发展是生态扶贫的关键。在脱贫攻坚进程，贵州、云南和广西壮族自治区将"生态保护+产业发展"作为扶贫的新模式和新方向，发展循环经济、特色产业，促进生态保护与扶贫开发有机协调。然而，在实际的产业发展中，大部分地区往往更倾向于能够在短期内带来经济效益的生态旅游、民宿经济等产业模式，对特色文化资源、人文资源等挖掘不够，导致生态产品种类单一。① 进入新时代，随着全面深化改革和市场化程度不断提高，各地经济发展过程中的制度性约束越来越少，而区域性自然禀赋的影响则日益突出。东部沿海发达地区凭借自然环境的优势或区位优势得到较快发展，相比之下，广西、云南、贵州、陕西、甘肃等特困县较多的区域不仅缺乏这些优势，由于自然环境和区位劣势的严重制约，后续产业发展动力不足。一是产业发展缓慢。大部分已经脱贫的县乡开放程度一般都较低，且在国家颁布的主体功能区划中被列为限制开发和禁止开发地区。在产业扶贫过程中，这些地区主要依托当地的资源条件发展种植业和养殖业，工业化程度低，第三产业欠发达，导致脱贫初期的返贫现象明显。二是农产品利润微薄。自然条件限制导致邻近脱贫县乡种植的农产品雷同，同质化竞争激烈。随着近年来大量具有价格优势的境外农产品进入国内，挤占了国内市场，由于缺乏品牌与营销手段，深受市场产能过剩的影响，脱贫地区农牧产品竞争力较弱，难以保证脱贫人口长期稳定的收益。三是就业渠道狭窄。脱贫地区产业基础较弱，经济发展动力不足，第二、三产业提供的岗位有限，难以吸纳当地的脱贫人口就业。由此，脱贫地区经济发展存在

---

① 王萍．新时代多民族地区生态扶贫：现实意蕴、基本路径与困境溯因——基于生态文明视角 [J]．新疆社会科学，2019（3）：123–130+150.

后续产业发展动力不足的风险，严重影响着农村生态扶贫脱贫成果巩固和拓展。

五、农村环境污染问题突出导致生态扶贫成果巩固困难

近年来，我国环境治理取得了积极成效。但是，农村生态环境恶化的总体趋势尚未得到完全遏制，农村生态环境治理基础薄弱、欠账多，农村污染源具有点多、面广、污染小的特点，治理成本高、监管不足，导致一些环境问题被长期搁置，农村环境问题成为巩固拓展生态扶贫脱贫成果的重要制约。由于生态基础设施建设滞后，现有的环境基础设施运行效果不理想，农村污水处理存在明显短板。城镇污染企业向农村转移趋势日益明显，导致农村生态环境污染加剧。农药和化肥的过度使用导致耕地和土地质量恶化，面源污染严重威胁土壤和水环境安全。农村畜禽养殖粪污处理不到位，极易对地表水、地下水、土壤、空气造成污染。脱贫人口生态保护意识和自我防护意识欠缺，大量的环境污染对农村脱贫人口生命健康造成危害，诱发各种疾病，从而引发因病返贫现象。

第五章

新时代生态文明视角下农村生态扶贫成果巩固的路径思考

消除贫困和保护环境是世界可持续发展领域的两大核心问题。对中国而言，消除贫困、实现共同富裕也是我们党肩负的重要使命。从当前和长远发展角度来看，对大部分脱贫地区，尤其是西部地区的山区、水源地、森林等国家自然资源保护地而言，始终存在"要温饱"和"要环保"的艰难选择，把绿色发展理念贯穿巩固生态扶贫成果全过程，将发展绿色减贫作为推进精准扶贫工作的重要抓手，既是推动乡村振兴发展的重要举措，又是推动脱贫地区加快经济发展的同时兼顾生态环境效益的现实需要。

第一节 培育生态文明价值观：农村生态扶贫成果巩固的思想前提

思想是行动的先导，价值观决定着人的行为方式。历史唯物主义认为，社会存在决定社会意识，社会意识对社会存在具有能动作用。人类是在自己意识的指导下从事认识世界和改造世界的活动的，人类的行为会受到其思想观念的深刻影响，打上深刻的目的性烙印。从生态文明的角度来看，人与自然之间的价值关系是评价人与自然关系的基础，生态价值是人们对自然界生命价值和人类在自然界中的价值和地位的科学评价。[①] 生态文明价值观是指导人们生态环境行为的理论基础，也是农村生态扶贫的思想前提。在全社会弘扬生态文明理念，努力提升农村人民群众的生态意识，对推进农村生态脱贫和生态文明建设发挥着至关重要的作用。

---

① 廖福霖. 生态文明建设理论与实践（第2版）[M]. 北京：中国林业出版社，2003：46-47.

一、强化农民生态文明意识培育

自然界是人的无机身体，人是生态共同体的代理者，正确处理人与自然的关系，推动人与自然的和谐相处，是人类自身生存发展的终极诉求。法国生命伦理学家阿尔贝特·史怀泽指出，只有人把动植物和个人的生命看得同等神圣时，才能表现出人的道德性。因此，马克思一贯主张在对待自然时，人类既不能把自然视为原料库，也不能凌驾于自然之上，而是要做到尊重自然规律，按自然规律办事。在改造自然界的活动中，"人离开动物愈远，对自然界产生的影响就愈具有计划性和目的性，"① 人必须如同尊重自己的生命一样，尊重自然的价值，树立尊重自然与敬畏自然的理念。康德曾经说过，尊重是一种使利己之心无地自容的价值察觉，既不是对对象的爱好，也不是对对象的惧怕，或者爱之畏之兼而有之。人与自然相处的过程中，需要将人的自我意识扩展到自然界，从而超越人类自身达到一种向非人类世界的认同，使人与自然界在自我意识中融合为一体。

生态意识是指人们对生态环境问题的总体看法和根本观点，以及在处理人与自然关系、协调人的环境权益的基本立场。生态意识不仅与人们的意愿和利益需求有关，而且与人们参与生态环境保护的意愿和行为有关，反映着一个国家对人与自然关系的认识程度和对生态环境保护的重视程度。从某种意义上说，现代生态危机的实质是生态观念的危机，生态意识的缺失是现代生态危机的深层根源。随着我国生态环境问题日益突出，人们的环境意识也在增强。农村生态扶贫与生态环境问题密切相关，培养农村贫困人口的生态意识，凝聚生态共识，形成人与自然和谐共生的生态价值观，是推动农村生态扶贫的重要保障。② 但总体来看，在一些偏远地区、贫困地区，人民群众的生态意识普遍不强，《全国生态文明意识调查研究报告（2013 年）》显示，中国公众生态文明意识呈现出"认同度高、知晓度低、践行度不够"的状态，农村居民生态意识普遍低于城市居民（如图 1 所示）。③

---

① 马克思恩格斯列宁斯大林著作编译局. 马克思恩格斯选集（第 3 卷）[M]. 北京：人民出版社，2012：996.

② 赵成. 生态文明的兴起与观念变革——对生态文明观的马克思主义分析 [M]. 长春：吉林大学出版社，123-124.

③ 李天芳. 我国新型城镇化进程中城乡关系协调路径研究 [M]. 北京：人民出版社，2017：246.

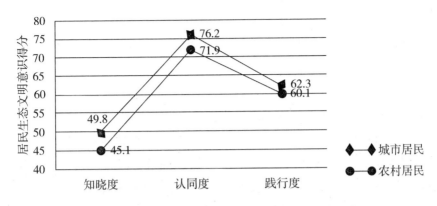

图1　我国城市居民与农村居民生态文明意识得分比较

注：根据生态环境部《全国生态文明意识调查研究报告（2013年）》绘制。

党的十八大报告提出要"加强生态文明宣传教育，增强全民节约意识、环保意识、生态意识，形成合理消费的社会风尚，营造爱护生态环境的良好风气"①。一方面，面对自然资源的有限性，我们对改造自然提出道德上的限制，防止盲目野蛮的改造行为，以保证生态环境的可持续发展。一是尊重自然。人类社会与自然是一个相互联系的整体，尊重自然就是尊重物质世界发展的客观规律，并按照客观规律办事。恩格斯早就警告我们，大自然会对我们的每一次胜利进行报复。二是善待自然。人是自然之子，人的命运与自然界中的空气、水、土壤以及各种动植物紧密相连，自然界的变化深刻影响着人的发展。因此，人类必须善待自然，不能以征服者的姿态发号施令。"善待自然不仅需要外在法律的强制，更需人类内在的良知和道德力量"②，在人与自然之间建立一种道德准则和行为规范。

另一方面，要把生态文明建设细化为人的具体行动，将人与自然和谐共处的价值观落实到日常生活和消费中。人与自然价值关系的形成不仅取决于人与自然关系的形成，还取决于人与自然的实践关系，生态文明价值是人们对自然界生命价值和人类在自然界中的价值和地位的科学评价。农村生态扶贫需要在生态价值观的引领下，确立人与自然和谐相处、共同发展，促进贫困人口长久脱贫。要通过报纸和杂志、电视、广播，特别是微信、微博等新媒体手段，运用新鲜活泼的大众语言形式，将抽象的理论联系生活实际，增强直观性、体验

---

① 本书编写组.中国共产党第十八次全国代表大会文件汇编［M］.北京：人民出版社，2012：38.

② 李杰.当代中国特色社会主义价值观研究［M］.北京：人民出版社，2016：181-182.

性、亲和性、互动性，将理论话语变成口语化、通俗化、大众化、形象化的话语，使人民群众在精神上由被动角色转入主动角色，① 努力营造绿色生产、绿色消费的良好社会氛围。

二、构建多样化的乡村生态文化

文化与自然紧密相连，自然的多样性孕育了文化多样性，文化的多样性守护着自然多样性。"地域文化是区域经济社会发展的软实力，作为社会资本影响着区域产业发展的深度。"② 地域文化特色是特定区域独具特色、传承至今仍发挥作用的文化传统，是一个地区的活力之源、灵魂所在。所谓一方水土养育一方人，一方地域孕育一方文化。不同社会结构和发展水平的地域，其自然地理环境、民俗习惯、政治经济条件等都不同，形成了各具特色的地域文化。乡村振兴的背后是文化的复兴问题，文化是乡村振兴的灵魂和着力点，乡村振兴既要塑形，也要铸魂。"民俗传统是乡村振兴的重要保障"③，乡村生态振兴离不开传统的乡约文化和民俗文化。同样，生态扶贫的核心也是构建农村人与自然和谐共生的生态文化。

一是传承"地域民俗文化"。农村是中国传统文明的发源地，乡土文化是中国数千年农耕文明的结晶，对于传承优秀传统文化，引领农村良好社会风尚有着不可低估的作用。当前，中国处于一个大变革、大发展、大融合的时代，乡村受到城镇化的时代潮流裹挟，城市现代文明不断向农村延伸，农村在快速发展的同时，农村优秀的乡土文化的个性日益被淡化。乡村文化振兴是乡村振兴的核心内容，乡村振兴要守护乡村文化传统、传承发展农耕文明，走乡村文化兴盛之路。民俗文化是民族的基础文化，是与日常生活息息相关的文化。民俗来源于生活，又服务于生活，它规范着人们的思维方法、生活方式和对待事物的价值取向，"除乡规民约之外，礼节礼仪、行为习惯、节日习俗等，甚至民间信仰性质的禁忌等，都对人具有教化和约束作用"④。在推动乡村振兴中，要保

---

① 王萍. 五四时期社团推动马克思主义大众化的经验与启示——基于马克思学说研究会的考察 [J]. 青海民族大学学报（社会科学版），2019 (3)：89-94.

② 陈绪敖. 秦巴山区生态环境保护与产业精准扶贫互动发展研究 [J]. 甘肃社会科学，2016 (6)：184-190.

③ 萧放. 民俗传统与乡村振兴 [J]. 西南民族大学学报（人文社科版），2019，40 (5)：28-36.

④ 王德刚. 民俗文化的当代价值——基于民俗学者深度访谈与文献对读研究 [J]. 民俗研究，2019 (2)：33-49.

护和弘扬乡土优秀文化，保护和延续良好的民风民俗等村落的文化根脉，将传统文化的精髓与现代文明元素相结合。此外，藏传佛教中孕育着经典的众生平等、放生护生的生态伦理意识，这些意识承认和尊重自然环境所蕴含的价值，珍惜一切生命和自然，注重生态环境保护，对于乡村振兴具有重要意义。因此，乡村振兴要积极传承地域民俗文化，为保护生态环境、实现经济社会的可持续发展提供精神支柱和思想动力。

二是构建"生态乡约文化"。乡约是乡村文化的有机构成，在乡村社会发展中起着重要作用。中国各族人民群众在长期的生产生活实践中，或盟誓立约，或勒石立碑，或著书立说，形成了各具特色的族规祖训、乡规村约等成文或不成文的民间规约，以达到保护自然资源与生态环境之效。"生态乡约文化"是以乡村生态环境保护为主要内容，宣传保护乡村内现有林木和牧草地农地，使农民认识到生态环境的重要性，保证现有的生态基底不被破坏。习近平在党的十九大报告中提出，人与自然是生命共同体，尊重自然是人与自然相处时的首要态度。乡村生态振兴要构建生态乡约文化，从道德上约束和规范人们的行为，把道德关怀扩展到人之外的其他生命实体上，使生态环境保护成为人们自省自觉的行为。

三是构建以生态伦理为导向的"生态道德文化"。从生态伦理学的层面来说，人能否与自然建立伦理关系，关键在于自然能否成为人类道德关怀的对象。如果人类在本质上与自然对立，人与自然之间就会出现一种明显的断裂与鸿沟，这样一来，人的道德关怀就很难扩展到自然中去。大地伦理学的创始人利奥波德认为，从哲学的角度来看，道德是对社会的和反社会的行为的鉴别，但从生态学的角度来看，道德则是对生存竞争中行动自由的限制。随着生态危机的不断加深，人类应当把人与人、人与社会之间的道德范围扩大到人与自然的关系中去。鉴于此，有学者提出，"在当代倡导一种尊重自然、善待自然的伦理态度是人类文明得以持续的基础"[1]。农村生态扶贫要增强人民群众的生态道德意识，为生态扶贫夯实思想基础。在全社会普及生态文明理念，以家庭为核心，以社区为纽带，以干部为先导，"从娃娃抓起"，将生态道德意识渗透到人们的心灵和现实生活中，以道德规范引领人的生活，将敬畏自然、顺应自然的伦理观念充分融入农村生态扶贫的全过程和各方面，从更深的思想文化层面解决现实中的环境问题。

---

[1]　余谋昌，王耀先. 环境伦理学 [M]. 北京：高等教育出版社，2004：7.

三、确立绿色化生活和消费方式

自 20 世纪 70 年代以来，生态危机和环境污染严重影响着人们的生产生活，促使人们开始重新审视当前的生活方式和消费方式。随着社会经济的发展、人民生活水平的提高、生活观念的转变，人们的生态环境保护意识不断增强，绿色生活和绿色消费应运而生。绿色生活方式的核心在于处理好生产、生活和生态三者之间的关系。生产是社会经济的起点和主导因素，其发展水平决定着消费的增长和消费结构的变化，而消费水平的提高、消费内容的多样性又反过来影响着生产的发展。保持经济运行的良好状态，就要使社会的消费水平与生产发展水平相适应，使生产资料的生产与生活资料的生产保持合理的比例。然而，生产和生活都是在自然界中进行，人的生产生活受到生态环境的制约。如果过度消耗自然资源和能源、排放废物和污染物，生态平衡一旦被打破，就会引发一系列环境问题。传统的生产方式和生活方式对生态环境缺乏良好的把握，导致人类赖以生存的生态环境遭到严重破坏。

绿色生活方式是一种以"绿色、自然、健康"为宗旨的生活方式，既有益于人类的健康，也有利于社会环境的可持续发展。按照社会生活生态要求，创造有利于生态环境可持续发展和子孙后代的环境友好型生活方式。根据马克思的设想，绿色生活方式是对人与自然之间的物质交换进行理性调节，以最少的消耗获取最大的物质交换。从根本上看，绿色生活方式不仅是购买绿色产品或享受绿色服务的行为，更是一种内化的绿色生活意识和自觉行为。绿色生活方式下，人们充分尊重生态环境，建立人与自然和谐共处的生态价值观，形成一种环境友好、可持续发展的生产生活方式，自觉抵制生产过程和日常生活中对环境有害的行为，购买和使用绿色环保、健康的产品。

绿色消费是建立在人与自然和谐统一关系基础上，遵循可持续发展原则，体现绿色文明的一种新型消费模式，是消费者生态道德意识的重要体现。从消费模式层面看，绿色消费是一种新的消费模式，它是指消费者从健康保护、生态环境保护和社会责任的角度出发，为减少消费过程中的资源浪费和防止污染而采取的一种合理的消费方式，其根本目的是实现人、自然、社会之间的和谐，消费者个人利益与环境利益之间的和谐，使生产、生活、生态环境协调发展。"人们的消费需求不仅包括物质需求、精神需求和文化需求，还包括生态需求，生态需要对人的生存和发展十分重要。"[1] 从价值观层面看，绿色消费是人们的

---

① 徐海红. 生态劳动视域中的生态文明 [D]. 南京：南京师范大学，2011：251.

价值观和生活方式的改变，绿色消费的过程中，不断优化消费结构、提高消费质量、提高人民素质，通过高尚的道德行为规范和引导消费的变化，最终推动产业经济结构调整，促进生态产业发展。

在农村倡导绿色消费首先要做到节约循环利用资源。首先，节水、节纸、节能、节电，在日常生活中要多用节能灯，外出时尽量使用公共交通工具。循环利用资源，尽量在购物时自备购物袋，减少使用一次性产品；在处理生活垃圾时尽量分类，促使日常生活中的废旧物品重复使用。其次，崇尚自然、追求健康，提倡科学、合理的生活消费。在消费方式上注重与自然协调发展、节约自然资源能源。扶植绿色市场、支持绿色技术，引导农民和贫困人口选择有助于自然协调发展、低消耗低排放的绿色产品，如选购绿色食品、无公害农产品、绿色家具，选用高能环保电池、无磷洗衣粉、生态洗涤剂等。最后，普及绿色消费知识，开展绿色教育和绿色实践活动，增强人民群众的生态意识，自觉抵制环境破坏行为和不合理的消费行为。通过绿色家庭、绿色学校、绿色社区等行动，将生态意识渗透到人们的心灵和现实生活中，形成一种环境友好、绿色低碳的生活和消费模式。

第二节　建立统一协调机制：农村生态扶贫成果巩固的政治保证

新时代，农村扶贫开发要重视生态建设，促进经济、社会、生态协同发展。党的十八届五中全会提出了生态扶贫，将生态扶贫作为精准扶贫的重要方式之一，对生态特别重要和脆弱的贫困地区实行生态扶贫，将生态优势转化为发展优势。生态扶贫是生态文明建设中减贫方式的创新，是一种符合生态文明发展、实现绿色增长和发展新方式的减贫理念，也是贫困地区实现脱贫减贫与生态文明建设双赢的重要途径。当前，在大多数的脱贫地区，政府、市场与社会三方力量严重不均衡，多元主体协同推进农村生态扶贫成果巩固首先要明确政府、企业和社会组织等不同行为主体之间的权责关系，引领市场、社会协同发力，构建"政府引导、多元主体、群众参与"的格局。

一、加强党对农村生态扶贫成果巩固的核心领导作用

中国共产党是贫困治理的领导核心，在组织动员能力、资源配置能力和利益协调方面具有突出的优越性。"党的基层组织担负着直接联系群众、宣传群

众、组织群众、团结群众、贯彻落实党的路线、方针、政策的重要职责。"① 中华人民共和国成立以来，党和政府始终重视消除贫困，不断加大扶贫开发工作力度，尤其是改革开放以后，在党中央、国务院的领导下，我国扶贫开发工作成效显著。中国特色社会主义进入新时代，以习近平同志为核心的党中央新一届中央领导集体坚持以人民为中心，提出实施精准扶贫方略，不断加大农村贫困人口脱贫力度、完善贫困地区基础设施和公共服务、促进贫困地区经济发展，充分体现了我们党全心全意为人民服务的宗旨。2015 年，习近平在贵州考察时提出，党政"一把手"要当好扶贫开发工作第一责任人，把党政"一把手"负总责的扶贫开发工作责任制，真正落到实处。"党的基层组织是团结带领群众贯彻党的理论和路线方针政策、落实党的任务的战斗堡垒。"② 在农村生态扶贫中，基层党组织的建设状况直接关系到贫困治理目标的实现程度，基层党组织在推动农村发展、服务群众、凝聚人心中发挥着重要作用。因而，农村生态扶贫要明确开发扶贫的责任，从领导组织和机制着手建立完善的领导体制机制，抓好以党组织为核心的基层社区组织配套建设，将宏观的扶贫开发顶层设计投放到微观的农村贫困地区。

一方面，要加强和改善农村基层党组织的建设。2015 年 11 月，习近平总书记在中央扶贫开发工作会议上强调，"脱贫攻坚任务重的地区党委和政府要把扶贫攻坚作为'十三五'期间头等大事和第一民生工程来抓，坚持以脱贫攻坚统揽经济社会发展全局"③。农村生态扶贫关系我国生态文明建设和脱贫攻坚全局，更要把夯实农村基层党组织同脱贫攻坚、生态文明建设有机结合起来，改变有些贫困村班子不强、能力不足现状，解决"最后一公里"的难题；选好"一把手"、配强领导班子，通过强化班子、提供保障、提升群众积极性等方法，破解农村脱贫致富难题，变"软弱涣散"为"动力车头"。提高基层干部对党的政策方针的理解、认同，是干部自觉贯彻落实党的宗旨纲领及政策的思想基础，通过系统性地展开对基层干部的培训，更新党员干部的知识能力、农技能力、社会交往能力，提高他们的工作水平、掌握应对突发事件、媒体采访及使用网络信息的主要方法，用绿色生态理念和方法"武装"党员干部。全方位地提升他们对农村生态扶贫的认同能力和决策能力，用农民党员熟悉的语言、熟

---

① 南俊英. 党的建设与中国特色社会主义 [J]. 学习论坛，2011，27（8）：16-19.

② 刘宏，孙来斌. 试论当代中国共产党人的自觉意识 [J]. 学校党建与思想教育，2013（16）：16-18.

③ 苏礼和. 新中国成立以来中国共产党扶贫思想与实践研究 [D]. 福州：福建师范大学，2017.

悉的事例、熟悉的方式，及时地解读党关于农村生态扶贫的方针政策及措施的变化，剖析对贫困地区可获得的实惠及受到的影响，用以指导农村生态扶贫工作。此外，还要建立以党基层组织为载体的农村生态扶贫建设项目库，由基层党组织作为主体，以项目为抓手，组织和动员农民参与生态扶贫建设，从而推动农村脱贫减贫。

另一方面，要不断强化农村扶贫开发考核机制。党的十八大以来，扶贫开发工作的考核机制不断完善，已经建立起最严格的考核制度。随着《关于改进贫困县党政领导班子和领导干部经济社会实绩考核工作的意见》《省级党委和政府扶贫开发工作成效考核办法》《脱贫攻坚责任制实施办法》《关于对在扶贫开发工作成效中真抓实干成效明显地方进行激励的实施办法》《东西部扶贫协作考核办法（试行）》《中央单位定点扶贫工作考核办法（试行）》等一系列考核制度的提出，既对扶贫责任主体提出了明确的要求，又有正向的激励作用。农村生态扶贫涉及扶贫开发和环境保护两个方面，不仅要建立起常规的考核机制，还要创新考核评估方式，将生态、资源、环境等要素纳入农村扶贫开发中，并将其作为重要因素进行考量。

二、发挥政府在农村生态扶贫成果巩固中的引导作用

政府是扶贫开发的主导力量，但是政府自身的局限性使它难以及时回应环境变化和现实需求。政府作为扶贫开发的主要力量，在农村生态扶贫中发挥着引导作用，全面建成小康社会后，更要凸显政府在农村生态扶贫成果巩固中的重要性。一般来说，政府在农村生态扶贫中的作用主要体现在四方面：一是宏观经济调控。政府要从经济社会发展的大局和长远利益出发，有意识、有计划地对全社会的经济运行进行调整。二是提供公共服务。政府要在关系国计民生的关键产业领域发挥引领作用，譬如，教育、文化、医疗、卫生、就业、社会保障等。三是市场监管。扶贫领域的政府监管力度不够，政府需要重点解决管理职能碎片化、监管不足的问题。四是促进环境保护。政府应该着眼于促进代际公平，健全自然资源资产产权制度、用途管制制度、主体功能区制度，促进发展绿色低碳循环经济，促进绿色技术运用，推动资源节约集约使用，加强环境治理和生态保护修复。

当前，在农村生态扶贫成果巩固中，政府发挥着主导作用，一方面，政府要做好农村生态扶贫成果巩固相关政策和顶层设计；另一方面，政府需承担规范社会秩序和维护社会发展稳定的职责，落实好国家各项惠农政策，将资源向

农村倾斜，加大农村公共服务设施投入，致力于乡村建设。① 发挥政府在生态扶贫成果巩固中的主导作用，需要加强领导责任制，由中央政府统揽全局，各地方政府落实具体的工作。此外，在认真履行好政府巩固脱贫成果责任的同时，各级政府还要建立有效的激励机制，吸引更多的社会资源参与到巩固脱贫成果中来，拓宽脱贫地区振兴发展的路径。

三、培育和引导社会组织参与农村生态扶贫成果巩固

随着社会转型加速，社会组织作为一种独立的政治力量，成为社会治理体系的基本组成部分和社会治理平台的重要支撑。改革开放以来，我国社会组织快速健康发展，组织数量和质量稳步提高，积极作用日益凸显。截至 2017 年底，全国依法登记的社会组织 76.2 万个，其中，社会团体 35.5 万个，社会服务机构 40 万个，基金会 6307 个，农业及农村发展类 6.4 万个，生态环境类 6679 个（见图 2）。全国各类社会组织年收入达 4383 亿元，吸纳专职就业人员约 864.7 万人。② 社会组织是加强和创新社会治理的重要参与者与实践者，社会组织的有序参与可以在政府与市场、政府与社会、政府与群众之间架起桥梁和纽带，党的十八届三中全会通过的《中共中央关于全面深化改革若干重大问题的决定》指出，充分激发社会组织活力，实现政府治理、社会自我调节与居民自治的良性互动。在大数据的支持下，社会组织具有提供"靶向式服务"、供需匹配等独特功能，能够通过网络平台科学开展各种扶贫项目，保证生态扶贫的良好效果。

在后扶贫时代，社会组织参与脱贫成果巩固具有重要意义。我国高度重视社会组织的积极作用，2013 年，中共中央办公厅、国务院办公厅联合印发了《关于创新机制扎实推进农村扶贫开发工作的意见》，强调创新社会参与机制，建立健全动员全社会参与扶贫开发的制度。鼓励和引导各类企业、社会组织和个人以多种形式参与扶贫开发，实现社会帮扶资源与农村扶贫开发的有效对接。巩固拓展生态扶贫成果是一项复杂的系统工程，需要专业化的知识体系和干预技术。相对于政府手段和市场机制而言，社会组织在提供优质专业服务方面，尤其是在针对特定区域、特定脱贫人群提供精细化服务方面，具有明显的优势。

---

① 殷民娥. 多元与协同：构建新型乡村治理主体关系的路径选择 [J]. 江淮论坛，2016 (6)：46-50.

② 全国干部培训教材编审指导委员会. 改善民生和创新社会治理 [M]. 北京：人民出版社，2019：170.

因此，巩固拓展农村生态扶贫成果要积极发挥社会组织的独特优势，逐步释放社会组织活力。

单位：个

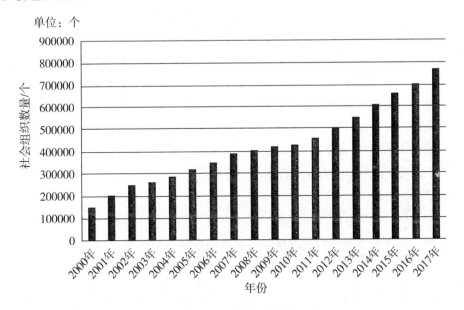

图2 2000—2017年社会组织数量变化情况

数据来源：2016年及以前数据来自《2017中国社会统计年鉴》，2017年数据来自《2018中国统计年鉴》。

其一，加强民间组织的培养、评估、监管，重点培育、优先发展公益慈善、环境保护、城乡社区服务类的社会组织，及时宣传环境保护和国家生态环境政策。在环保、扶贫等专业领域，听取社会组织的建议和要求，更好地发挥民间环保组织的作用。[①] 加大宣传生态法律教育、生态伦理教育、生态心理教育、生态国情教育等，鼓励和引导公众参与农村生态扶贫成果巩固工作。

其二，承接政府购买服务和基金会委托服务项目，提供更为有效和专业的生态扶贫方案，为脱贫人群提供更契合需求的服务。政府向社会组织购买贫困治理方面的服务已经有了一些探索和实践，且取得了良好的成效。进入后扶贫时代，在农村生态扶贫成果巩固中，"社会组织应通过竞标政府采购、建立基金会等方式多途径募集资金，加强与环保科研机构的合作，增强自身的活动能

---

① 黄静，张雪. 多元协同治理框架下的生态文明建设 [J]. 宏观经济管理，2014（11）：62-64.

力"①，促进形成政府与社会组织之间协同合作的伙伴关系。

其三，构建巩固拓展农村生态扶贫成果的社会信息服务网络，创新贫困治理的模式。由于基础设施、地理区位等主客观因素的制约，产品推广难一直是制约农村生态产品实现市场化的瓶颈。在互联网思维下，社会组织能够充分利用移动互联网、大数据、云计算、物联网等新一代信息技术与农牧业进行跨界融合，成为提高农牧产品市场竞争力的有力抓手。通过"互联网+公益扶贫"的运行模式，促进信息技术在农业各行业、各领域、各环节的应用，有效对接生产和流通，推进农业流通平台和物流网的建设，积极探索"互联网+物流"多渠道流通模式，"引导和鼓励大型农户、家庭农场、农民专业合作社、农业企业开展农产品网上交易，大力发展农业电子商务"②，帮助脱贫农村、脱贫农户建立相对稳定的生计项目。

四、发挥市场在农村生态扶贫成果巩固中的推动作用

市场是资源配置的基本手段，要素通过市场供求关系的相互作用，实现对资源的最优配置。由于外部性、公共品、信息不对称等原因，市场普遍存在失灵现象。生态扶贫的关键在于发挥贫困地区自然资源优势，推动地方产业的发展，充分发挥市场机制的灵活性推动地方生态产业发展，从而带动贫困人口脱贫增收。随着农村生态扶贫的深入，农村资源、环境的价值得到了有效利用，但市场机制并不是万能的，农村扶贫开发中的生态破坏、资源消耗、环境污染等都是典型的外部负效应。这样一来，农村生态扶贫将生态、资源、环境等要素纳入其中作为重要因素进行考量，不可避免地会面临公共物品问题，生态环境的外部性和公共性因素就成为市场失灵的主要原因。新时代巩固拓展农村生态扶贫成果要实现政府与市场的有机结合，既要发挥政府的主导作用，又要发挥市场在农村产业资源配置中的决定性作用。

从具体的扶贫实践角度来看，市场的作用主要体现在企业这一市场主体层面。一般来说，"市场起决定性作用的领域限于一般资源的短期配置，而不包括一般资源的长期配置和地下资源等特殊资源的配置"③。从宏观层次的资源配置

---

① 黄静，张雪.多元协同治理框架下的生态文明建设［J］.宏观经济管理，2014（11）：62-64.

② 郭美荣，李瑾，冯献.基于"互联网+"的城乡一体化发展模式探究［J］.中国软科学，2017（9）：10-17.

③ 杨静.社会主义市场经济条件下政府和市场关系的新定位——习近平相关思想的解读［J］.河北师范大学学报（哲学社会科学版），2015（6）：137-144.

来看，农村生态扶贫关系贫困地区的社会资源配置问题，要从市场主体、市场客体、市场运行机制等方面，完善市场在资源配置中的决定性作用，形成健全的市场机制、供求机制。

从生态环境的角度看，"生态环境是一种公共资源，在没有确认公众生态权利之前，外部性的问题在供给与消费过程中必然存在"①。企业是环境问题的责任主体，但在具体的生态建设实践中，国家和市场（企业）的关注点有所不同，国家是从社会的角度出发，关注的是公共性维度，而企业的盈利性决定了它更加关注效率。因此，巩固拓展农村生态扶贫成果要在保证公平正义的前提下提升效率，让企业参与生态扶贫成果巩固时既能获得社会效益也能提升经济效益。这样一来，不仅能提高企业的经济效益，也将激发企业参与扶贫开发的动力。同时，在农村生态扶贫成果巩固中，企业首先要增强项目环保措施和设施的透明度，通过环境大数据平台及时向公众及媒体传递污染排放数据、污染治理数据等方面全面、准确、权威的信息。借助互联网、大数据的乘数效应，企业的环保声誉与知名度将会迅速增加，在社会上形成良好的口碑，不仅仅有助于推动企业承担生态责任更加公开化、透明化，也有利于企业的长期发展。

从扶贫资金角度看，帮助贫困人口脱贫致富，巩固扶贫成果，都需要大量资金投入。财政扶贫资金的投入，往往无须偿还，通常被称之为"输血"过程。但是，过度依赖"输血"，扶贫资金使用效率和效益都将受到影响。要加快农村脱贫地区振兴发展进程，充分发挥金融扶贫的作用，增强脱贫地区和脱贫人口产业脱贫的能力。

从产业发展角度看，为了从根本上摆脱贫困，脱贫地区需要产业支持。没有产业的支撑，脱贫人口就很难确保不返贫。而发展产业，资金需求更大，既需要增加财政资金投入，也需要金融部门给予大力支持。金融企业通过贴息贷款等方式，向脱贫地区政策倾斜，吸引更多的企业和投资者在脱贫地区发展企业，通过产业发展带动脱贫人口稳定致富。

五、深化各主体对农村生态扶贫成果巩固的协同治理

按照生态扶贫主体分类，农村生态扶贫中主要是政府机制、市场机制和社会机制发挥作用。由于历史原因以及生态环境的特殊性，使得政府机制一直是中国扶贫开发的主导机制，主要包括财政支出、扶贫政策等，一些贫困地区尤

---

① 王萍. 基于环境大数据的"环境治理共同体"构建新理路［J］. 江汉大学学报（社会科学版），2019，36（4）：36-43.

其是多民族的深度贫困地区，扶贫开发主要由政府部门主导实施，社会机制和市场机制相对处于弱势地位，贫困人口自我发展能力严重不足，更是加大了脱贫难度。政府、市场和社会在农村扶贫开发中各具优势，这些优势为中国的扶贫开发做出了不可忽视的贡献。但在认同政府市场和社会对农村减贫的作用的同时，我们不能忽视政府市场和社会自身的缺陷。面对贫困问题的新特征，传统的政府、市场和社会相互分离的扶贫机制的内在张力，成为巩固拓展农村生态扶贫的制度性障碍。破解这些制度性障碍，构建政府、市场和社会多元协同的格局已然迫在眉睫。因此，贫困治理需要广泛动员群众、企业和社会组织等社会力量共同参与农村生态扶贫，多元主体协同治理首先要求多元主体"在场"。治理主体"在场"具有两层含义：一是各类政治、经济或社会性组织从无到有、从被动"自在"到拥有行动能力并主动"自为"的客观过程。二是各个主体充分参与社会治理的具体领域和治理任务，成为治理积极参与的主体。

首先，建立农村生态扶贫成果巩固中良好的"国家（政府）—社会"关系。国家贫困治理体系中，政府、市场与社会三种机制是互为补充的有机整体，贫困治理领域国家与社会关系的设置，对于发挥各自优势、提升治理成效具有根本性的意义。良性的国家与社会关系，应当是在特定的贫困治理事务上，政府与社会组织合理界定自身角色和行动的边界，充分尊重社会组织专业性角色发挥的客观规律。一方面，那些由社会组织承担能够取得更好绩效的活动，应当尽可能通过购买服务的方式让社会组织参与。另一方面，在协同治理的过程中，给社会组织留出空间，充分发挥社会组织在贫困治理中的灵活性和专业性。通过国家与社会之间的良性互动，提高政府与社会在贫困治理中的效率，从而提升国家治理能力。

其次，积极培育生态扶贫公益市场。近年来，随着经济社会快速发展，企业和社会的公益活动蓬勃发展，公益市场无疑成为贫困治理的重要领域。通过立法和制度层面的改革、释放公益潜能，通过社会组织之间的竞争，不断创新和竞争公益资源，并以专业的服务方式将这些公益资源提供给农村贫困人口。通过适当的引导和规范，纠正公共利益领域的信息失灵现象。搭建更为高效、透明的公益信息网络，让社会组织在公益市场中不断成长，提升服务能力，进而促进贫困治理公益市场的繁荣。

最后，健全农村生态扶贫成果巩固中多元协同的制度保障。一是健全拓展巩固农村生态扶贫成果的协调机制，为多元主体协同治理塑造坚实的平台和长效机制。积极推动环境信息披露，扩大人民群众参与环境事务的渠道，有效地保证人民群众的参与权，为形成生态扶贫成果巩固多元协同治理模式提供强有力的制度保障。二是建立完善协调服务机制。生态扶贫涉及农林扶贫、环保等多个领域，生态扶贫成果巩固往往需要跨行业、跨区域运作，重点地区要建立统一协调机制，促进信息共享，降低通信成本，提高农村生态扶贫成果巩固工作效率。①

总而言之，进入后扶贫时代，多元化是脱贫地区振兴发展的重要趋势，这就决定了协同治理理论引入扶贫实践的必然性。政府、市场和社会在农村扶贫开发中各具优势，这些优势为中国的扶贫开发做出了不可忽视的贡献。但在认同政府市场和社会对减贫作用的同时，我们不能忽视政府市场和社会自身的缺陷。生态扶贫是"从顶层设计到地方实践，将宏观顶层的治理构想投放到微观社会的末端，在这个过程中，政府、企业、公众等治理主体之间必须相互协作，实现信息的充分流动与分享"②。生态扶贫成果巩固既要强调国家在减贫方面的基本职责，也要借助社会机制和市场机制的互补作用，注重发挥社会、社区、家庭、个人的力量，整合资源，有效提高扶贫效率。在农村生态扶贫成果巩固中，对政府和市场而言，地方政府要因地制宜地实施有利于企业的政策，市场要增强社会责任，积极参与拓展巩固生态扶贫成果，在追求效益的同时积极帮助脱贫人口增收致富。"在政策和资源方面给予社会组织充足的支持空间，赋予社会组织更多自主权，充分发挥社会组织在扶贫开发中的灵活性、互动性优势"③，调动政府、公众、企业、社会组织等各类组织的积极性，实现各主体之间的通力合作，构建以法制为基础，政府、社会组织、公众协同共治、网络化的生态扶贫成果巩固协同治理架构，促进形成政府、企业与社会协同推进农村生态扶贫成果巩固的新局面。

第三节　完善顶层设计：农村生态扶贫成果巩固的制度保障④

可持续性成果是脱贫的真正标志，是否具有持续致富发展的能力是检验脱

---

① 欧阳祎兰. 探索生态扶贫的实现路径 [J]. 人民论坛，2019 (21)：70-71.

② 王萍. 基于环境大数据的"环境治理共同体"构建新理路 [J]. 江汉大学学报（社会科学版），2019，36 (4)：36-43.

③ 焦克源，陈晨，焦洋. 整体性治理视角下深度贫困地区返贫阻断机制构建——基于西北地区六盘山特困区 L 县的调查 [J]. 新疆社会科学，2019 (1)：137-145.

④ 王萍. 新发展阶段生态扶贫脱贫成果巩固中的返贫风险及其防控规制构建 [J]. 重庆社会科学，2021 (10)：30-40.

贫攻坚成效的根本标志。检验、评价脱贫攻坚的成效不仅要看现实脱贫，更要看是否可以避免返贫；不仅要看当代脱贫，更要看是否阻断贫困代际传递。完善农村生态扶贫要注重制度的构建，制度建设是农村生态扶贫的重要内容，构建一种创新性的顶层制度是确保生态扶贫各种具体性制度得以实现的首要条件。① 为此，农村生态扶贫必须紧紧围绕培育贫困群众持续致富发展能力下功夫，建立稳定脱贫致富的长效机制。

一、健全农村生态补偿机制促进农村协调发展

国家发展改革委会同有关部门编制《农业环境突出问题治理总体规划》，该规划提出实施耕地重金属污染治理、农业面源污染综合治理、地表水过度开发和地下水超采综合治理、新一轮退耕还林还草、退耕还湿、农牧交错带已垦草原治理、东北黑土地保护7大工程，明确了各项工程的治理区域、技术路线和主要建设内容。② 生态保护补偿是保护生态环境的重要手段，也是生态文明制度建设的重要内容。自然资源作为财富之母，不仅是国家的经济基础，还是资源所在地区人民赖以生存的物质基础。但自然资源具有明显外部性，使得消费和利用自然资源的过程中容易产生"公地悲剧"，出现"搭便车"的行为。③ 如前文所述，中国贫困地区和生态脆弱区高度重合，贫困人口面临着发展经济和保护环境的双重压力。发达地区从贫困地区低价输出的生态、资源产品中获得巨大利益，但没有对自然资源和生态环境给予休养生息的空间，也缺乏对贫困地区进行适当的生态补偿。

生态补偿立足于生态系统的可持续利用，"通过公共政策或市场化、社会化手段调整生态保护地区与受益地区的发展权和利益关系"④。从这个意义上讲，生态补偿不仅有利于生态环境保护，也有利于扶贫开发，是农村生态扶贫的重要途径。贫困地区生态补偿不能完全依赖国家财政转移支付，也不能脱离贫困地区的实际情况，探索有利于经济、社会、环境可持续发展的生态补偿机制，是推进农村生态扶贫的制度保障。"积极探索市场经济条件下增加政府投入的有效机制，逐步建立和完善自然资源有偿使用和生态环境修复补偿机制，增加对

---

① 王萍. 系统思维：习近平生态文明建设的重要思维方法 [J]. 系统科学学报，2020 (2)：79-83.

② 韩俊. 新中国70年农村发展与制度变迁 [M]. 北京：人民出版社，2019：254.

③ 王萍. 完善生态补偿机制：破解西北地区环境冲突的关键 [J]. 南京航空航天大学学报 (社会科学版)，2017 (1)：16-21.

④ 李飞. 构建助力精准脱贫攻坚的横向生态补偿机制 [J]. 新视野，2019 (3)：31-36.

欠发达地区的生态补偿力度。"① 进入新时代，生态扶贫要完善农村生态补偿机制，将生态建设和林业效益相结合，保障生态脆弱地区贫困人口的利益。

首先，完善脱贫地区生态补偿机制，要将生态补偿纳入市场调节范畴，发挥市场在生态资源配置中的决定性作用，突出生态补偿的市场化、多样化特征。② 在政府主导的前提下充分发挥市场机制的推进作用，调动社会、企业、公众多方参与农村生态扶贫的积极性，逐步建立政府引导、市场推进和社会多元主体参与的生态补偿机制。理论和实践证明，市场在资源的整体配置中具有高效率和不可替代的作用。然而，我国资源性产品价格普遍偏低，市场机制的调节功能尚未充分发挥作用，这就要求在建立生态补偿机制的过程中，要注意市场化和多样化的特点。习近平在党的十九大报告中指出，"要建立市场化、多元化生态补偿机制"③，在谈到建设生态公益森林、水环境治理、发展循环经济和资源型产品定价时，习近平又反复强调完善自然资源有偿使用制度和生态补偿制度。新时代，农村生态扶贫成果巩固要将生态补偿纳入市场调节的范围，逐渐让脱贫地区的生态保护区和位于发达地区的生态受益区成为独立的市场主体，在双方自愿协商的基础上建立生态补偿标准，提高脱贫地区人民群众生态保护积极性。同时，按照"谁受益、谁补偿、谁保护、谁补偿"的原则，建立资源性产品的价格形成机制，更好地反映市场供求关系、资源稀缺程度和环境破坏成本。"采取现金补偿、对口支持、水权与碳汇交易、产业园区共建、社会捐赠等补偿方式"④，制定和完善资源有偿使用和污染者付费政策，改变资源低价和环境无价的现状，使资源价格正确反映其市场供求关系、资源稀缺程度和环境损害成本，实现生态补偿方式的多元化，从根本上解决经济与环境、发展与保护的矛盾。

其次，环境问题牵一发而动全身。从当前的情形分析，一些脱贫地区是我国的资源供给区，由于生态问题和环境污染无地域，环境资源的效益具有扩散性。要加强对跨区域生态补偿机制的探索，探索功能区之间的排污权交易和碳交易补偿方式，建立区域生态补偿合作机制，提升地区的环境承载力。"利益冲

---

① 阮晓菁，郑兴明. 论习近平生态文明思想的五个维度 [J]. 思想理论教育导刊，2016（11）：57-61.
② 李海涛. 新时代中国特色社会主义发展战略 [M]. 北京：人民出版社，2019：214-215.
③ 习近平. 决胜全面建成小康社会　夺取新时代中国特色社会主义伟大胜利——在中国共产党第十九次全国代表大会上的报告 [M]. 北京：人民出版社，2017：52.
④ 席鹭军. 生态补偿机制要突出市场化特征 [N]. 中国环境报，2018-01-15（3）.

突贯穿于环境问题的产生和解决的始终，环境利益是人适应自然的利益关系，它依托于自然界的变化所承载的人与自然关系，以及自然界的变化所影响的人与人之间利益关系的总和。"① 一方面，广泛调查各利益相关者的情况，合理分析生态保护的纵向和横向权利和义务，科学评估生态系统功能维护的直接和间接成本，构建区域生态补偿机制的关键问题是确定生态补偿标准。因此，在区域生态补偿金的征收过程中，应综合考虑各方面的因素，根据受益程度、经济发展水平、补偿能力等方面的差异性来决定各受益区的补偿额度，以体现生态补偿所带来的区域间福利水平的均等化。另一方面，鼓励生态受益地区与生态保护地区、流域下游与流域上游通过资金补偿、对口协作、产业转移、人才培训、共建园区等方式建立横向补偿关系。"只有建立部门联系、上下联动的综合机制"②，脱贫地区的生态补偿机制才能有效运行。生态补偿要打破地区界限，在共享发展理念的指导下，也要注重区域间的协调发展，建立有效的协调机制，始终坚持经济效益与生态效益并重。

最后，制定相关技术标准和管理办法，推动生态补偿机制的立法工作，健全生态补偿的法律法规，保证生态补偿政策的落地和实施，以生态补偿带动贫困人口脱贫。加强农村生态扶贫成果巩固中的区域合作，充分发挥政府在生态补偿机制建立过程中的引导作用，各级环保部门要加强协调，结合当地实际情况积极探索多种形式的生态补偿。"推动开展环境资源费用制度改革，构建区域生态环境保护和治理的共建共享合作平台，增强财政转移支付的生态补偿功能。"③ 借鉴国外环境法制的经验教训，加快完善主体功能区、绿色生产、消费的法律制度和政策导向，制定《中华人民共和国生态环境补偿法》，将生态补偿纳入规范化、法治化轨道，从立法层次上推进生态文明制度建设。允许民间的非政府组织以合法的市场主体形式提供或购买生态产品，从而实现生态补偿市场主体的多元化。

如前文所述，脱贫地区生态脆弱，是主要的生态敏感区之一，极易受到不当的人为开发活动影响，"人们面临着改善生存条件和建设生态环境的双重压

① 王萍. 完善生态补偿机制：破解西北地区环境冲突的关键 [J]. 南京航空航天大学学报（社会科学版），2017（1）：16-21.
② 王丰年. 论生态补偿的原则和机制 [J]. 自然辩证法研究，2006（1）：31-35.
③ 李军. 走向生态文明新时代的科学指南：学习习近平同志生态文明建设重要论述 [M]. 北京：中国人民大学出版社，2015：160-161.

力"①。由于"贫困与环境紧密相连，二者常常互为因果"②，形成恶性循环。因此，生态脆弱地区的生态建设和环境保护往往就成为脱贫人口的重担，而那些利用贫困地区资源的经济条件相对较好的地区则不会承担生态补偿费用。一般来讲，资源富集区是应该享有生态补偿的地区，而工业主导型地区亦是应支出生态补偿的地区。对于那些为寻求本地区经济发展而占用其他地区资源的城市，各地区政府应该通过协调沟通，主动向资源型地区支付相应的生态补偿金。那些经济基础良好的资源型工业城市，也应该向周边脱贫县区和农村给予一定的生态补偿，而对于那些环境承载力弱的地区或水源涵养区，政府要制定相应的规章制度给予优先补偿。

二、健全农村专业人才和绿色科技的引进机制

科技与人才在脱贫攻坚战中发挥着重要作用，但科技和人才在贫困地区发挥的作用经常受到各方面条件的限制和阻碍。如科技扶贫的可持续机制仍未建立，科技推广体系和能力依然非常薄弱，人才吸引和流动机制的低效，贫困地区人才功能发挥的软硬件条件有限，人才的培养和发展机制不健全等问题。未来在巩固拓展生态扶贫成果工作中，应着力提供各方面有利条件，破除不利条件和阻碍，大力发挥科技、人才的重要推动作用，切实从根本上解决脱贫地区的经济社会发展问题和脱贫人口致富问题。③

完善脱贫地区的人才引进机制必须建立健全人才开发宏观调控机制，引导人才向重点支柱产业集聚，向人才缺口领域转移，形成各具特色、功能互补、各类人才协调发展的局面。从脱贫地区的实际情况看，人才竞争机制的完善工作，应该采取以政府行为为主，市场调节与政府行为并重，盘活存量，培育增量，优化结构，提高素质的策略。脱贫地区各级党政部门要"围绕经济抓人才，围绕发展抓人才"。政府在党政人才培养开发、扶贫人才培养开发、民间文化和手工艺技能型人才培养开发、农村适用型人才培养开发等方面应继续采取积极的行政措施，在政策措施和投入上给予重点扶持。同时通过调整机制，打破人才的身份制约，营造优化人才环境来吸引人才。就生态扶贫而言，脱贫地区还要加强环保机构和人才队伍建设，不断加强人才队伍建设，为生态文明建设奠

---

① 毛振军. 论西部民族地区生态补偿机制的建构 [J]. 黑龙江民族丛刊，2007（6）：166-168.

② 陈祖海. 西部生态补偿机制研究 [M]. 北京：民族出版社，2008：47.

③ 国家行政学院编写组. 中国精准脱贫攻坚十讲 [M]. 北京：人民出版社，2016：138.

定坚实的组织基础。脱贫地区要制定《环境保护专业技术人才和青年拔尖人才选拔培养办法》，围绕生态环境保护工作举办各类培训，培养农村生态扶贫成果巩固的专业人才。

增强技术支持保障能力是巩固拓展农村生态扶贫成果的关键。习近平在2018中国国际大数据产业博览会上指出："当前，以互联网、大数据、人工智能为代表的新一代信息技术日新月异，给各国经济社会发展、国家管理、社会治理、人民生活带来重大而深远的影响。"① 大数据技术已经逐渐引入生态环境领域，在气候变化预测、全球和区域生态网络观测、环境污染防控、生态环境评估以及环境治理等方面，环境大数据的作用不断凸显。农村生态扶贫成果巩固要加强环保科技顶层设计，布局重点科研攻关任务，有序推动技术研发和成果转化，为提升环境管理科学化水平，推动大气、水、土壤污染防治行动计划落实提供强有力支撑。环境大数据能够预测环境事件发生的可能性，提高重大生态环境风险预警预报水平，既为环境保护和发展提供了新的思路，也为解决现实的生态文明建设难题提供一种全新的技术支撑。进入新时代，生态文明建设要不仅要从根本上解决突出环境问题，还要加强对生态环境的监管，从源头上预防环境问题。环境大数据借助卫星遥感、无人机、物联网等先进技术手段，可以有效地实现监控、评估、预警、监督重点生态功能区、生态保护红线、自然保护区等，构建"天地空一体化"的生态环境监管体系。农村生态扶贫成果巩固中，要依靠环境大数据技术健全生态环境监测和评价制度，通过构建环境大数据互动平台，实现数据的横向互通和环境资源共享，对区域空气质量、水环境和污染源进行实时监测和分析，从而科学预测环境事件发生的可能性，提高我国重大生态环境风险预警预报水平。

绿色科技观是建立在一种新的道德观念之上，它体现了人类无限发展的需求和自然的有限性这一矛盾，把人类与生态环境视为同一个发展系统，不仅重视人的生存发展，而且尊重生态环境的存在价值。绿色生态科技注重生态效应、经济效应、社会效应、技术效应的统一，其基本出发点是既要持续发展社会经济，又要避免滥用技术对生态平衡造成的危害，通过发展生态技术实现社会、经济和环境共赢的目标，维护自然生态系统的平衡。良好的生态环境是科学技术发展的基础，我们必须遵循人类历史的发展规律，协调好科技与生态的关系。科学技术是生产力发展的强大动力，也是推动经济社会发展的有力杠杆。因此，实现生态效应、经济效应、社会效应、技术效应的统一是推进我国生态文明建

---

① 习近平. 向2018中国国际大数据产业博览会致贺信［N］. 人民日报，2018-05-26（1）.

设进程，走绿色发展道路的关键。

在农村生态扶贫成果巩固中，要加快特色产品技术推广，积极争取科技项目，通过项目带动技术推广和信息服务的发展，解决农业生产中的实际问题。对于自然资源和生态环境良好的脱贫地区，由于交通不便、信息贫乏、资源开发利用不足，导致了主导产业的缺失。对于这一类脱贫地区，要依托绿色技术，引进示范优良品种，加强先进技术的研发、引进、示范和推广，开发脱贫地区特色农产品精深加工技术，为当地农产品加工提供技术支持。根据当地的自然环境、生产规律和农作物特点等建设农业科技信息平台，服务于特色生态产业的发展。利用现代化的新媒体手段使农民获得及时有效的农业科技信息，加强病虫害的防治技术研究和开发，促进防灾减灾技术和应急管理措施的系统化、体系化，构建特色种植和养殖产业、农产品加工、生态旅游等产业发展链，打造"一村一品"的生态产业发展格局。与企业共同建立科研工作站，支持企业研究和开发新产品和新工艺，构建"企业+基地+脱贫户""企业+合作社+脱贫户"的生态扶贫模式，将脱贫人口纳入产业化经营，提高脱贫人口的参与度和受益度。促进农民合作社和家庭农场发展，提供品种技术支持，增强农民带动能力，降低农村返贫风险，提高可持续发展能力。

脱贫人口是巩固拓展脱贫成果的重要主体，农村生态扶贫成果巩固还应在农村普及科学、技术、文化和教育，注重培养当地的乡土人才和职业农民。乡土人才是传授实用技能的重要载体，加强农民实用技术培训，开展有针对性的产前、产中、产后培训，使贫困人口掌握一定的实用技术。培训"土壤专家""田秀才"等当地科技人才和科技示范户，并通过以户带户、以人带人的方式，增强扶贫人才的辐射能力。培养农村创业人员，选送表现突出的贫困劳动力到定点单位进行系统培训，充分发挥"能人"的带动与示范，促进脱贫人口稳定增收。

三、健全农村生态扶贫成果巩固配套制度

改革开放40年来，我国农业农村的发展主要围绕提高农产品供应能力，我国农产品供不足需的矛盾大为缓解，但也付出了沉重的资源环境代价。党的十八大以来，我国将绿色发展理念作为五大发展理念之一，将生态文明建设纳入"五位一体"总体布局，生态文明制度体系加快形成，生态环境治理明显加强，农村环境状况得到改善。党的十九届四中全会提出，要实行最严格的生态环境保护制度、全面建立资源高效利用制度、健全生态保护和修复制度、严明生态环境保护责任制度，不断将制度优势转化为生态治理的效能，推动形成人与自

然和谐发展的现代化建设新格局。绿色发展成为农业农村发展的主流方向，生态文明制度体系是农村生态扶贫的基本遵循，也是乡村生态振兴的总抓手，农村生态要进一步完善配套机制，努力构建可持续的现代化农业体系。

中国特色社会主义进入新时代，我国社会主要矛盾已经发生转化，人民对生态环境的要求日益提高。推动农业农村可持续发展，建设农村生态文明，是满足人民日益增长的美好生活需要，更好地推动社会全面进步的必然要求。贫困地区与少数民族、革命老区、边区等高度叠加，这些地区生态脆弱，在国家整体生态功能方面承担着重要责任。由此，脱贫人口收入来源拓宽的空间被压缩，可开发利用资源进一步减少，对脱贫人口和低收入人群改善生产生活环境，调整生产结构扩大收入来源，提高收入水平极为不利。与此同时，因灾致贫、因灾返贫是生态扶贫成果巩固的主要障碍，这就需要完善农村生态扶贫配套机制，实现各种手段的有效衔接。

一是完善农村生态环保法律体系。从实践来看，农村扶贫开发过程中，法治系统和法律机制不能高效发挥应有的作用，导致生态扶贫缺乏有力的法律保证。农村生态扶贫成果巩固必须要强化法治思维，要强化领导干部和人民群众的法治思维，维护制度权威。从农村环境保护的紧迫性和特殊性出发，建立农村环境保护法规，优化农村环境法律体系、完善农村配套措施。"将《环境保护法》置于农村环境保护基本法的地位，规定农村环境保护的基本原则、基本制度等"①，为农村环境保护相关法规制定提供参考标准，实现农村环境保护有法可依。农村环境是农民赖以生存的自然资源，关系民生发展和社会稳定，针对脱贫地区的实际情况，制定符合区域发展的农村生态环境标准、生态环境评价体系，是保障脱贫地区农民环境权益最直接、最有效的方法。脱贫地区要建立一套科学有效的生态环境法律法规，把抽象的环境权具体化，增设农民环境权法律援助制度，及时纠正农民不利于生态环境的行为，"把农民环境权保护的理念贯穿于农村生态环境保护的法律体系建设、执行和落实的全过程"，最终实现以法治理念、法治方式推动农村生态扶贫成果巩固。

二是建立健全生态扶贫成果巩固考核监督机制。面对生态治理和振兴发展的双重压力，很多领导干部还存在"本领恐惧""本领不足"的问题，在认识、做法等方面距离环境治理现代化和绿色发展的要求尚有差距。很多领导干部受传统发展观、政绩观的影响，只顾眼前利益、局部利益和个人利益，宁愿牺牲

---

① 张婧飞. 农村污染型环境群体性事件的发生机理及治理路径 [J]. 求索, 2015 (6): 38-42.

生态环境以换取经济的一时增长，把成本转移给继任者也不愿意主动承担起环境治理的责任。新时代，针对个别领导干部在环境治理中"懈怠""漠然"的状况，农村生态扶贫中要加强干部环境治理绩效的管理和考核工作，健全生态环境保护责任追究制度，以坚决的态度和果断的措施遏制破坏农村生态环境的行为。

三是建立利益联结机制。产业发展是帮助脱贫人口拔去"穷根"的根本路径。然而，在产业发展过程中，分散的贫困户在市场中通常处于弱势地位，利益难以得到保障。只有通过建立农户与市场的利益联结机制，将"小生产"与"大市场"联结到一起，才能巩固扶贫成果。建立紧密的利益联结机制就是要发挥扶贫主体之间的协同作用，"通过合理的利益联结机制把产业发展和扶贫开发结合起来，鼓励民营企业、农村专业合作社、家庭大农场等农村经营主体为贫困人口提供就业，帮助贫困人口脱贫"①。同时，在企业、合作社、农户之间建立一个"利益共同体"，将农民增收和特色产业发展、农村环境改善连接起来，使企业与农民的利益联结关系更加紧密。重点扶持当地生态产业发展，如特色养殖、特色种植、农村电商、光伏发电、旅游扶贫等项目，探索建立适宜当地发展的生态产业链。

第四节　促进脱贫地区生态经济发展：农村生态扶贫成果巩固的基本进路

改革开放40多年来，我国农村农业发展成就显著，但也付出了巨大的生态代价。农村的生态环境问题和脱贫减贫成为乡村振兴必须解决的关键问题。特别是在快速工业化和城镇化背景下，农业生产的生态基础受到的污染日益严重，进而对农产品的质量安全和人民群众身体健康构成威胁。乡村生态振兴要坚持挖掘自身资源环境优势，促使绿水青山发挥出巨大的经济效益，在促进乡村生态环境保护的同时，推动乡村经济振兴发展。

一、夯实农村产业发展的物质基础

农村人居环境质量直接影响着农村居民的身体健康，既是推动农村生态文明建设的重要抓手，同时也是提升农村居民社会福祉的重要体现。中国特色社

---

① 范和生. 返贫预警机制构建探究 [J]. 中国特色社会主义研究，2018（1）：57-63.

会主义进入新时代，农村居民收入水平不断提高，人民群众对食品安全、生活环境等方面需要也随之提升。然而，当前人居环境的城乡差距依然很大，"改善农村人居环境是增进广大农村居民福祉和实现乡村生态振兴的重要内容"①。习近平曾多次指出，"生态环境就是生产力，保护生态环境就是保护生产力，改善生态环境就是发展生产力"②。巩固拓展农村生态扶贫成果要根据农村生态环境的实际情况，加强农村生态环境保护，改善农村居民生产生活品质，努力促进城乡生态文明建设的协调发展。

一是加强农村生态环境保护和修复。完善的农业农村基础设施是提高和保持农业综合生产能力、增加农民收入、贫困人口脱贫致富的前提和保障。改革开放以来，国家对农村基础设施建设的投入力度明显加大，农村基础设施得到明显改善。但总体看，农业基础设施条件仍然非常薄弱，建设质量低、配套建设不完善、农民建设负担沉重，远远不能适应农业生产发展、改善农民生活条件和保护生态环境的需要。习近平曾指出，良好的生态环境是人类生存与健康的基础。实现生态扶贫首先要保护好生态环境，为农村经济发展奠定基础，让绿色生态成为乡村振兴的支撑点和增长极。然而，"工业化的快速发展和城市化的无序扩张，导致城市生活污染大肆蔓延，工业'三废'日益向农村扩散"③，乡村生态环境面临严峻挑战。2012年中央"一号文件"要求，把农村环境治理作为环境保护工作的重点，逐步推进城乡环境治理一体化，完善我国的环境治理体系。农村生态扶贫要统一规划并加强对化肥农药施用管理、开展专项综合防治、推广清洁生产等综合手段形成组合拳，强化土壤污染管控和修复。"建立村庄保洁制度、推行垃圾源头减量、全面治理生活垃圾、推进农业生产废弃物资源化利用、规范处置农村工业固体废物和清理陈年垃圾"④ 等制度规范，大力推进以县域或乡镇为主体的资源回收利用，因地制宜地建立健全符合多样化的收运处置体系，尽快改变农村许多地方污水乱排、垃圾乱扔、秸秆乱烧的脏乱差状况。注重"开展地膜、秸秆、畜禽粪便等基础农业资源的污染治理，推进农村生活垃圾、生活污水等废弃物的回收和循环利用体系建设，开展农村

---

① 于法稳. 乡村振兴战略下农村人居环境整治 [J]. 中国特色社会主义研究, 2019 (2): 80-85.

② 习近平. 习近平谈治国理政 (第2卷) [M]. 北京：外文出版社, 2017: 209.

③ 张宇, 朱立志. 关于"乡村振兴"战略中绿色发展问题的思考 [J]. 新疆师范大学学报 (哲学社会科学版), 2019, 40 (1): 65-71.

④ 住房和城乡建设部等. 住房城乡建设部等部门关于全面推进农村垃圾治理的指导意见 [EB/OL]. 中国政府网, 2015-11-03.

村容整治和河道整治行动，有效改善农村生态环境"①。同时，在农村生态扶贫和乡村生态环境保护、修复过程中，加强乡村生态环境保护和修复要从整体着眼，始终坚持系统思维，统筹考虑自然生态各要素保护需要，推进各个方面的良性互动、协同配合，对乡村生态环境实施"山水林田湖草一体化生态保护和修复"。

二是促进乡村生态人居环境整治。良好的人居环境，是广大农民的殷切期盼。党的十八大以来，随着生态文明建设的大力推动，我国农村人居环境开始加快改善。改善农村人居环境，建设美丽宜居乡村，是实施乡村振兴战略的一项重要任务。但总体来看，农村"脏乱差"的现象依然普遍存在，绿色生活方式在农村尚未形成。实现乡村振兴发展、推动农村生态扶贫，亟待加快补齐农村人居环境短板。从主体层面来说，"农民始终是农村人居环境整治的主体。要建立有效的参与机制，最大限度调动农民的积极性，使农民的主体地位充分彰显出来"②。从顶层设计层面来说，进一步推动农村人居环境整治，国家要按照乡村振兴的各项要求，建立健全农村生态文明建设的体制机制和政策体系，为进一步促进农村人居环境改善提供制度保障。2018年2月，中共中央办公厅、国务院办公厅印发了《农村人居环境整治三年行动方案》，提出到2020年，农村人居环境明显改善，村庄环境基本保持干净、整洁、有序，村民环境健康意识普遍增强。③根据《农村人居环境整治三年行动方案》的目标部署，有效推进农村人居环境整治工程，确保农业生态村环境能够实现预期成效。从基层实践层面来说，要强化基层党委和政府责任，加大地方投入力度，建立"上下联动、部门协作"的工作机制，保证乡村经济、社会、自然与人的协调发展。从功能层面来说，乡村除了具有生产功能，为全社会提供必需的农产品外，生态功能也愈加凸显，乡村日益成为城市发展的绿色生态屏障。随着产业升级和旅游服务功能的植入，营造良好的生态环境，满足人民群众对生活环境更好、更生态的追求，成为带动乡村发展的关键节点。乡村人居环境改善要在充分考虑与本土自然元素融合性的基础上，充分利用当地的空余，建设村民活动广场和乡村舞台，为村民休闲活动提供场地。这样一来，乡村生态人居环境不但符合当地特色，而且适应社会发展的趋势，促使乡村成为看得见山、望得见水、留

① 张宇，朱立志. 关于"乡村振兴"战略中绿色发展问题的思考［J］. 新疆师范大学学报（哲学社会科学版），2019，40（1）：65-71.

② 于法稳. 乡村振兴战略下农村人居环境整治［J］. 中国特色社会主义研究，2019（2）：80-85.

③ 陈锡文，罗丹，张征. 中国农村改革40年［M］. 北京：人民出版社，2018：476-478.

得住乡愁之地。

二、打造可持续性的生态产业形态

进入新时代，农村生态扶贫成果巩固要牢固树立"保护生态就是保护生产力，绿水青山就是金山银山"的理念，把生态保护放在优先位置，坚持绿色发展、低碳发展、循环发展的基本途径，在适度开发减少贫困的同时，为贫困地区留足持续发展的生态资本，走出一条发展经济、消除贫困、优化环境的新路子，推动脱贫地区形成绿色发展方式和生活方式，真正做到产业发展与环境保护相互促进，经济效益与生态效益有机统一。

一是促进农业发展走向绿色化、科技化。农业绿色发展是推动农村可持续发展与生态扶贫成果巩固的必由之路。从根上说，农村脱贫的关键在于带动经济发展，促进生态、绿色农业发展，使现代科技与管理科学融入农业发展，逐步形成一个具有高产量、高质量、低消耗的农业生产体系和绿色、环保、可持续的农业生态系统，为人民群众提供更多绿色生态产品和服务供给。统计数据表明，截至 2018 年 12 月，中国农村网民规模为 2.22 亿。2018 年，互联网吸纳农村网络销售从业人员 2800 万人，农村网上零售额 1.37 万亿元，同比增长 30.4%；全国农产品网上零售额 2305 亿元，同比增长 33.8%。[①] 十八大以来，国家相继出台"互联网+"发展政策，以互联网技术促进国家发展。《"互联网+"现代农业三年行动实施方案》中提出，运用互联网思维促进信息技术在农业各行业、各领域、各环节的应用，有效对接生产和流通，创新"互联网+"现代农业新业态。由于脱贫地区基础设施、地理区位等主客观因素的制约，产品推广难一直是制约农牧产品实现市场化的瓶颈。"大数据是现代社会信息化的产物和必然结果"[②]，在互联网大数据思维下，充分利用移动互联网、大数据、云计算、物联网等新一代信息技术与农牧业的跨界融合，成为提高农牧产品市场竞争力的有力抓手。实现农业发展绿色发展，要积极布局互联网相关基础设施建设，加快开展"互联网+"助力智慧农村信息服务行动，破解城乡信息化鸿沟，实现传统农牧产品市场化经营模式，"引导和鼓励大型农户、家庭农场、农民专业合作社、农业企业开展农产品网上交易，大力发展农业电子商务"[③]。

---

① 李嘉宝. "数字乡村"正在走来 [N]. 人民日报海外版，2019-04-17 (8).
② 王萍. 基于环境大数据的"环境治理共同体"构建新理路 [J]. 江汉大学学报（社会科学版），2019 (4)：36-43.
③ 郭美荣，李瑾，冯献. 基于"互联网+"的城乡一体化发展模式探究 [J]. 中国软科学，2017 (9)：10-17.

二是构建特色化生态产业体系。绿水青山就是金山银山。脱贫地区往往有较好的生态资源优势，结合生态保护脱贫攻坚，发展符合市场需求的新型生态产业，把脱贫地区的生态优势转化为生态农业、生态工业、生态旅游等产业发展优势。同时，针对生态产品的发展需求，开发相应的生产资料和生产技术产业，不断推进脱贫地区生态建设产业化、产业发展生态化。生态产业是生态经济的产业化形态，它体现了生态资源环境的客观形势，同时也关注生态环境的承载能力，将产业的发展限定其中，实现产业与环境之间的协调发展。[1] 对于生态环境良好的贫困地区，生态扶贫成果巩固要在新时代生态文明引领下，构建特色化生态产业体系，不同程度地吸纳当地脱贫人口以各种方式入股、分红、就业等，从而拓宽人民群众增收渠道。凭借自身资源禀赋优势，依托"现代农牧业、生态旅游业"，"形成深度文化体验型乡村旅游"[2]。按照"农户+基地+合作组织"的特色产业发展模式，培育发展新型农牧业经营主体，探索"政府+金融机构+外来企业+基地+脱贫农户"的生态产业发展模式。

三是提高特色生态产业规模化程度。乡村振兴的关键是带动乡村经济发展，而推动乡村经济发展的根本要求是实现产业的生态化，激发乡村发展活力。生态产业是生态经济的产业化形态，它体现了生态资源环境的客观形势，同时也关注生态环境的承载能力，将产业的发展限定其中，实现产业与环境之间的协调发展。[3] 乡村振兴要在新时代生态文明引领下，凭借自身资源禀赋优势，依托"现代农牧业、生态旅游业"，构建特色化生态产业体系，不同程度地吸纳农村人口以各种方式入股、分红、就业等，从而拓宽人民群众增收渠道。农业专业合作社是以服务成员为宗旨，以生产经营活动为纽带，以销售加工环节为主，以维护成员利益、增加成员收入为主要目的的一种行之有效的组织形式。近年来，作为引领农民参与国内外市场竞争的现代农业经营组织，农业合作社成为引领适度规模经营发展的有效载体。与分散小农独自进入市场相比，合作社有着明显的优越性，它既能维护家庭经营在农业中的优势，又能克服农业家庭经营局限性。统计数据表明，2017 年，全国在工商部门登记的农民专业合作社已达 193 万家，入社农户数超过 1 亿户，占全国农民总数的 47%。[4] 农民合作社有

① 何思妤. 甘青川藏区生态产业发展及实现路径 [J]. 农村经济，2016（10）：63-66.
② 雷明. 绿色发展下生态扶贫 [J]. 中国农业大学学报（社会科学版），2017（5）：87-94.
③ 何思妤. 甘青川藏区生态产业发展及实现路径 [J]. 农村经济，2016（10）：63-66.
④ 姜长云. 乡村振兴战略：理论、政策和规划研究 [M]. 北京：中国财政经济出版社，2018：52.

助于解决小生产与大市场之间的矛盾，乡村振兴发展亟待培育发展新型农牧业经营主体，按照"农户+基地+合作组织"的特色产业发展模式，形成以家庭承包经营为基础，专业大户、家庭牧场、农牧民合作社、农牧业产业化龙头企业为骨干，其他组织形式为补充的新型农牧业经营体系。

三、促进农村绿色发展模式的转变

中国的工业化发展速度之快是西方发达国家发展过程中所罕见的，工业化进程既给社会带来了前所未有的物质繁荣，也造成了社会与环境系统的新矛盾。人是自然环境的产物，同时又是自然环境的改造者，随着环境问题全面凸显，环境污染和生态破坏成为威胁人类生存的全球性问题。归根到底，生态环境问题是不合理发展方式和生活方式的恶果，变革发展观念是彻底解决环境问题的根本方法。农业农村绿色发展不仅仅是环境问题，也是一个涉及经济发展、政治稳定的大问题，关系到人民群众的幸福感、获得感。进入新时代，农村需要从传统的依靠要素投入和规模扩大的粗放型发展模式，转变为基于绿色要素、新型技术的绿色发展模式。从生产力角度看，生态环境就是一种绿色生产力，生态扶贫的核心就是保护生态环境、发展绿色生产力。"发展是甩掉贫困帽子的总办法"，农村生态扶贫要立足新时代生态文明建设，推动自然资本大量增值，使社会经济发展与资源、能源、环境的承载能力相符合。

农业农村绿色发展是经济社会绿色发展的重要组成部分。绿色发展是农业发展观的深刻变革，也是农业供给侧结构性改革的主攻方向。习近平强调，推进农业供给侧结构性改革，要优先增加优质、安全、特色农产品供给，推进绿色农业发展，把农产品供给从满足"数量"转向注重"质量"，走绿色兴农、质量兴农之路。2017年3月9日，习近平再次强调，必须深入推进农业供给侧结构性改革……主攻农业供给质量，注重可持续发展，加强绿色、有机、无公害农产品供给。针对畜禽养殖污染的具体问题，习近平指出："加快推进畜禽养殖废弃物处理和资源化利用，事关6亿多农村人口的生产生活环境，改善土壤地力、治理好农业面源污染，是一件利国利民利长远的大好事。"① 为此，国家发展改革委同有关部门编制《农业环境突出问题治理总体规划》，提出实施耕地重金属污染治理、农业面源污染综合治理、地表水过度开发和地下水超采综合治理、新一轮退耕还林还草、退耕还湿、农牧交错带已垦草原治理等，明确农

---

① 彭炎辉. 我国生态农业补贴改革研究［D］. 北京：中国人民大学，2018.

业突出问题的治理技术路线和主要内容。① 推动农村绿色发展，需要从以下四方面着手。

一是大力发展绿色农业。改进施肥结构和施肥方式，大力推动使用缓释、水溶、有机生物肥料，提高化肥利用效率。推广测土配方施肥技术，推广高效肥和化肥深施、种肥同播等技术。推广精准施肥施药技术和高效施肥施药机械，实施有机肥替代化肥。通过开展化肥、农药"零增长"行动，普及测土配方施肥技术，引领农业生产时刻把"绿色"摆在前。

二是推动发展畜禽养殖"绿色化"。利用自然条件、山林资源，实行"放养"，发展绿色养殖。政府适当给予脱贫地区优惠的政策条件，扶持绿色食品加工龙头企业，推动农业工业化发展，增加农产品的附加价值，并创造更多就业岗位。

三是促进农业废弃物资源化利用和无害化处理。农业废物处理对农业的可持续发展、农村环境保护具有重要影响，农业废弃物主要包括畜禽粪污、病死畜禽、农作物秸秆、废旧农膜及废弃农药包装物五类废弃物，畜禽粪污、农作物秸秆是农业能量流、物质流中的重要组成部分。农村绿色发展要依托绿色技术，将农业生产中的能量流、物质流循环起来，实现资源化利用，以提高农业发展的可持续性。

四是打开农村绿色营销通道。绿色营销是农村绿色发展的关键，形成绿色营销市场是推动农村绿色产品走向市场，增加脱贫人口收入的重要途径。农村要充分发挥生态资源优势，发展乡村绿色生态旅游，挖掘特色民族文化村寨的亮点，打造特色产品、休闲养生、观光旅游为一体的特色生态旅游，推动形成农村绿色消费市场，提高农民发展乡村生态经济的积极性、主动性和创造性。

第五节　增强可持续发展能力：农村生态扶贫成果巩固的内生动力②

马克思主义哲学认为，内因是事物变化发展的根本动力，外因通过内因而起作用。是否具有持续致富发展的能力是检验脱贫成效的重要标志，脱贫攻坚

---

① 韩俊. 新中国 70 年农村发展与制度变迁 [M]. 北京：人民出版社，2019：254.
② 王萍. 新发展阶段生态扶贫脱贫成果巩固中的返贫风险及其防控机制构建 [J]. 重庆社会科学，2021（10）：30-40.

必须依靠内生动力，激发内在活力，这就要坚持贫困群众的主体地位，把激活内生动力作为扶贫攻坚的关键着力点，通过提高贫困群众的自我发展能力，从根本上摆脱贫困。习近平指出："要激发贫困地区脱贫的愿望和内在动力，以更加昂扬的精神和更加扎实的作风，自力更生、艰苦奋斗，打赢脱贫攻坚战。"①这就要求着力抓好以基层党组织为核心的组织配套建设，突出抓好基层党组织带头人，选准思想好、作风正、能力强、愿意为群众服务的优秀人才到贫困地区工作，发挥好党员先锋模范作用，真正把基层党组织建成带领群众脱贫致富的坚强战斗堡垒，把贫困群众脱贫致富的主动性和积极性充分调动起来，把培育发展产业作为脱贫致富的根本之策，真正找到适合当地特点的产业脱贫之路。

一、优化农村教育资源阻断贫困代际传递

农村的贫困问题主要受到发展基础差、发展能力低、发展动力不足或发展机会少三类因素的制约，"能力约束型贫困是指贫困地区或个人的发展能力低下而导致的贫困"②。因此，提高贫困人口的可持续生计能力是有效解决农村贫困问题的重要途径，只有贫困人口可持续发展能力提升了，生态扶贫的目标才能实现。提高贫困人口可持续发展能力的关键在于优化农村教育资源，提高劳动力素质，阻断贫困代际传递。2016 年 6 月，国务院办公厅印发《关于加快中西部教育发展的指导意见》，对中西部教育发展做出顶层设计。2016 年 7 月，国务院出台《关于统筹推进县域内城乡义务教育一体化改革发展的若干意见》，推动消除义务教育城乡差距。数据显示，"截至 2016 年年底，全国已有 1824 个县级单位通过了义务教育发展基本均衡县国家评估认定；19 个副省级以上大城市公办中小学学生就近入学比例均超过九成；农村和贫困地区学生上重点高校规模和比例不断提高。"③贫困地区办学条件持续改善，优质教育资源覆盖面不断扩大，但是深度贫困地区的教育水平亟待进一步提高。

首先，不断加大脱贫地区教育投入。人是扶贫减贫的主体，人的发展能力提升是解决贫困问题的基础。"只有加强对贫困地区贫困群众的教育投入，阻止

①　中共中央文献研究室. 十八大以来重要文献选编（下）[M]. 北京：中央文献出版社，2018：49.

②　黄承伟. 中国农村反贫困的实践与思考 [M]. 北京：中国财政经济出版社，2004：121-125.

③　两会哪些话题热度高 [N]. 人民日报，2017-03-03（16）.

贫困现象的代际传递，才能使他们拥有脱贫致富的传承之智。"① 一是做好脱贫地区教育基础设施建设的顶层设计与项目安排，全面改善贫困地区义务教育薄弱学校基本办学条件，加强教师队伍建设的措施，提高乡村教育的整体水平。二是加大政策倾斜和资金扶持力度，完善评价体系，将教育投入与基础设施建设、脱贫实用人才培养、阻止贫困代际传递等直接挂钩。加快片区信息网络和数字教育等基础设施建设，优化数字教育资源公共服务体系，使贫困地区的学生和群众能够均衡分享信息技术，打造教育信息化网络智慧平台，实现贫困地区教学手段科技化。三是降低贫困家庭就学负担，完善贫困学生的救助资助政策体系，对贫困家庭的学前义务教育阶段和高等教育等实施有针对性的资助。四是继续实施特殊教育提升计划。巩固生态扶贫成果的难度主要体现在一些多民族集聚的深度贫困地区，这些民族地区要科学稳妥地推行双语教育，在坚定不移推行国家通用语言文字教育的同时，加强乡村学校紧缺学科教师和民族地区双语教师培训，建好建强乡村教师队伍。②

其次，强化农村脱贫人口职业教育。职业教育是贫困人口最直接的脱贫方式。近年来，为适应贫困地区农村劳动力转移的需要，有关部门在各贫困县、贫困村进行了劳动力就业培训，但项目设计往往缺乏可操作性，总的来看，效果并不理想。在现代市场经济中，许多就业岗位必须具备一定的技术和知识，然而，由于农村职业教育的长期缺失，农村劳动力素质相对处于较低的水平，生存技能短缺。尤其是一些贫困的多民族地区，教育水平普遍较低，据统计，"甘肃临夏州人均受教育年限仅为 6.93 年，远低于全国全省平均水平，东乡族是全国 55 个少数民族中受教育年限最低、文盲率最高的民族"③。因此，要成功实现脱贫地区富余劳动力向城市的转移，向城市提供有一定知识和技能的从业人员，应从大力普及规范的职业教育着手。贫困人口尤其是他们的子女，只有掌握了一技之长，才能适应城市就业的需要，从而真正走出贫困。2016 年 12 月，教育部等六部门又联合印发《教育脱贫攻坚"十三五"规划》，启动实施"职业教育东西协作行动计划"，这是国家首个教育脱贫的五年规划，也是"十三五"时期教育脱贫工作的行动纲领。农村生态扶贫要根据目前贫困地区的教

---

① 曹艳春，侯万锋 . 新时代精神扶贫的现实困境与路径选择 [J]. 甘肃社会科学，2018 (6)：177-182.

② 中共中央，国务院 . 乡村振兴战略规划（2018—2022 年）[M]. 北京：人民出版社，2018：84.

③ 杨元忠 . 抓好精准扶贫精准脱贫最大任务 全力加快民族地区全面小康社会建设进程 [N]. 民族日报，2015-07-23（1）.

育条件和市场需求，加强规范的职业教育，在初中阶段实施初级的职业教育，如餐饮服务、家政服务、纺织工业的缝纫工、建筑、运输行业的一般工种等，这些行业对劳动力文化知识面的要求不高，但需要一些专业操作技能，在初中阶段可以让贫困地区人口掌握一些最基本的知识。高中阶段的中级职业教育，其形式可借鉴城市职业高中的模式，将职业教育融入高中阶段的课程中，在拓宽知识面的同时提升个人能力。此外，针对贫困地区的实际情况，由政府划拨专门经费，建立专门的职业高中，"加快推进职业院校布局结构调整，加强县级职业教育中心建设，有针对性地设置专业和课程"①，资助贫困人口的子女到城镇去就读职业高中，多方面增强贫困地区劳动力素质。

最后，加强农村生态环境教育。农村生态扶贫不仅要推动农村经济发展、增加贫困人口收入，更重要的是从根本上转变思想观念。一是要加强学校教育中关于生态文明内容的教育，将生态文明理念融入各个阶段的学校教育，使每一个接受教育者获得更多关于基本国情和基本国策、资源节约和环境保护等方面的教育，从而使坚持生态文明理念真正成为他们内心深处的自觉。二是要积极推广生态文明知识，提升农民环保意识，在教育宣传的基础上，健全村民自治委员会制度，鼓励农业协会等组织积极参与地方生态建设决策，畅通村民参与生态扶贫的渠道。三是制定相应的村规民约，普及生态绿色生产生活方式，在生态价值观的引领和指导下，将绿色减贫、绿色发展的理念渗透到贫困地区的每一个人。在尊重贫困地区地域文化互动、跨文化交流实情的基础上，注重贫困地区生态与文化的耦合关系，并促使地域文化与其所处的生态系统稳定延续，最终恢复和形成其"文化生态的共同体"②，从而巩固和完善扶贫成效。

二、加强脱贫人口的专业及就业技能培训

是否具有持续致富发展的能力是检验脱贫成效的重要标志。巩固农村生态扶贫成果，要坚持脱贫群众的主体地位，把激活内生动力作为关键着力点，促进农村脱贫人口转移就业，提高脱贫人口自我发展能力。

第一，依托职业技术学校和培训机构，提升脱贫人口就业能力。依据市场需求对农村脱贫人口开展技能培训，提高他们在非农产业的就业能力。各类职

---

① 中共中央，国务院．乡村振兴战略规划（2018—2022 年）［M］．北京：人民出版社，2018：84.

② 杨庭硕，皇甫睿．生态扶贫概念内涵的再认识：超越历史与西方的维度［J］．云南社会科学，2017（1）：88-93.

业技术学校在技能培训方面显得更系统、更专业，要充分利用现有职业技术学校资源，积极开展"订单式"培训，根据实际岗位需求，根据不同对象分类授课。涉农培训方面要强化科学种植，养殖卫生培训，为脱贫人口提供免费或者低价参加学习和培训，以提高他们的创业能力、就业能力和增收能力。针对新型职业农民，要强化对现代信息技术，市场分析与预测决策能力、财务管理能力、经营管理技能等方面的培训，促使培训者能熟练掌握与现代生产和现代农业相关的实用技术，提高脱贫人口农业生产能力、转移就业能力和外出适应能力，从而提升脱贫主体自我管理、自我组织、自我发展的能力。

第二，以就业和创业培训为载体，完善脱贫地区就业培训机制。在农村脱贫地区，逐步建立起以技工学校、就业培训中心、民办职业培训学校和民办培训点等为基本架构的培训体系，促使脱贫地区待业者与就业者可以随时随地获得自己所需要的培训。根据市场新增就业特点，制订实施以就业为导向的职业能力发展规划，通过职业培训补贴等多种形式鼓励劳动者参加培训，以农村脱贫群体、农村转移劳动力和农村就业困难人员为重点，因地制宜制定措施、人性化地提供就业服务，注重提高劳动者素质促进就业。统一组织脱贫人口参加再就业工程，积极构筑劳动力转移平台，引导脱贫人口从事个体工商、酒店经营、建筑施工、种植养殖等产业。

第三，完善惠及农村脱贫人口的就业服务机制。一是加强农村脱贫人口劳动力资源的调查登记工作，掌握脱贫地区劳动力基础数据和企业用工情况，建立劳动就业服务网络及相关数据库，为农村脱贫人口提供及时、准确、到位的就业信息。二是建立覆盖农村脱贫人口的就业服务管理体系，加强城镇及村级的就业与社会保障组织体系建设，搭建就业服务平台，使公共就业服务工作向镇（区）、村（社区）延伸，切实做到"平台到村、联系到户、明确到人"的"三位一体"公共就业服务管理体系。三是逐步建立城乡统一、公平竞争的人力资源市场，向农村开放，免费提供政策咨询、就业信息、就业指导和职业介绍，为农村劳动力和脱贫人口转移就业提供平等的就业机会和服务。

三、增强脱贫个体及家庭抵御风险的能力

巩固拓展生态扶贫脱贫成果，防范农村生态扶贫返贫风险，还要注重制度建设，建立稳定脱贫致富的长效机制，增强脱贫人口应对各类社会风险的能力。

首先，增强脱贫地区技术支持保障能力。农村要加强环保科技顶层设计，布局重点科研攻关任务，有序推动技术研发和成果转化，为提升环境管理科学化水平，推动大气、水、土壤污染防治行动计划落实提供强有力支撑。对于自

然资源和生态环境良好的脱贫地区，要依托绿色技术，引进示范优良品种，加强先进技术的研发、引进、示范和推广，开发脱贫地区特色农产品精深加工技术，为当地农产品加工提供技术支持。当前，大数据技术已经逐渐引入生态环境领域，在气候变化预测、全球和区域生态网络观测、环境污染防控、生态环境评估以及环境治理等方面，环境大数据作用不断凸显。防范农村生态扶贫成果巩固中的环境风险，要借助卫星遥感、无人机、物联网等先进技术手段，有效地实现监控、评估、预警、监督重点生态功能区、生态保护红线、自然保护区等，从源头上预防环境问题。依靠环境大数据技术健全生态环境监测和评价制度，通过构建环境大数据互动平台，实现数据的横向互通和环境资源共享，对区域空气质量、水环境和污染源进行实时监测和分析，从而科学预测环境事件发生的可能性，提高重大生态环境风险预警预报水平。

其次，完善脱贫地区人才引进机制。脱贫人口是脱贫致富的主体，在农村普及科学、技术、文化和教育的同时，建立健全人才开发宏观调控机制，引导人才向重点支柱产业集聚，向人才缺口领域转移，形成各具特色，功能互补，各类人才协调发展的局面。脱贫地区各级党政部门要"围绕经济抓人才，围绕发展抓人才"。政府在党政人才培养开发、扶贫人才培养开发、民间文化和手工艺技能型人才培养开发、农村适用型人才培养开发等方面应继续采取积极的行政措施，在政策措施和投入上给予重点扶持。同时脱贫地区还要制定《环境保护专业技术人才和青年拔尖人才选拔培养办法》，围绕生态环境保护工作举办各类培训，不断加强环保机构和人才队伍建设，为农村生态文明建设和乡村生态振兴培养专业化人才。

最后，完善保障脱贫人口的社会政策体系。脱贫人口稳定脱贫致富离不开国家政策的支持，通过社会政策再分配为脱贫人口提供优惠福利和生活保障，从而改善脱贫人口的福利状况，增强其应对各种社会风险的能力。一方面，脱贫地区要建立"小生产"与"大市场"的利益联动机制。在企业、合作社、农户之间建立一个"利益共同体"，将农民增收和特色产业发展、农村环境改善连接起来，重点扶持当地生态产业发展，探索特色化生态产业链，使企业与脱贫农户的利益联结关系更加紧密，巩固生态扶贫脱贫成果。另一方面，农业生产经常受到各种灾害的影响。发展有利于脱贫人口的多样化、多形式保险，设立自然灾害救济等突发事件"返贫险"等多样化保险，加强农业抗灾能力建设，增进脱贫人口应对各类社会风险的能力。

结 语

　　小康社会是中华民族千百年来追求的目标。没有农村的小康，特别是没有贫困地区的小康，就没有全面建成小康社会。中国的贫困地区往往处于重要的生态屏障地区和生态脆弱地区，既是经济发展和生态保护的战略区域，又是经济社会发展相对落后、贫困人口聚集的地区。[①] 一般性贫困和生态性贫困叠加，使贫困地区面临着生态保护和经济发展的双重压力，贫困地区脱贫要将生态文明建设与脱贫攻坚结合起来，补齐贫困地区生态环境和经济滞后的短板。进入新时代，我国将生态文明建设纳入"五位一体"总体布局，习近平在党的十九大报告中进一步明确提出，生态文明建设是中华民族永续发展的必由之路，我们不仅要推动经济社会快速发展，以满足人民群众日益增长的美好生活需要，还要提供更多优质的生态产品来满足人们对生态环境的渴望，建设人与自然和谐共生的现代化。

　　农村脱贫关系全面建成社会主义现代化强国，但经济发展与生态环境保护之间的现实矛盾制约着农村发展。生态环境的脆弱性一直是贫困生成的重要机理。生态问题总是与贫困问题相伴而生，我国的贫困问题具有较强的地域性特点。我国14个集中特困地区包括六盘山区、秦巴山区、乌蒙片区、滇桂黔石漠化边境山区、大兴安岭南麓山区、燕山太行山区、吕梁山区、大别山区、罗霄山区、西藏和四川藏区、新疆南疆三地州等，这些地区都是生态脆弱性高的地区。由于自然条件恶劣，自然灾害频发、地处偏远信息闭塞等原因，乡村贫困的发生率高且同质性强，农民群体中具有普遍的生计脆弱性，自然灾害、疾病和农产品市场的价格波动等，都可能促使脱贫人口再次返贫。因此，扶贫开发必须和当地的生态环境和自然禀赋相契合，不能对当地环境造成损害。良好的生态环境是最公平的公共产品，生态脆弱地区是脱贫攻坚的主战场，生态扶贫是精准扶贫的重要举措。

---

① 刘蔚. 绿色减贫增强脱贫内生动力 [N]. 中国环境报，2016-07-25（3）.

　　进入新时代，农村脱贫要坚持扶贫开发与生态文明建设并重，注重生态与经济的协调发展，中国共产党提出的生态扶贫是一种新型可持续的扶贫模式，是绿色、共享发展理念在扶贫领域的具体体现。农村生态扶贫既是实现绿色减贫和可持续发展的迫切需求，也是新时代实现脱贫攻坚与生态文明建设双赢的现实要求。总体来看，生态扶贫是将生态环境看成一种能够得到有效利用的扶贫资源加以开发，从而实现与当地经济的发展、人民生活水平提高、保护生态环境的高度统一。生态扶贫坚持扶贫开发与生态保护并重，是农村扶贫开发的新模式，也是贫困地区探索和践行自然、社会、经济可持续发展的切入点和重要抓手。中央政府和地方政府在生态建设、生态补偿等领域的公共投入，重点向深度贫困地区建档立卡的贫困人口倾斜。退耕还林扶贫、生态效益补偿扶贫、生态移民、生态产业发展等工程的实施，有效地促进了贫困人口增收。但由于各种主观和客观因素的影响，农村生态扶贫成果巩固也面临着诸多问题，突出表现在贫困人口脱贫的政策依赖性明显、基础设施滞后阻碍农村生态扶贫进程、生态保护与扶贫开发严重脱节、生态扶贫合力弱化、生态扶贫成果难以巩固等方面。

　　从困境的成因看，造成农村生态扶贫成果巩固困境的原因呈现出复杂性、多样性，既有主观的能力因素，也有客观的条件限制，还有中介性因素的影响。首先，在导致贫困的众多因素中，能力欠缺是最根本的原因，提高脱贫人口的可持续生计能力是有效解决农村生态扶贫难题的重要途径。其次，扶贫开发的参与主体影响着农村生态扶贫的力量凝聚，农村生态扶贫成果巩固离不开政府、市场和社会的支持。农村生态扶贫要积极推动政府、社会、市场、公众等各方力量参与，在恰当定位各主体职责的基础上，构建农村生态扶贫的"大扶贫"格局。再次，制度、技术是调节贫困与环境之间的关系的中介因素，对农村生态扶贫起着支撑作用。当前农村发展亟待从传统粗放型发展模式转变为基于绿色要素、新型技术的绿色发展模式，以生态产业发展带动脱贫减贫。最后，中国贫困地区和生态脆弱区高度重合，生态脆弱导致因灾返贫现象频发，扶贫成果难以巩固。这就需要加大农村贫困地区的生态补偿力度，形成农村生态扶贫的配套机制，保证农村生态扶贫成果的长期性和可持续性。一言以蔽之，破解农村生态扶贫困境需要内生动力与外生动力耦合共同发力，明确扶贫参与主体的职能，构建农村生态扶贫的"政府—社会—市场"多元协同机制；优化农村教育资源，增强贫困人口可持续发展能力；促进农村绿色发展，推动贫困地区生态文明建设与经济发展有效衔接；健全农村生态扶贫配套机制，有效预防返贫风险；实现农村生态效应、经济效应和减贫效应的三重目标，构建中国特色扶贫治理体系，推动国家贫困治理能力现代化。①

　　2020 年，我国全面建成小康社会，832 个贫困县全部实现脱贫摘帽，农村绝对贫困人口彻底摆脱贫困，实现了千年小康梦。党的十九届五中全会上，以习近平同志为核心的党中央着眼新时代党和国家事业发展全局，做出了我国进入发展新阶段的科学论断，明确了我国经济社会发展的历史定位。新发展阶段是全面建成小康社会后，"实现第二个百年奋斗目标的新阶段，也是把我国建成富强民主文明和谐美丽的社会主义现代化强国的关键阶段"。建设美丽社会主义现代化强国既是在新的发展阶段，不断满足人民优美生态环境需要的时代应然，也是建设人与自然和谐共生的现代化、实现中华民族永续发展的基本目标。进入新发展阶段，我国区域性整体贫困得到解决，农村从普遍贫困走向全面小康，开启了全面振兴发展的新征程。当前，我国正处于脱贫攻坚成果巩固、乡村振兴与生态文明建设叠加推进的历史交汇期，生态扶贫脱贫成果巩固关系乡村振兴和生态文明建设全局。推动生态扶贫脱贫成果巩固与乡村振兴有效衔接，关键在于构建生态扶贫脱贫成果巩固的返贫风险防控机制，促进脱贫地区经济、生态、民生有机互动。本书以生态文明建设的背景为切入点，直接着眼全面建成小康社会农村生态扶贫问题，着重探究农村贫困地区脱贫减贫与生态建设两者之间的相互关系，农村生态扶贫成果的巩固，并希冀对未来农村的脱贫致富和振兴发展实践有所启示。但是，本研究对农村生态扶贫问题还处于探索阶段，农村生态扶贫中的许多问题，如生态产业的可持续发展、返贫风险的防范等还需要在未来进行更加深入的研究。返贫是一个世界性难题，如何防治全面建成小康社会后，我国农村地区出现的返贫问题，在后续研究中需要继续深化和完善。

---

① 王萍，杨敏．新时代农村生态扶贫的现实困境及其应对策略［J］．农村经济，2020（4）：34-42．

参考文献

（一）经典著作类

[1] 马克思恩格斯列宁斯大林著作编译局. 马克思恩格斯全集（第 1 卷）[M]. 北京：人民出版社，1956.

[2] 马克思恩格斯列宁斯大林著作编译局. 马克思恩格斯全集（第 2 卷）[M]. 北京：人民出版社，1957.

[3] 马克思恩格斯列宁斯大林著作编译局. 马克思恩格斯全集（第 20 卷）[M]. 北京：人民出版社，1973.

[4] 马克思恩格斯列宁斯大林著作编译局. 马克思恩格斯全集（第 31 卷）[M]. 北京：人民出版社，1972.

[5] 马克思恩格斯列宁斯大林著作编译局. 马克思恩格斯全集（第 42 卷）[M]. 北京：人民出版社，1972.

[6] 马克思恩格斯列宁斯大林著作编译局. 马克思恩格斯文集（第 5 卷）[M]. 北京：人民出版社，1979.

[7] 马克思恩格斯列宁斯大林著作编译局. 马克思恩格斯选集（第 1 卷）[M]. 北京：人民出版社，2012.

[8] 马克思恩格斯列宁斯大林著作编译局. 马克思恩格斯选集（第 2 卷）[M]. 北京：人民出版社，2012.

[9] 马克思恩格斯列宁斯大林著作编译局. 马克思恩格斯选集（第 3 卷）[M]. 北京：人民出版社，2012.

[10] 马克思恩格斯列宁斯大林著作编译局. 马克思恩格斯选集（第 4 卷）[M]. 北京：人民出版社，2012.

[11] 毛泽东. 毛泽东选集（第 4 卷）[M]. 北京：人民出版社，2009.

[12] 中共中央文献研究室. 毛泽东文集（第 8 卷）[M]. 北京：人民出版社，1999.

[13] 中共中央文献研究室. 毛泽东文集（第 6 卷）[M]. 北京：人民出版

社，1999.

[14] 中共中央文献研究室，国家林业局. 毛泽东论林业［M］. 北京：中央文献出版社，2003.

[15] 邓小平. 邓小平文选（第3卷）［M］. 北京：人民出版社，1993.

[16] 中共中央文献研究室. 邓小平年谱（上册）［M］. 北京：中央文献出版社，2004.

[17] 习近平. 习近平谈治国理政（第1卷）［M］. 北京：外文出版社，2014.

[18] 习近平. 习近平谈治国理政（第2卷）［M］. 北京：外文出版社，2017.

[19] 习近平. 习近平谈治国理政（第3卷）［M］. 北京：外文出版社，2020.

[20] 习近平. 习近平谈治国理政（第4卷）［M］. 北京：外文出版社，2022.

[21] 习近平. 之江新语［M］. 杭州：浙江人民出版社，2007.

[22] 习近平. 摆脱贫困［M］. 福州：福建人民出版社，2014.

[23] 习近平. 习近平关于协调推进"四个全面"战略布局论述摘编［M］. 北京：中央文献出版社，2015.

[24] 习近平. 决胜全面建成小康社会　夺取新时代中国特色社会主义伟大胜利——在中国共产党第十九次全国代表大会上的报告［M］. 北京：人民出版社，2017.

[25] 习近平. 高举中国特色社会主义伟大旗帜　为全面建设社会主义现代化国家而团结奋斗——在中国共产党第二十次全国代表大会上的报告［M］. 北京：人民出版社，2022.

[26] 胡锦涛. 胡锦涛文选（第3卷）［M］. 北京：人民出版社，2016.

（二）专著类

[1] 亨利. 乔治. 进步与贫困［M］. 吴良健，王翼龙，译. 北京：商务印书馆，2010.

[2] 阿马蒂亚·森. 贫困与饥荒［M］. 王宇，王文玉，译. 北京：商务印书馆，2001.

[3] 康德. 道德形而上学原理［M］. 苗力田，译. 上海：上海人民出版社，1986.

[4] 巴里·康芒纳. 封闭的循环［M］. 侯文蕙，译. 长春：吉林人民出版社，1997.

[5] 赫伯特·马尔库塞. 单向度的人：发达工业社会意识形态研究［M］. 刘继，译. 上海：上海译文出版社，2008.

[6] 詹姆斯·奥康纳. 自然的理由［M］. 唐正东，臧佩法，译. 南京：南

京大学出版社，2003.

　　［7］本·阿格尔. 西方马克思主义概论［M］. 慎之，译. 北京：中国人民大学出版社，1991.

　　［8］乔纳森·休斯. 生态与历史唯物主义［M］. 张晓琼，侯晓滨，译. 南京：江苏人民出版社，2011.

　　［9］约翰·贝拉米·福斯特. 马克思的生态学——唯物主义和自然［M］. 刘仁胜，肖峰，译. 北京：高等教育出版社，2006.

　　［10］戴维·佩珀. 生态社会主义：从深生态学到社会正义［M］. 刘颖，译. 济南：山东大学出版社，2005.

　　［11］丹尼尔·A. 科尔曼. 生态政治：建设一个绿色社会［M］. 梅俊杰，译. 上海：上海译文出版社，2002.

　　［12］威廉·莱斯. 自然的控制［M］. 岳长龄，李建华，译. 重庆：重庆出版社，1993.

　　［13］戴斯·贾丁斯. 环境伦理学［M］. 林官明，杨爱民，译. 北京：北京大学出版社，2002.

　　［14］奥雷利奥·佩西. 未来一百页［M］. 汪帼君，译. 北京：中国展望出版社，1984.

　　［15］D. 梅多斯. 增长的极限［M］. 李涛，王智勇，译. 北京：商务印书馆，1984.

　　［16］艾森斯塔特. 反思现代性［M］. 旷新年，王爱松，译. 北京：生活·读书·新知三联书店，2006.

　　［17］安东尼·吉登斯. 现代性的后果［M］. 田禾，译. 南京：译林出版社，2011.

　　［18］中共中央文献研究室. 习近平关于社会主义生态文明建设论述摘编［M］. 北京：中央文献出版社，2017.

　　［19］中共中央党史和文献研究室. 习近平扶贫论述摘编［M］. 北京：中央文献出版社，2018.

　　［20］中共中央文献研究院. 十八大以来重要文献选编（中）［M］. 北京：中央文献出版社，2016.

　　［21］中共中央文献研究室. 十八大以来重要文献选编（上）［M］. 北京：中央文献出版社，2014.

　　［22］中共中央文献研究室. 十七大以来重要文献选编（上）［M］. 北京：中央文献出版社，2009.

［23］中共中央文献研究室. 习近平关于全面深化改革论述摘编［M］. 北京：中央文献出版社，2014.

［24］中共中央文献研究室. 十六大以来重要文献选编（上）［M］. 北京：中央文献出版社，2005.

［25］中共中央文献研究室. 建国以来重要文献选编（第 11 册）［M］. 北京：中央文献出版社，1995.

［26］中共中央文献研究室. 习近平关于全面建成小康社会论述摘编［M］. 北京：中央文献出版社，2016.

［27］中共中央文献研究室. 改革开放三十年重要文献选编（上）［M］. 北京：人民出版社，2008.

［28］王雨辰. 生态学马克思主义与后发国家生态文明理论研究［M］. 北京：人民出版社，2017.

［29］国家统计局. 2011 中国农村贫困监测报告［M］. 北京：中国统计出版社，2011.

［30］张磊. 中国扶贫开发政策演变［M］. 北京：中国财政经济出版社，2007.

［31］李文，李芸. 中国农村贫困若干问题研究［M］. 北京：中国农业出版社，2009.

［32］王俊文. 当代农村贫困及反贫困问题研究［M］. 湖南：湖南师范大学出版社，2010.

［33］国务院扶贫开发领导小组办公室. 中国农村扶贫开发纲要（2011—2020 年）［M］. 北京：中国财政经济出版社，2012.

［34］王俊文. 中国农村扶贫开发的实践与理论思考［M］. 北京：中国书籍出版社，2013.

［35］蔡典雄. 中国生态扶贫战略研究［M］. 北京：科学出版社，2016.

［36］赵立雄. 农村扶贫开发新探［M］. 北京：人民出版社，2008.

［37］郑杭生，杨敏. 社会互构论：世界眼光下的中国特色社会学理论的新探索——当代中国"个人与社会关系研究"［M］. 北京：中国人民大学出版社，2010.

［38］黄承梁. 新时代生态文明建设思想概论［M］. 北京：人民出版社，2018.

［39］刘建伟. 新中国成立后中国共产党认识和解决环境问题研究［M］. 北京：人民出版社，2017.

［40］刘希刚，徐民华. 马克思主义生态文明思想及其历史发展研究［M］. 北京：人民出版社，2017.

［41］陈锡文，罗丹，张征. 中国农村改革 40 年［M］. 北京：人民出版社，2018.

［42］胡兴东，杨林. 中国扶贫模式研究［M］. 北京：人民出版社，2018.

［43］张丽君，吴本健，王润球，等. 中国少数民族地区扶贫进展报告（2016）［M］. 北京：中国经济出版社，2017.

［44］束锡红. 生存与发展：宁夏红寺堡区大河村生态移民经济社会变迁考察［M］. 银川：阳光出版社，2014.

［45］武汉大学，中国国际扶贫中心，华中师范大学. 中国反贫困发展报告（2015）——市场主体参与扶贫专题［M］. 武汉：华中科技大学出版社，2015.

［46］武汉大学，中国国际扶贫中心. 中国反贫困发展报告（2016）——社会组织参与扶贫专题［M］. 武汉：华中科技大学出版社，2016.

［47］中共中央，国务院乡村振兴战略规划（2018—2022 年）［M］. 北京：人民出版社，2018.

［48］姜长云. 乡村振兴战略理论政策和规划研究［M］. 北京：中国财经出版传媒集团，2018.

［49］韩俊. 新中国 70 年农村发展与制度变迁［M］. 北京：人民出版社，2019.

［50］李天芳. 我国新型城镇化进程中城乡关系协调路径研究［M］. 北京：人民出版社，2017.

［51］陆汉文，梁爱有，彭堂超. 政府市场社会大扶贫格局［M］. 长沙：湖南人民出版社，2018.

［52］潘家华. 生态文明建设的理论构建与实践探索［M］. 北京：中国社会科学出版社，2019.

［53］陈锡文. 走中国特色社会主义乡村振兴道路［M］. 北京：中国社会科学出版社，2019.

［54］王春光，孙兆霞. 脱贫攻坚的可持续性探索——贵州的实践与经验［M］. 北京：中国社会科学出版社，2018.

［55］汪三贵. 当代中国扶贫［M］. 北京：中国人民大学出版社，2019.

［56］中国环境保护与社会发展课题组. 中国环境保护与社会发展——理论·改革·实践［M］. 北京：中国言实出版社，2014.

［57］杨庭硕. 生态扶贫导论［M］. 长沙：湖南人民出版社，2017.

（三）学术期刊类

[1] 吴乐，靳乐山.生态补偿扶贫背景下农户生计资本影响因素研究 [J].华中农业大学学报（社会科学版），2018（6）.

[2] 杨敏，骆明璞.城乡社会变迁统合性视野中的城市社会与社区——"全域城市社会"理念下的生态社区建设 [J].思想战线，2015（1）.

[3] 王晓莉，徐娜，王浩，等.地方政府推广市场化生态补偿式扶贫的理论作用与实践确认 [J].中国人口·资源与环境，2018（8）.

[4] 王晓毅.绿色减贫：理论、政策与实践 [J].兰州大学学报（社会科学版），2018（4）.

[5] 冷志明，丁建军，殷强.生态扶贫研究 [J].吉首大学学报（社会科学版），2018（4）.

[6] 韩斌，李贵云.抗逆力视角下我国生态扶贫模式策略优化研究——以云南省迪庆州为例 [J].生态经济，2018（4）.

[7] 查燕，王惠荣，蔡典雄，等.宁夏生态扶贫现状与发展战略研究 [J].中国农业资源与区划，2012（1）.

[8] 甘庭宇.精准扶贫战略下的生态扶贫研究——以川西高原地区为例 [J].农村经济，2018（5）.

[9] 郑百龙，黄颖，黄欣乐，等.生态农业产业精准扶贫模式及对策——以福建原中央苏区县为例 [J].福建论坛（人文社会科学版），2018（5）.

[10] 祁新华，林荣平，程煜、等.贫困与生态环境相互关系研究述评 [J].地理科学，2013（12）.

[11] 程欣，帅传敏，王静，等.生态环境和灾害对贫困影响的研究综述 [J].资源科学，2018（4）.

[12] 高新雨，丁绪辉.权力结构治理与乡村旅游精准扶贫的研究综述 [J].西北人口，2018（3）.

[13] 彭少峰，陈成文.农村扶贫研究热点评析与趋势展望 [J].中州学刊，2018（4）.

[14] 吴健，郭雅楠，余嘉玲，等.新时期中国生态补偿的理论与政策创新思考 [J].环境保护，2018（6）.

[15] 朱烈夫，殷浩栋，张志涛，等.生态补偿有利于精准扶贫吗？——以三峡生态屏障建设区为例 [J].西北农林科技大学学报（社会科学版），2018（2）.

[16] 潘家华.新时代生态文明建设的战略认知、发展范式和战略举措

[J]. 东岳论丛, 2018, 39 (3).

[17] 吴乐, 孔德帅, 靳乐山. 生态补偿对不同收入农户扶贫效果研究 [J]. 农业技术经济, 2018 (5).

[18] 雷明. 论习近平扶贫攻坚战略思想 [J]. 南京农业大学学报 (社会科学版), 2018 (1).

[19] 于法稳. 基于绿色发展理念的精准扶贫策略研究 [J]. 西部论坛, 2018, 28 (1).

[20] 张琦, 冯丹萌. 绿色减贫: 可持续扶贫脱贫的理论与实践新探索 (2013—2017) [J]. 福建论坛 (人文社会科学版), 2018 (1).

[21] 孔丽霞. 精准扶贫视阈下宁夏生态移民养老保障创新研究 [J]. 北方民族大学学报 (哲学社会科学版), 2017 (6).

[22] 雷明. 绿色发展下生态扶贫 [J]. 中国农业大学学报 (社会科学版), 2017, 34 (5).

[23] 李民, 谢炳庚, 刘春腊, 等. 生态与文化协同发展助推长江经济带集中连片贫困地区精准扶贫的思路与对策——以湘西州为例 [J]. 经济地理, 2017 (10).

[24] 吴乐, 孔德帅, 靳乐山. 生态补偿有利于减贫吗?——基于倾向得分匹配法对贵州省三县的实证分析 [J]. 农村经济, 2017 (9).

[25] 张燕, 居琦, 王莎. 生态扶贫协同下耕地生态补偿法律制度完善——基于法政策学视角 [J]. 宏观经济研究, 2017 (9).

[26] 束锡红, 聂君, 樊晔. 精准扶贫视域下宁夏生态移民生计方式变迁与多元发展 [J]. 宁夏社会科学, 2017 (5).

[27] 汪三贵, 殷浩栋, 王瑜. 中国扶贫开发的实践、挑战与政策展望 [J]. 华南师范大学学报 (社会科学版), 2017 (4).

[28] 母中旭, 陈刚. 浅析五大发展新理念下的连片贫困地区脱贫攻坚路径 [J]. 中国人口·资源与环境, 2017, 27 (S1).

[29] 陈连艳. 共享发展视野的农村精准扶贫创新机制 [J]. 重庆社会科学, 2017 (4).

[30] 颜红霞, 韩星焕. 中国特色社会主义生态扶贫理论内涵及贵州实践启示 [J]. 贵州社会科学, 2017 (4).

[31] 黄渊基, 匡立波, 贺正楚. 武陵山片区生态文化旅游扶贫路径探索——以湖南省慈利县为例 [J]. 经济地理, 2017 (3).

[32] 古瑞华. "两山论"下民族地区生态扶贫的法治保障 [J]. 贵州民族

研究, 2017 (3).

[33] 王晓毅. 易地搬迁与精准扶贫: 宁夏生态移民再考察 [J]. 新视野, 2017 (2).

[34] 王传峰. 经济—伦理—环境的生态建构——环境与经济和谐发展的应然选择 [J]. 道德与文明, 2011 (1).

[35] 杨庭硕, 皇甫睿. 生态扶贫概念内涵的再认识: 超越历史与西方的维度 [J]. 云南社会科学, 2017 (1).

[36] 陈绪教. 秦巴山区生态环境保护与产业精准扶贫互动发展研究 [J]. 甘肃社会科学, 2016 (6).

[37] 王尴. 习近平生态扶贫思想研究 [J]. 财经问题研究, 2016 (9).

[38] 沈茂英, 杨萍. 生态扶贫内涵及其运行模式研究 [J]. 农村经济, 2016 (7).

[39] 雷明. 路径选择——脱贫的关键 贵州省毕节地区可持续发展与可持续减贫调研报告 [J]. 科学决策, 2006 (7).

[40] 萧放. 民俗传统与乡村振兴 [J]. 西南民族大学学报 (人文社科版), 2019, 40 (5).

[41] 黄承伟. 我国新时代脱贫攻坚阶段性成果及其前景展望 [J]. 江西财经大学学报, 2019 (1).

[42] 郇庆治. 作为一种转型政治的 "社会主义生态文明" [J]. 马克思主义与现实, 2019 (2).

[43] 张子玉. 基于生态学马克思主义的生态社会主义构建 [J]. 重庆社会科学, 2018 (1).

[44] 姚立新. 马克思主义生态文明观及当代实践 [J]. 湖南社会科学, 2017 (6).

[45] 王学荣. 国外生态马克思主义文明观的基本路径 [J]. 科学社会主义, 2017 (5).

[46] 孙天蕾. 生态学马克思主义对人与自然关系的探究及启示 [J]. 山东师范大学学报 (人文社会科学版), 2017, 62 (5).

[47] 郇庆治. 作为一种政治哲学的生态马克思主义 [J]. 北京行政学院学报, 2017 (4).

[48] 张荣华, 王绍青. 生态马克思主义对我国生态文明建设的启示 [J]. 环境保护, 2017, 45 (6).

[49] 王雨辰, 吴燕妮. 生态学马克思主义对生态价值观的重构 [J]. 吉首

大学学报（社会科学版），2017，38（2）.

[50] 王雨辰，王永星. 论后发国家生态文明理论的建构与基本特点 [J].中国地质大学学报（社会科学版），2016，16（6）.

[51] 约翰·贝拉米·福斯特，万冬冬. 生态社会主义发展的三个阶段[J]. 国外社会科学，2016（6）.

[52] 杜强. 新时代我国农村生态文明建设研究 [J]. 福建论坛（人文社会科学版），2019（11）.

[53] 王洪波. 政治逻辑视角下新时代生态文明建设深度推进的三维向度[J]. 兰州学刊，2019（11）.

[54] 张云飞. "四个一"：新时代生态文明前进的科学路标 [J]. 思想政治教育研究，2019，35（5）.

[55] 潘家华. 新时代生态文明建设的战略认知、发展范式和战略举措[J]. 东岳论丛，2018，39（3）.

[56] 赵建军，杨永浦. 新时代我国生态文明建设的内涵解析 [J]. 环境保护，2017，45（22）.

[57] 方世南. 以三个"五位一体"的合力走向生态文明新时代 [J]. 苏州大学学报（哲学社会科学版），2013，34（5）.

[58] 黄承梁. 系统把握生态文明建设若干科学论断——学习习近平同志关于生态文明建设重要论述的哲学思考 [J]. 东岳论丛，2017，38（9）.

[59] 郇庆治. 从批判理论到生态马克思主义：对马尔库塞、莱斯和阿格尔的分析 [J]. 江西师范大学学报（哲学社会科学版），2014，47（3）.

（四）报纸类

[1] 杨元忠. 抓好精准扶贫精准脱贫最大任务　全力加快民族地区全面小康社会建设进程 [N]. 民族日报，2015-07-23（1）.

[2] 张璁. 全面小康　一个民族都不能少 [N]. 人民日报，2015-08-05（17）.

[3] 媛媛. 生态扶贫的岚县实践 [N]. 山西经济日报，2018-05-12（3）.

[4] 常钦. 生态扶贫　一举双赢 [N]. 人民日报，2018-11-21（14）.

[5] 徐运平. 宁夏：生态移民拔穷根 [N]. 人民日报，2016-01-03（1）.

[6] 姜羽. 宁夏实施生态移民工程的经验与启示 [N]. 中国民族报，2019-07-19（11）.

[7] 李慧. 生态扶贫，如何做好"山水"文章 [N]. 光明日报，2018-11-19（10）.

［8］王军善. 让生态修复与脱贫增收互促共赢［N］. 中国改革报, 2018-11-01（1）.

［9］徐补生. 要大力推广吕梁生态扶贫模式［N］. 山西日报, 2018-12-18（15）.

［10］赵峻青. 吕梁生态扶贫成全国样板［N］. 山西日报, 2018-12-13（1）.

［11］习近平. 携手共建生态良好的地球美好家园［N］. 人民日报, 2013-07-21（1）.

［12］习近平. 坚持节约资源和保护环境基本国策　努力走向社会主义生态文明新时代［N］. 人民日报, 2013-05-25（1）.

［13］黄承梁. 生态文明建设的重要意义和战略任务［N］. 人民日报, 2012-08-20（19）.

［14］习近平. 坚决打好污染防治攻坚战　推动生态文明建设迈上新台阶［N］. 人民日报, 2018-05-20（1）.

［15］习近平. 弘扬"上海精神" 构建命运共同体［N］. 人民日报, 2018-06-11（5）.

［16］钟寰平. 坚持和完善生态文明制度体系［N］. 中国环境报, 2019-11-12（1）.

［17］俞海. 生态公益岗实现生态保护与精准扶贫双赢［N］. 中国环境报, 2019-11-26（3）.

［18］晴隆：突破项目建设　推动经济发展［N］. 黔西南日报, 2015-04-20（2）.

［19］杨建平. 盯紧青山"聚宝盆"［N］. 汉中日报, 2017-05-19（A01）.

［20］常钦. 推进乡村振兴　迈向共同富裕［N］. 人民日报海外版, 2022-10-28（6）.

（五）学位论文

［1］唐雄. 中国特色社会主义生态文明建设研究［D］. 武汉：华中师范大学, 2018.

［2］董杰. 改革开放以来中国社会主义生态文明建设研究［D］. 北京：中共中央党校, 2018.

［3］张忠跃. 资本主义生态批判与生态社会主义构想［D］. 长春：吉林大学, 2018.

［4］张建光. 现代化进程中的中国特色社会主义生态文明建设研究［D］.

长春：吉林大学，2018.

[5] 王玉沿. 戴维·佩珀生态学马克思主义理论研究 [D]. 北京：中央民族大学博士论文，2019.

[6] 张成利. 中国特色社会主义生态文明观研究 [D]. 北京：中共中央党校，2019.

[7] 于德. 习近平精准扶贫思想研究 [D]. 北京：中共中央党校，2019.

[8] 李红梅. 社会主义新农村生态文明建设研究 [D]. 武汉：武汉大学，2011.

(六) 网络文献

[1] 联合国出版物. 联合国环境与发展会议报告（第一卷）[EB/OL]. 联合国网，1992-06-14.

[2] 生态扶贫工作方案 [EB/OL]. 中国政府网，2018-01-24.

[3] 国务院. 国务院关于印发"十三五"脱贫攻坚规划的通知 [EB/OL]. 中国政府网，2016-11-23.

[4] 何玉梅. 山西岚县创新模式打造生态扶贫"岚县样板" [EB/OL]. 国家林业和草原局网，2019-01-04.

[5] 贵州"晴隆模式"：扶贫开发和生态建设并重拓宽致富路 [EB/OL]. 央视网，2017-03-01.

[6] 汉中市林业局. 镇巴新一轮退耕还林推动绿色发展助力脱贫攻坚 [EB/OL]. 镇巴县政府网，2017-11-30.

[7] 张富荣、符正林. 镇巴新增 1700 名生态护林员助力脱贫攻坚 [EB/OL]. 镇巴县政府网，2019-10-14.

[8] 周庆华. 宁夏红寺堡：做好易地扶贫搬迁答卷 [EB/OL]. 新华网，2019-10-01.

[9] 陈吉宁. 以改善环境质量为核心全力打好补齐环保短板攻坚战——在2016 年全国环境保护工作会议上的讲话 [EB/OL]. 中国政府网，2016-01-15.

[10] 住房和城乡建设部，等. 住房城乡建设部等部门关于全面推进农村垃圾治理的指导意见 [EB/OL]. 中国政府网，2015-11-03.

(七) 外文文献

[1] WARD B, DUBOS R. Only One Earth：The Care and Maintenance of a Small Planet [M]. New York：W. W. Norton & Company, Inc, 1972.

[2] BILL, MCGUIRE. Surviving Armgeddon [M]. New York：Oxford University Press, 2005.

[3] MARCUSE H. Negations: Essays in Critical Theory [M]. Boston: Beacon Press, 1969.

[4] MARCUSE H. Counter Revolution and Revolt [M]. Boston: Beacon Press, 1972.

[5] PARSONS H L. Marx and Engels on Ecology [M]. London: Greenwood Press, 1977.

[6] GRUNDMANN R. Marxism and Ecology [M]. New York: Oxford University Press, 1991.

[7] GORZ A. Ecology as Politics [M]. Boston: South End Press, 1980.

[8] AGER B. Western Marxism: An Introduction [M]. California: Goodyear, 1979.

[9] FROMM E. The Revolution of Hope: Toward a Humanized Technology [M]. New York: Harper&Row, 1968.

[10] PEPPER D. The Roots of Modern Environmentalisim [M]. Groom helm: London, 1984.

[11] DURAIAPPAH A K. Poverty and Environmental Degradation: A Review and Analysis of the Nexus [J]. World Development, 1998 (12).

[12] MILBOURNE P. The Geographies of Poverty and Welfare [J]. Geography Compass, 2010 (2).

[13] STERN D I. The Rise and Fall of the Environmental Kuznets Curve [J]. World Development, 2004 (8).

后　记

　　时光荏苒，回首过往，甲子山下邂逅马克思，大洼村里理解马克思，聘望楼中品读马克思。从金城兰州到首都北京，8年时光，我始终追寻生态文明研究的足迹。2014—2017年，攻读硕士学位期间，跟随导师开始关注生态环境问题。2017年考入中央财经大学攻读博士学位，在此期间，更加深入探究生态文明建设，并在导师的引导下，用更加宽阔的视野审视我国脱贫攻坚中的生态扶贫问题，经过不懈努力，也发表了一些小文章，顺利完成了博士学位论文，但越是深入探究越是觉得自己刚入门，对很多问题的认识还不到位。本部书稿是这些年不断积累的成果，也是博士期间的一些个人思考，尽管书稿已经完成，但我深知，还有许多问题有待深入研究，未来我将继续努力行走在生态文明研究的道路上。

　　在此，感谢一路走来，始终支持我的亲人和朋友。感谢恩师杨敏教授，2017年承蒙恩师不弃，收于门下，精心指导。杨老师谦和儒雅的个人修养、渊博的学识、严谨的治学态度、深厚的学术积淀等都深刻影响着我。在中央财经大学读博期间，博士论文的选题、写作、修改都得益于老师耐心教导，没有老师的指导，就不会有这部书稿。感谢北京中医药大学马克思主义学院各位领导和教研室的老师们，修改整理书稿之时，人生也迎来一个新阶段，一个新生命悄然而至，感谢领导和同事们对我工作上的理解和帮助……也感谢在我博士论文写作中提出宝贵意见的各位老师，对我的书稿整理修改和学术研究助益良多。感谢我的硕导刘海霞老师和饶旭鹏老师，你们是我学术研究道路上的引路人，将我带到生态文明研究的道路。感谢我的家人始终如一的关爱，整理修改书稿之时，给予怀孕的我无微不至的照顾。期盼春暖花开，中华儿女携手并进，努力建设人与自然和谐共生的现代化，把我国建设成富强民主文明和谐美丽的现代化强国。